사상으로서의 조선적

思想としての朝鮮籍

RUPO SHISO TOSHITENO CHOSENSEKI

by Il-Song Nakamura
Copyright © 2017 by Il-Song Nakamura.
Originally published in 2017 by Iwanami Shoten, Publishers, Tokyo.
This Korean edition published 2020
by BOGOSABOOKS, Paju-si
by arrangement with Iwanami Shoten, Publishers, Tokyo
through Shinwon Agency Co., Seoul.

사상으로서의 조선적

나카무라 일성 지음

정기문 옮김

보고사
BOGOSA

본서 『사상으로서의 조선적』이 한국의 독자들과 만나게 된 것을 기쁘게 생각합니다. 저의 저서가 한국에서 출판된 것은 『르포 교토조선학교 습격사건』(정미영 옮김, 도서출판품, 2018)에 이어 이번이 두 번째입니다. 뿌리의 한쪽을 경상남도에 두고 있는 자로서 각별한 마음이 있습니다.

특히나 제2장의 주인공인 전 조선학교 교사이며 역사가인 박종명 선생의 삶과 언어를 한국의 여러분들에게 전할 수 있게 된 것은 큰 기쁨입니다. "남북 분단을 인정하지 않는다."라는 스스로의 신념을 관철하고 조선반도 남북에 있는 두 개의 주권국가 어느 쪽에도 발을 들여놓기를 거부해온 박 선생은, 본서 간행 후 2018년 4월에 서거하셨습니다. 자국민 학살을 거쳐 건국, 장기간에 걸친 군사독재 정권에 고통받고, 엄청난 희생을 치르면서 몇 번의 시민혁명을 실현한 한국의 젊은이들에게 선생은 무한한 신뢰와 공감을 지니고 있었습니다. 그런 까닭으로 한국의 모든 분들에게 본서를 전할 수 있게 되어, 듣는 이로서 일종의 책임을 다하지 않았나 하고 생각합니다.

신문기자를 시작으로 작가 생활을 시작한 지 사반세기, 자신의 말에 책임을 지는 사람들에게 매료되어 그 사람들을 추적해왔습니다. '신'과 같은 절대적으로 옳은, 틀리지 않은 사람이란 존재하지 않습니다. 시대와 사회에 규정되어 살아가는 인간은 때로는 사상 신조를 바꾸거나 스스로의 언어에 반하기도 합니다. 그것을 속이고 없었던 것으로 하지 않고 성실하게 자신의 언동과 마주하고 생활 방식에 책임을 진다는 것이 제가 말하는 '책임'입니다.

순응과 체념에 저항하고 일상과 윤리와의 갈등으로부터 뽑아 올린 갖가지 언어들. 김석범 선생의 말을 빌리자면 "문학의 언어"의 집적이 이 책입니다. "인간이라는 존재는요, 대지와의 연이 끊어지면 어떤 심한 짓이라도 해버리게 됩니다."(고사명), "생각하는 방식을 바꾼다는 것은 자신의 살갗을 도려내는 고통을 수반하는 일이라고 생각합니다."(박종명), "이류란 말이죠. 지배적 위치에 놓이지 않는다는 겁니다. 권력자가 되지 않는 거지요. 그것이 생리입니다."(정인), "사람은 사람과의 만남에 의해 변할 수 있습니다. 내가 아이들에게 전하고 싶은 것은 바로 그것입니다."(박정혜), "반성과 검증과 사죄가 있을 때라야 비로소 평화가 있습니다. 어떤 평화를 희망하는 것인가? 그 내실이 문제입니다."(이실근), "나는 어디까지나 통일 조국을 요구합니다. 실현되면 그곳의 국적을 취득하고 국민이 될 것입니다. 단지 그때, 나는 이미 민족주의자가 아닙니다."(김석범) ― 제가 본서를 쓸 수 있게 해준 언어이며, 이제부터 내 삶을 규정할 언어들이기도 합니다. 이들 보편적인 언어는 '순응'하는 것에 저항한 그/그녀들의 투쟁이 자아낸 것이기도 합니다. 인물 르포르타주로서의 본서의 핵심입니다. 이 언어를 나 자신의 몸에 새겨 살아가고 자기 자신의 언어를 직조해나가는 것이, 남겨진 자로서의 의무라고 생각합니다.

염두에 둔 시대는 1940년대부터 60년대 전반입니다. 식민지 지배와 해방. 고향에서는 미국과 소련의 의도로 두 개의 국가가 탄생, 이윽고 동포들이 서로 싸운 전쟁이 발효하는 한편, 그들 자신이 살아가는 일본 사회는 그 비극에 편승해 부흥을 이룩하고, 미국의 반공이라는 태세를 이용한 일본 정부는 조선인연맹의 강제 해산과 조선인학교의 폐쇄를 강행합니다. 그리고 일본의 이권 정치가들은 동서 대립에서 우위에 서려고 했던 미국의 의향을 배경으로 한국의 개발독재 정권과 담합해 '국교 정상화'를 실현합니다.

특히 비중을 둔 것은 1950년 전후입니다. 통계적으로 자이니치가 가장 빈곤에 허덕였던 시대였습니다. 정치적으로는 남북 분단이 고정화되고 자이니치 사회에서도 남북 대립이 첨예화됩니다. 게다가 이를 기회로 삼은 것처럼 일본 정부는 재일조선인에 대한 탄압을 반복하고 국적 상실(외국인화)과 그것을 '이유'로 한 사회보장과 전후 보상으로부터의 배제라는 제도적 차별을 확립해갑니다. 그때는 자이니치에게 가장 엄혹한, 그리고 현재까지 계속되는 차별 상황을 규정한 시대였습니다.

5·18 광주민주화운동을 원점으로 해 창작 활동을 이어간 홍성담은 일본에서의 강연에서 말했습니다. "부끄러움을 잊어버린 인간은 인간이기를 그만둔 사람입니다." 그/그녀들 여섯 사람의 말은 바로 그러한 일본 사회의 추악한 형성과정을 드러냅니다. 그것은 패전을 겪은 식민지주의가 계속되는 것입니다. 가해의 사실을 인

정하지 않고 역사적 책임을 숨기고 재일조선인이라는 국내의 '증인'을 2급 시민으로 삼는 것입니다. 천황 히로히토의 면죄와 천황제의 존속은 그 단적인 예이지요. 이러한 '전후' 체제의 기만을 계속해서 숨길 수 없게 된 이유는, 시민혁명으로 탄생한 진보 정권과 아베 자공 정권(자유민주당과 공명당 연립 정권)의 대립이라는 점은 명백합니다.

또 한 가지 더 의식한 것은, 자이니치 민족교육운동의 원점으로서의 40년대 후반에서 50년대입니다. 식민지시기 황민화교육으로 빼앗긴 언어와 문화를 되찾기 위해, 종전 직후 일본 내에 설립된 조선어 강습소에서 시작된 조선인 자주학교는 '동화의 강제'라는 차별의 한 형태에 대해 부정, 탈식민지화하는 일이었습니다. 책에 등장하는 여섯 명은 전원, 연합군총사령부(GHQ, 미국)와 일본 정부에 의한 48~49년의 조선인학교 강제 폐쇄와 재일조선인의 저항운동을 체험, 학생과 교사 등 다양한 형태로 좌파조선인이 주도한 민족교육운동과 관련되어 있습니다. 고사명 선생처럼 도중에 입학한 탓에 괴로운 경험을 지닌 분도 있지만, 조선인이 '열등한 존재'로 간주되고 있었던 해방 직후, 부정당해왔던 언어와 문화를 배우고 동포 간의 유대관계를 만들어가는 일이 조선인 아이들에게 얼마만큼 소중한 경험이었는가는 정인 선생을 비롯하여 각자의 언어에 배어 나오고 있습니다. 특히 박종명, 박정혜 두 선생은 교육자이므로 안쪽으로 이를 담당해왔습니다. 이향에서 민족성을 지키는 장을 유지·발전시켜온 책임과 긍지, 다음 세대를 짊어질 아이들에 대한 애정이 언어 곳곳에 흘러넘치고 있음을 확인할 수 있습니다.

　　대학수험 자격에서의 배제와 학력 불인정 등의 제도적 차별과 싸우고 그것을 개선시켜온 투쟁의 역사. 새로운 차별인 고교 무상화 배제와 유아보육 무상화에서의 배제에 지지 않고, 선조들로부터 계승한 자주학교를 이어서 유지해 가려 하는 생각의 근저에는 민족교육 제1세대의 생각과 투쟁의 경험이 배어 있는 것입니다. 그 외에도 좌파조선운동의 역사와 일본 공산당이 숨기고 말하지 않은 좌파조선인 운동과 이들의 제휴, 55년의 관계 해소의 실태 등도 말할 수 있습니다. 또한 여섯 명 중 세 사람은 문학자입니다. 그들의 '문학론'을 접할 수 있는 좋은 기회가 될 것입니다.

　　2017년 1월 12일에 본서의 일본어판 원서가 간행되었고 그로부터 3년 정도가 지났습니다. 일본 사회의 부패는 끝이 없습니다. 후발 제국주의로서 다른 나라 침략을 거듭해온 일본이 패전의 파국을 맞닥뜨린 뒤 죽음과 파괴, 차별과는 다른 '가치'를 발신하기는 커녕, 오히려 한층 더 '부정' 위에 '전후'라는 허구를 쌓아올리는 것을 선택한 결과인 셈이지요. 그 단적인 예가 '위안부 합의'의 재검토'와 2018년 10월 한국 대법원이 선고한 '강제징용 판결'에 대한 상궤를 벗어난 공격입니다. 근현대사의 인도에 대한 범죄 '식민지주의'에 대한 부정은, 레이시즘과 역사 수정을 생명선으로 하는 아베 정권과 그들을 지지해온 자들에게는 받아들이기 어려운 일일 터. 이 두 가지 사안에 대해서 TV는 물론 아사히에서 산케이까지 모든 매체가 정부 견해를 추종하며 '국익'과 연관시키고 있는 듯합니다. 전전戰前부터 이어진 대부분의 매스미디어도 제국주의의 선도역이던 과거를 총괄할 수 있는 건 아닙니다.

거짓말을 숨 쉬듯이 하고 사실을 들이대면 정색하고 나서는 국무총리들과 그것을 알면서 뒤따르는 대다수의 '국민'들. 국민으로부터 시민을 지향하는 것이 아니라 신민(노예)을 목표로 하는 자들. 그 거대한 뿌리는 본서에서 묘사한 "새로운 삶"(고사명)의 실패에 있다고 여겨집니다. 자율적 윤리의 밑바닥이 빠진 시대였으나 그것은 나에게 주어진 유일한 시대입니다. 이번 기회에 잔해 속에서 그 뿌리를 살피고, 전망의 언어를 건져 올리고 싶습니다.

마지막으로 번역의 수고로움을 도맡아주고, 한국의 독자들과 만날 수 있는 가교 역할을 담당해준 정기문 씨에게 감사한 마음을 전합니다.

2020년 2월 23일
나카무라 일성

그 사람이 내놓을 수 없는 마지노선, 그것을 '사상'이라 생각한
다. '조선적朝鮮籍'을 산다는 것은 인간에게 있어서 그러한 '마지노
선'이다. 이 책은 사상으로서의 조선적을 살고 있는 여섯 인물의
르포르타주다.

'조선적', 그것은 식민지시기 황국신민으로서 전장에까지 동원
되었던 조선인을, 패전 후 '외국인'으로 취급하고 권리를 박탈할
때, 외국인등록증명서 등의 국적란에 기입시킨 '지역의 총칭'이다.
'옥음방송'이 있고 나서 약 4개월 후인 1945년 12월, 일본 정부는
중의원의원 선거법衆議院議員選擧法을 개정했다. 일본의 여성들이
참정권을 획득하는 한편, '호적법의 적용을 받아야 하는 자'의 참정
권을 정지한다는 부칙에 의해 패전시에는 어림잡아 210만 명 정도
로 추산되는 조선인들이 정치 참가의 권리를 빼앗겼다.

게다가 일본국 헌법 시행 전날인 1947년 5월 2일, 최후의 포츠
담 칙령으로 공포되었던 '외국인등록령'이 추진되었다. 외국인이라
말할 수 있는 점령군들에게는 적용되지 않은 이 등록령의 목적은
재일조선인을 '외국인으로 간주한다.'는 것이었다. '국민국가'와 그
내셔널리즘을 상대화하는 계기를 내포하는 이중국적이 아니다. 해

방 민족인 그들을 이때껏 일본 국적을 지닌 자로서 일본의 법령에 복종시키는 한편, 외국인으로서 강제 퇴거를 포함하는 관리·감시 하에 위치시켰던 것이다.

치안유지법을 대신하는 이러한 조선인 관리라는 무기는 내무성을 중심으로 입안되었다. 당초는 점령군조차도 '개인의 권리를 제한하는 입법은 국회를 거쳐야 하는 것'이라는 칙령에는 난색을 표했다고 한다. 그렇지만 동서 대립에 따른 점령정책의 전환이 일본 정부의 의향을 뒷받침해주었다.

그러나 등록령 공포 당시, 조선에 주권국가는 없었다(독립운동 측이 조선인민공화국 건국을 선포했지만 남조선을 점령했던 미군은 이것을 부인, 억압했다). '외국인등록'을 하려고 해도 쓸 수 있는 '나라'가 없었고, 그래서 생겨난 것이 제국시대의 민족적民族籍으로서의 '조선'이었다. 물론 식민지 지배 당시 황국신민이었기 때문에 원래로 되돌아가는 것은 당연하다. 그렇지만 이것은 원상회복과는 의미가 전혀 다르다. 식민지 출신자에 대한 법적, 도의적인 책임을 내던져버리기 위해, 재일조선인의 온갖 권리를 빼앗거나 공적 공간으로부터 배제하는 조치였다. '조선'적이란, 말하자면 범죄를 지우기 위해 덧칠을 시작한 '전후'의 증거이기도 하다.

이러한 경위에서 생겨난 '조선적'에는 항상 오해가 따라다닌다. 그 하나는, 이것을 조선민주주의인민공화국DPRK 국적과 동일시하려는 것이다. 일부의 정치가와 미디어는 그 오해를 확산시켜 조선적자에 대한 공포심을 부추긴다(이것은 후술할 정부의 '조선적자' 탄압을 보완한다). 그러나 '조선적'에서 '조선'은 '지역의 총칭'이지 특정 국가를 지시하는 것이 아니다. 그렇다고 해서 조선적자 중에 DPRK 국적자가 전무하다는 것은 아니다. 애초에 국적이란 '개인과 국적국과의 관계'이고, 개인이 자신이 귀속할 나라로 특정 국가를 선택, 해당 국가가 그것을 인정하면 원칙적으로 '국적'은 발생한다. 실제로 조선적자 중에는 다양한 이유로 DPRK 여권을 가진 이도 있다(이 책에서는 이실근이 그 경우에 해당된다). 그것을 일본 정부는 '국교 부재'를 이유로 '존재를 확인할 수 없다.'고 말하고 있다.

그렇지만 국교가 없는 것은 과거 청산이 의제화하는 국교 정상화 교섭을 일본 정부가 '납치'를 이유로 거부하고 있기 때문이다. 일본 정부는 한시라도 빨리 국교 정상화를 맺어 재일在日하는 DPRK 국적자들에 대해 합당한 처우를 보장하고, 남북·일본 어느 곳의 국적도 거부한 완전한 무국적 상태를 선택한 자들에 대해서도 자유 왕래의 권리 등을 담보하는 법적 지위를 남북 정부가 제정할 수 있도록 진력을 다해야 할 것이다. 조선적을 둘러싼 복잡함의 배경에는 역사적 책임을 지지 않은 일본의 자세가 있다. 여기서 반드시 짚어두어야 할 점은 '국적을 가질 권리'는 전쟁과 강제 이주에 의한 난민, 무국적자의 대량 발생과 유럽의 유대인에게 취해진 시민권, 국적 박탈의 역사 등에 입각해 확립되었던 국제 인권상의 권리라는 것이며, DPRK 국적자를 자인한 재일조선인의 권리를 무시하거나 권리 행사에 불이익을 입는 일이 있어서는 안 된다는 것이다.

조선적을 사는 자는 수많은 곤란을 겪고 있다. 그 하나가 이동이다. 실재하지 않는 '나라'명이 국적란에 표기되어 있는 사태는 세상에서 이해되기 어렵다. 일본으로의 재입국허가증(이것 자체가 '전 국민'에 대한 처우로서는 부당함의 극치다.)을 손에 들고 해외로 도항하면 누차 해외의 입국 관리국에 발이 묶였다. 노무현 정권 시절에는 대부분 인정된 조선적자의 한국 입국도 이명박 정권 이후, 승인받지 못하는 일이 증가하고 해마다 신청자의 60% 이상이 입국을 거부당하고 있다. 반대로 말한다면, 그래도 40% 전후가 승인되고 있는 것이지만 여기에는 숫자의 마술이 있다. 애초에 노무현 정권에서는 연간 2,000건 이상이었던 신청 건수가 보수 정권이 되고 나서부터는 수십 건으로까지 감소하고 있다. 이유는 다양하겠지만 분모 자체가 격감된 것이다. DPRK와 여태껏 휴전 상태에 있는 미국의 비자 취득도 용이하지 않다.

　그리고 일본에서는 차별과 부당한 처우를 받는다. 일찍이 외국인 지방참정권 법안에서도 조선적자는 배제되고 있었으며, 2012년에 도입된 '간주 재입국허가제도'みなし再入國制度(1년 이내의 해외도항이라면 재입국허가가 불필요해졌다.)에서도 '유효한 여권' 소지를 조건으로 하는 형태로 제외되었다. DPRK의 '핵'과 '미사일'이 입에 오르내릴 때마다 조선적자는 '제재'라는 부당한 탄압의 대상이 된다. DPRK 국적자이든 무국적자든 선택과 귀속의식에서 불이익을 당하는 일이 있어서는 안 되는 것은 당연하다. DPRK에 도항하면 원칙에 따라 재입국불허가로 간주되는 자의 범위는 확대되고 있고, 재입국의 허가기간도 단축되었다. 출국하려는 조선적자에게 재입국 거부를 넌지시 내비쳤다가 '북조선에 가지 않는다.'는 서약을

강요했던 것도 최근의 일이다. 당사자의 항의로 중단되었지만 이는 역사와 마주해 간취했던 국제인권이라는 지혜와 정면 대치하는 적대 행위였다(DPRK와의 관계를 문제시했던 '조선학교'에 대한 공격도 같은 구조이다. 나는 이 만행에서 제2차 대전 당시, 미국 등이 일본계 사람에게 취했던 재산 몰수와 수용소로의 격리를 상기한다. 그것은 국적과 귀속의식을 증거로 삼았다. 역대 대통령이 사죄와 보상을 반복했던 그 폭거를 21세기인 지금, 이 나라는 고스란히 모방하고 있다).

종래는 '한국·조선적'으로서 공표되었던 재류외국인 집계는 2015년 말부터 분리 공표되었다(이 가시화 자체가 새로운 억압의 전단계가 아니겠냐는 우려를 불러일으키고 있다). 그것에 의하면 2015년 말 현재 조선적자는 3만 3,939명(재일'외국'인 전체의 1.5%에 이른다). 한국적자는 그 13.5배. '재일한국·조선인'과 거의 일치하는 '특별 영주자'를 점하는 조선적자의 비율은 10% 미만으로까지 감소했다.

이 책에 등장하는 여섯 명의 인물은 그러한 조선적으로 구애되어왔다. "〈조선〉이라는 이름이 소중함", "한 국가에 귀속되고 싶지 않다", "처음부터 조선적이었다", "조선인의 증명", "비전향의 증거", "통일 조국을 바란다" 등으로 그 이유는 다양하다. 각자의 개인사를 풀어놓음으로써 그 사상에 육박하고, 국민과 국가에 대해 그리고 인간에게 조국이란 무엇인가를 생각하는 일을 통해 명확해지는 것은, 국민국가에서는 납득하기 어려운 인간의 실존이다.

이들은 모두 식민지기에 제국일본의 '신민'으로 태어나 1940년대 후반부터 50년대에 걸쳐 청년기를 보냈다. 그것은 이 나라 일본이 패전이라는 '새로운 삶'의 계기를 버리고 미국의 세계 전략에 편승해가면서 전후 보상을 방치하기 시작, '고유의 이익'을 실현하는 길을 선택했던 시기이다. 정부만의 폭주는 아니다. 사회 전체가 그러한 파렴치에 순응했던 것이다. 전쟁법이 제정되고, 한층 더 어리석은 행동으로 돌진해가는 현재, 새로이 이 시대를 〈타자〉의 시선을 통해 되돌아보고 싶다. 현재의 황폐함을 그 뿌리에서부터 되묻기 위해서.

목차

1

'국민국가'가 버린 아이

고 사 명

인간이라는 존재는요,

대지와의 연緣이 끊어지면

어떤 심한 짓이라도 해버리게 됩니다.

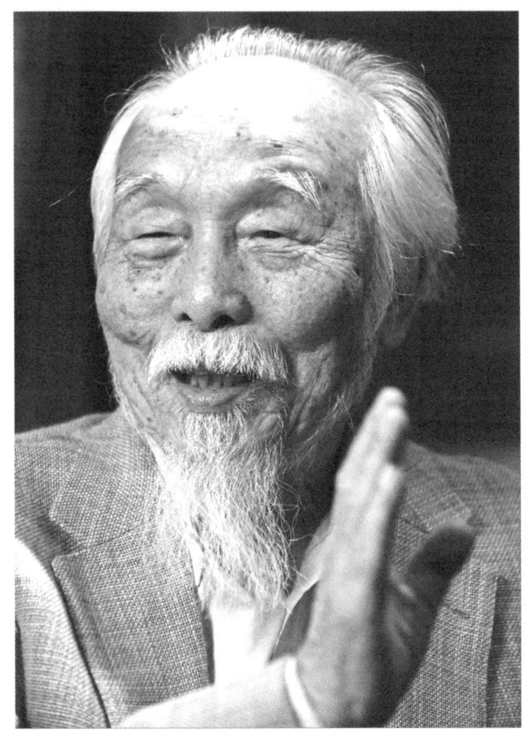

가나가와현 오이소神奈川縣大磯의 자택에서. 2016년 6월 21일.

고사명高史明

1932년, 야마구치현 시모노세키시山口縣下關市에서 재일조선인 2세로 태어났다. 고등소학교 중퇴 후, 독학을 하면서 다양한 직업을 경험했다. 지하활동을 했던 시절의 경험을 묘사한 소설『어둠이 발길을 붙잡을 때夜がときの歩みを暗くするとき』로 문필 활동을 시작하고, 외동아들의 죽음을 계기로『탄이초歎異抄』를 만난다. 신란親鸞과의 대화의 축적은『고사명 신란 논집高史明親鸞論集』(전3권) 등 다수의 저서로 결실을 맺는다.『산다는 것의 의미生きることの意味』로 일본아동문학자협회상을 수상했다.

· · ·

　가나가와현 오이소의 맨션의 어느 집, 창밖에는 나무들이 무성하고 초록빛이 반사되어 거실에 날아든다. 차와 짙은 녹색, 검정을 바탕으로 한 벽걸이 장식과 도자기로 포인트를 넣은 실내는 고요하고, 눈앞의 인물이 자아낸 공기와 서로 어울려 마치 속세와 동떨어진 오래된 사찰에 있는 듯한 느낌이다.

　작가·불교자, 고사명. 자이니치 2세로 극빈한 조선인 부락에서 태어났다. 황국소년을 거쳐 확고한 신념을 지닌 '악당'이 되어 '거리의 불량배'라 평가받던 소년기에는 '담벼락 안'에서 일 년 가까운 시간을 보낸 경험이 있다. 전후에는 혁명운동에 몸을 던졌고 그 후, 관념의 세계에서 파괴된 자신의 해방을 위해 이윽고 문학에 의탁했다. 그런 그가 가장 크게 영향을 받은 작가는 도스토옙스키라고 한다.

　처음 책을 펼쳤던 건 1955년 일본공산당의 지하활동가였던 그가 '조선인은 탈당시킨다.'라는 '조직의 결정'으로, 마치 헌 신문이 버려지듯이 당으로부터 축출되고, 재일본조선인총연합회(조선총련)의 지부조직에서도 '조선어를 할 수 없는 전 공산당원'이라는 이유로 기피되었을 때였다. 그로부터 대략 20년 후, 외동아들이 자살했을 때에도 손에서 놓지 않았던 것이 도스토옙스키였다.

"읽지 않으면 살아온 시간을 말할 수 없었어요. 그러고 나서 읽었을 때, 『죄와 벌』이 왜 그렇게 시작하는가를 알 수 있었습니다. 사형 선고를 받고 형장으로 끌려간 경험이 있기 때문에 그는 쓸 수 있었습니다. 죽음을 직접 맞닥뜨렸던 그는 작가가 되었어요. 나도 그때, 사형수와 같은 처지였기 때문에…… 거기에 도달하지 않으면 그의 진수를 알 수 없다고 생각합니다."

──그 '진수'란 무엇일까요?

"죄와 벌에 대한 시선이지요. 나는 말이죠, 문학이란 '살인하지 말라.'는 대전제로서 '용서'의 문제를 빼고서는 존재할 수 없다고 생각해요. 작품으로서의 좋고 나쁨은 문학의 본질적 문제가 아니죠. 나에게 문학의 조건은 '용서'입니다. '용서'가 없으면 문학이 아니고, 인간 존재가 계속해서 존재할 수 없다고 생각하고 있죠. 그것은 아미타의 사상과도 연결됩니다."

몇 번이고 반복해서 읽은 『죄와 벌』의 주인공 라스콜리니코프의 이름은 러시아어 '분리교도', '분리파'에 유래한다. 고사명은 그것을 '분열된 사람'이라고 해석해왔다. 민족과 국가, 당, 그리고 선악의 사이에서 갈라지고 몇 번이나 자의식이 균열되어왔던 그의, 직관적인 독해일 것이다.

'조선어를 말할 수 없는 조선인'

'분열된 사람', 그것은 먼저 '조선어를 말할 수 없는 조선인'이라는 자기규정과 연결된다. 조선인이지만 억압자들의 언어에 포박되

어 사고와 정감이 모두 일본어를 경유하는 고뇌는 최초의 평론집 『저편의 빛을 찾아서彼方に光を求めて』와 그 후의 에세이에도 몇 차례나 새겨져 있다.

""너는 조선인이 아니다. 네가 조선인인 건 이름뿐이다." 내게는 이 언어로 돌아오는 말이 전혀 없었어요." 게다가 '거짓말쟁이', '존재 자체가 가짜', '그 자체가 배리', '배신자'라고까지 쓰면서 스스로에게 칼날을 들이댄다.

데뷔작 『어둠이 발길을 붙잡을 때』에도 그 고통이 기록되어 있다. 주요 인물 중의 한 사람으로—주인공은 아니다—, '분열된' 고사명의 일부인 조선인, 김일룡이 그 뒤틀림을 폭발시키는 장면이다. 김일룡은 단골 선술집에서 옆에 앉은 손님 몇 사람이 조선인에 대한 모멸을 술안주로 삼는 것을 듣는다. 자기도 모르게 항의하려고 했을 때, 김일룡을 찌부러트린 혹은 삼킨 어두운 구멍은 '반일본인(반쪽바리)'으로서의 실존이다. "과연 스스로를 조선인이라 말할 수 있을까." "일본어밖에 할 줄 모르는 나 자신은 누구인가"……김일룡은 갑자기 복받쳐온 극심한 두통에 타격을 받았으나 그는 그 '통증'조차 조선어로 표현할 수 없다. '아프다痛い', 'いたい', 'イタイ, イタイ……'* 그의 모든 것을 지배하는 것은 눈앞의 차별자와

* 일본어 '이타이'(痛い, いたい, イタイ)는 한국어로 번역하면 모두 '아프다'라는 뜻이지만 여기서는 히라가나, 가타가나로 표기한 원문의 표기 방법 그 자체가 유의미하기 때문에 이를 번역하지 않고 본문에 그대로 노출시켜서 표기했다.
본문의 주석은 모두 독자의 이해를 돕기 위해 옮긴이가 붙인 것임을 밝힌다.

동일한 일본어였다. 김일룡은 고함을 질러 손님을 때리려고 덤벼들었지만, 최후에는 맥주병으로 머리를 맞아서 피투성이가 되어 길거리에 쓰러진다.

소설 전체의 구성을 생각하면 꽤나 강렬한 느낌을 주는 장면이다. 그래도 고사명은 이 장면을 쓰지 않을 수 없었다. 이야기의 주인공이며, 절실하게 자살을 바라는 일본인, 사카이 미치오境道夫가 말하는 "나는 이제, 이 나라는 놈으로 살아갈 수가 없다."는 주인공을 빌려 쓴 고사명의 절규라 할 수 있다.

"민족적 정통성을 나도 그리워했습니다." 하고 그는 말한다. 그것이 1970년에 작가로 데뷔했을 무렵, 그를 환대해 주었던 선배작가들의 '다정함'을 에세이로 쓰게 했을 것이다. "조선어를 할 수 없기 때문에"라고 머뭇거리는 그를 김석범의 『만덕유령기담萬德幽靈奇譚』의 출판기념회에 데려간 이회성李恢成이 그의 '통역'을 아무렇지 않게 맡아 준 배려에 대한 무한한 감사와 그와 처음 대면한 오임준吳林俊이 느닷없이 조선어로 말을 걸었던 '무례'를 나중에 사과하고 "이제부터 (공부해 봐도) 괜찮지 않을까. 완벽하게 할 수 없어도 괜찮아. 조선어를 배워 보게."라고 따뜻하게 격려해준 경험, 이들이 고사명에게 그 이후를 살아가게 한 동기임에 틀림없었던 것이다.

한편으로 민족과 조선과의 만남을 요청한 마음이 충돌의 결과를 초래한 점도 있다. 잡지의 대담에서 동경하는 시인 김시종과 '고함소리가 오고간 큰 싸움'을 한 것이다. 데뷔작의 주인공을 조선인으로 하지 않은 이유가 무엇이냐는 김시종의 질문이 시발점이었다. '신국神國 일본'의 승리를 믿었으나 패전으로 재기 불가능한 상태가 되어, 조선어 '아, 야, 어, 여……'도 제대로 쓸 수 없는 자신들을 부끄럽게 여기고, 피나는 노력으로 민족어를 습득한 전 황국소년 김시종에게는 자연스레 솟아난 질문이었을 것이다. 자신들의 분신을 왜, 일본인으로 한 것인가. 그 물음에 고사명은 발끈했다.

그것은 김시종의 '민족적인 정통성'으로부터 발휘될 수 있었던 질문이었다.

극빈함 속에서 자라고 몇 번이나 민족과의 만남에서 좌절해왔던 고사명에게 '정통성'은 '폭력'으로서 작용했던 것이다. 자신들의 유연한 부분을 맨손으로 붙잡았던 그는 소리치는 것 외엔 달리 방법이 없었다고 생각한다. 고사명은 '쓰지 않았'던 게 아니라 '쓸 수 없었'던 것이다. 그 때문에 그는 이성을 잃고 감정을 통제하지 못했다. 아마도 그 호통은 포효라고 말해도 좋을 정도의 소리였음에 틀림없다. "김시종 씨는 정통파였지만 나는 달랐고 의견이 서로 맞지 않았어요. 그 때문에 친구가 될 수 없었지요.(웃음) 그때는 나에게 자신의 상태를 조금 더 살펴보는 게 좋겠다고 생각해서 구태여 말해주었다고 생각하지만, 그와 같은 의미에서의 민족적 정통성이 내게는 없습니다. 그의 섬세한 마음에 못을 박았다고 생각하고, 동석했던 일본인 작가 여러 명에게도 송구스러운 마음입니다." 라스콜리니코프는 또한 '이단'을 의미하기도 한다.

약 40년 후를 살고 있는 나도 그 고통을 상상할 수 있다. 뇌리를 스쳐 지나가는 건 몇 번의 '민족 체험'이다. 좌익계 한국 신문의 일본 특파원이 "너는 왜 한국어를 모르는 거냐."고 어이없어 할 때

느꼈던 한심함. 어느 민족교육 종사자가 "너는 박일성이라고 말해야 한다."고 단언했을 때 느꼈던 분노. 나를 "일본적의 반쪽half"으로 알고 있던 재일조선인 상공인이 내게 주었던 민족명의 명함을 되찾아간 뒤, "당신에게는 이걸로 충분"하다고 말하며 통명通名의 명함으로 바꿔 주었던 때 느꼈던 억울함. '마땅히 있어야 할 모습'으로 인해 상처가 새겨졌을 때, 나는 침묵하거나 혹은 고함을 지를 수밖에 없었다.

엇갈린 부자親子의 언어

애초의 문제는 고사명이 가정에서 조선어 교육을 받을 수 없었다는 것이다. 철이 든 건 야마구치현 시모노세키시의 판잣집에서였다. "시궁창 같은 냇가에 벽을 칸막이로 나눈 집이었어요. 출입구만 있고 창문이 없어서 천장에 매달아둔 알전구가 한 개. 지붕 아래에 철사를 걸치고 헌 잡지 따위를 붙여 천장을 만들었기 때문에, 누워서 뒹굴거리며 그 기사를 읽고 문자를 익혔습니다. 생각나는 것은 뒤주에 쌀을 넣는 소리에요. 귤 상자를 붙인 거였죠, 아버지는 벌이가 있으면 우선 쌀을 사요. 가득 찬 적은 없었지만 그 촤르르 하는 소리는 즐거웠어요. 그렇다고 쌀통이 비는 걸 두려워하지는 않았어요."

열 가구 거의 대부분이 조선인이었지만 동포에게도 멸시당했던 극빈 부락이었다. 사람들은 남녀를 불문하고 탄광 노동자로 일하고 탁주를 만들어 생계를 이어갔다.

““학교에 가는 녀석이라고 꼭 쓸 만한 건 아니었죠, 남자는 형무소에 가서 1인분”이라는 말을 들었어요.” 하고 고사명은 말한다. 식민지주의를 가능하게 한 것은 특정 존재를 인간 이하로 폄하하는 레이시즘 때문이다. 일본인보다 '낮은' 존재라고 간주되는 조선인이 학교를 나온들 사회적 신분 상승의 전망은 없다. 가능한 한 빨리 일을 해서 가계의 부담을 줄여야 한다. 어떤 의미에서는 당연한 발상이다. 빈곤이 저학력을 재생산하는 구도다. 아버지를 포함해 읽고 쓰는 것이 가능한 사람이 거의 없었다고 한다.

어머니는 그가 세 살 때 돌아가시고 철이 들었을 무렵, 가족은 아버지와 형뿐이었다. 눈을 뜨면 집에는 아무도 없었고, 혼자 밥상 앞에 앉아 식사를 했다. 어머니의 부재는 가정 내 교육의 부재, 즉 조선어의 부재에 직결되어 있었다. 탄광 노동자인 아버지는 할아버지가 엄명을 내려 일본어를 배웠으나 그것을 사용하는 것을 끝내 거부하고 조선어만으로 살아온 인물이었다. 그러나 중노동을 마치고 집으로 돌아와서 자식들에게 식사를 차려주고 나면 교육하기는커녕 말할 기력도 남아 있지 않았다. 집을 나오면 그 곳은 일본어의 세계다. 형제에게 성장은 부자의 언어가 엇갈려 나가는 과정이기도 했다.

한편으로 자식들은 스스로의 근거를 묻기 시작했다. “언제 일본으로 왔어?” “왜 일본에 왔어?” 천진난만한 질문은 아버지에게 고향과 분리된 굴욕과 산후 회복이 제대로 되지 못한 아내를 어찌해 볼 도리 없이 죽음에 이르게 한 회한을 상기시켰을 것이다. 원래 말수가 적은 아버지는 더 과묵해졌다.

　고향을 잃고 일본에서 밑바닥 생활을 한 아버지의 절망, 아내를 잃고 남겨진 자식과의 유대조차 형성하지 못한 슬픔은 이윽고 임계에 달한다. 어느 날 밤, 얼굴을 스치는 무언가에 눈을 뜬 그가 본 것은 눈물을 흘리며 무언가를 중얼거리면서 자신의 얼굴을 쓰다듬는 아버지의 모습이었다. 이내 아버지는 천장에서 떨어진 전선을 자신의 머리에 여러 겹으로 감기 시작했다. 심하게 움직이는 알전구에 아버지가 비춰졌는데 천장에 비친 거대한 그림자는 섬뜩하게 늘었다 줄었다 한다. 사태를 알아차린 그가 소리를 지르자 형이 벌떡 일어나 아버지의 한쪽 팔에 달라붙고, 그는 나머지 한쪽 팔에 매달렸다. 꿈틀거리는 세 사람의 그림자가 천장을 검게 물들이고, 아들의 일본어와 아버지의 조선어가 뒤섞인다.

　"죽지 마!" "그만둬!" 두 사람이 아무리 발버둥쳐도 어차피 어린아이일 뿐. 힘센 노동자를 저지시키기는 역부족이다. 형제는 제각각 소리친다. "누가 좀 도와줘요!"……. 애원도 일본어였다.

　"아버지는 이제 더 이상 살아갈 수가 없는 거야." 조선어로 그리 말하고 아버지는 두 사람을 양팔로 껴안은 채 자기 몸을 허공에 내던졌다. 한순간의 정적 후에 그가 감았던 눈을 떠보니, 마루에 나뒹굴었던 전구가 엉덩방아를 찧은 아버지의 얼굴을 비추고 있었다. 살아 있었다. 전선을 고정시켰던 못이 어른의 무게를 견디지 못하고 떨어져 나가 자살은 실패했던 것이다. 낡은 집은 죽는 데에도 도움이 되지 않았다.

16살에 다시 배우다

그의 민족어에 대한 기대는 번번이 좌절되었다. 결정적이라고 말할 수 있는 것은 16살에 들어간 조선인학교에서의 경험이다. 1948년의 늦가을, 후술할 상해 사건으로 소년형무소에서 나오자마자 아버지는 그에게 조선어로 불쑥 한마디 말했다. "너도 여기서 처음부터 다시 공부해 보지 않겠어?"

"감방에서 나온 뒤에 갈 수 있는 학교가 있어요?" 하고 묻는 그에게 아버지는 득의양양하게 말했다. "조선인학교가 있지." 귀국을 대비해, 식민지 지배, 황민화정책으로 빼앗긴 언어와 문화를 되찾기 위해 조선인들이 전국 각지에 설립한 조선인학교이다. 동서 대립이 첨예화됨에 따라 미군 점령정책, 더욱이 동아시아 전략을 저해하는 '공산주의자의 소굴'이라고 간주되어, 그해 봄에는 점령군과 도도부현都道府縣*에 의한 무장 경찰을 동원한 강제폐쇄조치가 이루어졌지만 민족성 회복에 대한 일념을 끊을 수는 없었다. 당시에도 학교는 운영되고 있었다. "조선인을 위한 학교였어요. 감옥을 갔다 왔어도 갈 수 있었고 말이에요."

반신반의하면서 '이제 와서 무엇을'이라고 생각하면서도 그의 마음속에는 실낱같은 빛이 켜졌다. 사실은 해방 직후, 아버지도 가족들과 귀향하려고 짐을 정리하고 떠날 채비를 한 적이 있었다.

---

* 일본의 행정구역을 나누는 큰 틀로 도쿄도, 홋카이도, 교토부와 오사카부 외 43개 현을 가리킨다.

나라를 빼앗기고 내셔널 아이덴티티를 갖지 못했던 자신들도, 마침내 조선인이 조선인으로서 살아갈 수 있는 '조국'으로 '돌아가는' 것이다. 아이들은 기대에 차 가슴이 부풀어 올랐으나 동서 대립의 전선으로 변화해간 조선 반도의 정세 악화는 그것을 허락하지 않았다. 생활 기반이 사라진 고향에서의 생활은 고단할 것이라 판단한 아버지는 짐을 풀고 일본에서의 극빈한 생활을 선택했다. 그것은 아들의 전망을 빼앗고, 부자 사이에 장벽을 발생시킨 일이었다. 일본에서도 조선인이 조선성朝鮮性을 높이고 조선인으로서 살아갈 수 있는 장소가 있다. 그것은 하나의 광명이었다.

형이 암시장에서 의류 한 벌을 조달해왔다. 아주 새로운 학생복을 입고 등교했다. "뚜렷하게 기억나는 것은 첫 등교 때, 조례에서 선생님이 "담배를 피우는 자가 있나?" 하고 물었습니다. 나쁘다는 의식이 없어서요, "저요." 하고 손을 들었더니 따귀를 맞았어요. 습관적으로 되받아치려고 하자 난리가 났습니다.(웃음)" 과연 그다운 '입학식'이다.

16세에 다시 배우기 시작했다. 그는 거기에서 빼앗긴 민족성을 탈환해간 것이다. 그러나 그것은 어두워져 간다. 세대를 넘어 계속된 황국신민화의 영향으로 해방 당초의 조선인학교는 연령도 언어 능력도 제각각인 자들이 모인 장이었다고 말하지만, 그가 다니기 시작했던 때는 설립으로부터 시간이 경과한 이후였다. 거기는 이제 카오스적인 장이 아니었던 것이다. 한편으로 당시는 아직 학력 격차를 배려할 만큼의 여유도 실천적 축적도 없었던 것이다. "모두 언어도 그런대로 가능하고 공부할 의욕도 강했어요. 그런데 나는 조선어를 전혀 알지 못했던 겁니다."

민족적 자존 감정을 기르는 장에서 날마다 "너는 실패한 반일본인이다."라고 선고되는 것 같은 기분이었다. "수업의 내용도 교과서도 이해하지 못했어요. 정말 괴로운 시간이었어요." 기뻐하는 아버지와 형을 보면 어떤 말도 할 수 없었다. 의지할 곳이 없고 친구가 생기지 않았다. "조선인인데도 조선어가 내게는 거대한 벽이 되었던 겁니다. 형무소보다도 고달팠어요." 연장자로서의 품위가 더욱 그를 과묵하게 만들었다. 게다가 그를 괴롭혔던 것은 학우들의 시선이었다. 전력이 불거져 나왔다. "나는 음지에서 '출소'라 불리고 있었던 거예요."

언어를 갖지 못한 인간에 대한 공감

조선인학교에서의 테스트 시간. 문제조차 읽을 수 없었던 그가 고개를 숙이고 있으니 교사가 다가왔다. 고사명의 학업 태도에 화가 난 그는 책상 서랍에 교과서가 들어가 있는 것을 발견해 '부정'의 혐의를 씌웠다. 트집을 잡은 것이다. '의심' 이상으로 반발한 것은 고사명의 조선어 수준을 알면서 굳이 비난한 교사의 근성 때문이었다. 음습한 추궁에 폭발한 그는 교사를 노려보며 말했다.

"커닝이라고 말했어?" 16세라고 해도 '출소'한 불량소년이기도 했다. '트집 잡기'는 특기였다. "다시 한번 말해 봐, 무엇이 커닝인지." 말문이 막힌 교사를 다그쳤다. "알고 있을 거 아니야, 너? 나는 이 교과서 한 줄도 읽지 못해. 문제도 종잡을 수 없어. 너도 알고 있지? 그런데 뭐가 커닝이야?"

직원실로 불려갔다. 다른 학생 앞에서의 반항은 교사의 권위와 관련된다. 자신의 권력과 우위성을 과시하고 싶은 것이었다. '체면의 세계'를 전전해온 고사명은 그 쪼잔한 속셈을 손바닥 보듯 알아차렸다. "뜻밖에도 직원실 창문에 죽 늘어선 아이들의 얼굴이 보였습니다. "출소가 선생이랑 옥신각신했대."라고 말이죠. 그 선생은 학생들이 좋아하지 않았기 때문에 주목을 받았어요." 완고한 그의 태도에 화가 치밀어 오른 교사가 결국 손을 들었다. 그 후에 일어난 일을 고사명은 기억하지 못한다.

"'출소'가 선생을 때렸다!" 하는 환호성을 듣고 제정신이 돌아왔다. 교사를 때리고 있었던 것이다. "싸움만 해왔던 버릇 때문에 받은 건 맞받아치는 것이 일련의 동작이었습니다.(웃음)"

'착하게' 살고 싶어서 들어간 학교에서 또 '악'을 되풀이했던 것이다. 고사명에게 맞은 교사는 매우 빨리 도망쳤다. 그를 쫓아 교실로 뛰어간 고사명은 그의 등 뒤에서 큰소리를 내뱉고, 떠들썩한 학우들을 향해서도 고함을 내질렀다. "그래, 나는 감방에서 나왔어! 그래, 나는 불량소년이야!" 짐승과 같이 포효하고 아이들을 내쫓은 고사명은 그 즉시 학교를 뛰쳐나와 이윽고 퇴학했다. "지금에 와서 생각하면 아쉽지요. 좀 더 참고 견뎠으면 민족적 소양을 몸에 익혔을지도 모르겠습니다."

조선인이지만 조선어를 할 수 없다. 이 고뇌는 그의 집필 활동, 특히 초기의 절실한 동기였다. "조선어는 부친의 호통치는 목소리와 연립주택의 아줌마들의 북적이는 소리뿐이었습니다. 결국 조선어를 배운다고 해도 일본어를 통해서 습득할 수 있었던 거예요."

그것은 일본 국적 취득 후에도 사라지지 않는 조선인으로서의 자의식을 고민하고, 조선인 단체로부터는 '반일본인(반쪽바리)'이라고 거절당하고, 끝내는 분신자살한 야마무라 마사아키山村政明(양정명)와 스마타쿄寸又峽 사건의 김희로, 그리고 고마쓰가와小松川 사건의 이진우 등 민족어를 모르고 성장한 자들에 대한 공감으로 이어졌다.

"그중에서도 이진우에게 크게 공감했습니다. 그는 모친이 농아인이라서 커뮤니케이션이 성립되지 않았습니다. 부친은 일용 노동자라서 가정 내 교육을 할 수 없었어요. 언어를 모른 채로 성장한 인간이 아이덴티티를 표명하려고 하면 타자를 죽일 수밖에 없어요. 그는 자신의 살인 소식이 있었는가 없었는가를 신문사에 전화해서 확인했습니다. 내 식으로 바꿔 말하면, 그는 바닥까지 자신을 상실한 자였어요. 박수남 씨가 왕복 서한을 주고받으며 그를 지원했습니다만 민족교육으로 너무 기울어졌다고 생각합니다. 그것은 언어를 가진 사람의 차원이지, 언어를 갖지 못한 인간의 차원이 아니에요. 그에 대한 나의 공감은 언어를 갖지 못한 자의 차원입니다. 더욱이 그의 범죄는 민족 차별의 일그러짐에 의한 것만이 아니라 역사적, 사회적인 인간 존재가 송두리째 나락에 떨어진 결과라 생각합니다."

일본의 지식인과 희생자 유족까지 감형 탄원에 서명을 올렸을 때 정부는 이진우의 사형을 집행했다. "역시 그를 살려서 사회 전체에서 함께 고민해야 했어요. 이진우를 묘사한 작가가 지금으로서는 없다고 생각합니다. 그것을 나의 과제로 인식하고 있습니다."

김천삼

이야기는 그 10년 전, 고사명이 6세였던 때로 거슬러 올라간다. 아버지가 목을 매고 자살하려 했으나 실패한 1938년, 그는 기노시타 다케오木下武夫로서 심상소학교尋常小學校에 입학했다. 대륙 침략을 향해 나아가는 일본군이 남경을 점령했을 때에 대학살을 자행한 직후였다. 조선인이자 황국신민. 분열된 자아로 살아가던 그에게 그때 새겨진 것은 천황의 적자로서의 통합이었다. '외부'와의 접촉은 강렬한 추억으로 새겨졌다. 모두가 새 옷을 입은 와중에 고사명은 형에게 물려받은 낡은 게다 차림이었다. 그리고 첫 등교날, 그는 다른 사람의 신발을 훔치려 하는 동급생을 발견해 서로 치고받는 싸움을 벌이고 말았다. 고사명과 마찬가지로 입학식 차림이라 생각하기 어려운 비참한 모습의 상대 또한 조선인이었다.

왜 극도로 가난한 것일까? 왜 우습게 보여지는 걸까? 학교에서의 매일매일이 기노시타 소년에게는 '조선'에 열성이 부여되어가는 과정이었다. 소학교 4학년 때에 선을 넘는 사건이 일어난다. "겨울이 오기 전에 난로 위에 도시락을 올려 데우고 있으면 교실 안에 마늘 냄새가 진동했습니다. 김치가 들어있었기 때문에 당연한 일이었지요. 내가 맨 먼저 "냄새!"라고 말하면 "냄새 나." 하고 큰소리로 합창을 했어요. 그래도 일본인 아이가 "조센 냄새."라고 하는 말을 들으면 분노가 치밀어 올랐어요. 제일 심하게 놀린 학생을 때려눕힌 뒤 모두를 노려보고 "방금 "냄새 나." 하고 말한 놈들 일렬로 서!"라고 고함치고는 그들 모두에게 일격을 가했어요. 웃진 않았지만 급장도 책임이 있다고 말하고는 때려서 쓰러뜨렸어요.

정말 나쁜 짓이었습니다." 이 무렵 그는 도시락에 항상 김치를 넣는 아버지에게 항의했고 뭐가 나쁘냐고 화내는 아버지와 말다툼을 했다. 교실에서의 폭거는 자신들의 분열된 감정의 투영이었다.

행패는 점점 심해졌고 싸움이 일상이 되었다. "당하면 배로 되갚아주었어요. 그러지 않으면 살 수가 없었습니다. 탄광 인부의 흉내 정도였지만, 바구니를 들기에 충분했기 때문에 그럴 힘이 있었어요."

그런 고사명에게 전환기가 찾아왔다. 5학년생이 되었을 때의 일이다. "최초의 점호에서 교사가 "긴텐산" 하고 불렀던 겁니다. 아버지는 애칭으로 '삼이'라고 불렀고 학교에서는 기노시타 다케오라고 불렀기 때문에 처음에는 자신의 이름이라곤 생각하지 못했던 겁니다. 상징적이긴 합니다만 본명을 잊어버렸던 거예요. 교사가 화를 내서 알아차렸지만 구태여 그 이름을 부르는 건 자신을 바보 취급하고 있는 것이라 생각해 화가 치밀었지요, 대답하지 않으니 더 분노했어요. 대답을 하니 "너는 네 이름도 모르는 거냐!" 하고 격노했고요."

본명이 불리는 일을 '차별'이라고 인식했던 것이다. 고사명은 철저히 반항했다. 숙제, 청소가 부과되면 전부 무시했지만 교사는 단호한 태도로 모든 것을 완수시켰다. 그 '본심'은 끝내 고사명의 딱딱하게 굳은 마음을 녹였다. 창씨개명이 추진되었던 시기에 고사명은 반대로, 통명을 버리고 김천삼이라는 이름을 댔다. '민족적'으로 살아가는 전환기라 생각했으나 시대는 그것을 허락하지 않았다. 이 교사는 한 해도 지나지 않아 출정, 이해심이 있었던 후임도

3개월 후에 전쟁터로 떠났고 모두 목숨을 잃었다. 무릇 교사는 당대의 권력에 예속되고 복종해야 하는 국책의 수행자다. 호명되어 되찾은 이름은 음습한 이지메의 '이유'가 되었다.

진학한 고등소학교에서 이름을 둘러싼 교사와의 알력은 '이지메'의 영역을 넘어선 것이었다. 일상적인 폭력이었다. "처음부터 명찰을 보고서는 "언제까지 그 이름을 달고 다닐 거냐."라고 말했죠. 갑자기 얻어맞아 쓰러지거나 질책당했어요. 느닷없이 뒤에서 나를 때려 넘어뜨리고는 내려다본 뒤 말없이 가버리기도 했어요." 조선인이 조선인이라는 이유로 매일, 학교에서 교사에게 맞았던 것이다.

교사에 대한 증오심은 그를 비뚤어진 방향으로 향하게 만들었다. "본토 결전에서 '가장 훌륭하게 죽어야겠다, 잘 보라고.' 하는 생각을 했습니다." 당시, 사회에서의 최고선은 '이 나라를 위해 죽는 일'이었다. "맞고 나서 반발할 때도 "천황폐하께 송구스럽다고 생각하지 않느냐?"라는 말을 들으면 눈물이 번졌습니다. 그만큼 교육칙어敎育勅語가 몸속 깊이 스며들어 있었던 겁니다." 공장에서 만들고 있었던 인간어뢰를 타고 '적'에게 전력투구하는 것, 그것이 고사명의 꿈이 되어간다.

8월 15일

전황은 날로 악화되어가고 그들 고등소학교생에게도 학도동원이 내려졌다. 행선지는 간몬關門해협에 인접한 공장이었다. 고등소학교에서 고사명을 표적으로 삼은 폭력 교사가 파견되어왔다. "조례에서 "너의 이름은 무엇이냐?" 하고 물어 "김천삼입니다."라고 답하자 "목소리가 작다."고 말하며 몇 번이나 반복한 끝에 나를 주먹으로 때렸습니다. 그것으로 하루가 시작되었습니다." 극히 불합리한 폭력이었지만 고사명은 그것을 능가하는 불합리함으로 상황을 넘어서려고 했다. "화가 났기 때문에 교사가 사랑을 준 학생, 급장이라든가를 불러서 그날 맞은 것과 같은 수만큼 때렸던 겁니다. 때리면서도 비참했어요. 정말 미안한 짓을 했다고 생각합니다."

죽음과 기아가 인접해 있었다. 공습 후에 검게 탄 시체를 본 일도 적지 않았다. 타버린 식량창고에 사람들이 앞다투어 무더기로 들어가 탄화된 설탕을 핥는 모습은 '아귀'를 떠오르게 했다. 특히 잊을 수 없는 광경이 있다. 공장 앞의 간몬해협에서는 대형 선박이 연일 기뢰를 건드려 침몰했다. 피로 물든 바다에서 부상자를 끌어올려 트럭에 태워 병원으로 옮겼다. 사체도 빈번히 떠올랐다. 처음에는 뭍으로 올려 명복을 빌던 육지의 사람들도 그 수가 너무 많음에 항복하고, 머지않아 시체는 끈으로 안벽에 묶인 채로 방치되었다. 부풀어 오른 창백한 시체에서 거죽이 벗겨지고 작은 물고기가 그것을 쪼아 먹는다. 이윽고 손발의 관절이 떨어지고 사체는 난바다로 떠내려갔다. 마치 애도조차 상실된 세계를 단념하고 생명의 기원인 바다로 돌아가는 것처럼. 그 바로 옆에는 사체가 존재하지 않는 것처럼 아이들이 헤엄치며 즐거워하고 있다. 고사명에게 이 모습은 신란이 본 것임에 틀림없는 전란, 기근의 광경과 겹쳐 보였다.

1945년 8월, 공장이 휴무에 들어가고 연립주택 변두리에 있었던 그에게, 면식이 있던 동포가 무언가를 외치고 있었다. "졌대, 일본이 패배했다고." 굳어져 온 자의식이 깨졌다. 죽을 작정이었던 자신은 어떻게 하면 좋을까. 누구도 무엇도 설명해주지 않았다. 며칠 후, 고사명은 학교 화단을 마구 짓밟고 난폭한 행동을 했다. 누군가의 통보로 급히 달려온 이는 그를 매일 구타했던 폭력 교사였다. 또 얻어맞는 것인가 생각했던 고사명 앞에서 그는 믿을 수 없는 행동을 보였다. 사납게 날뛰던 학생이 고사명임을 알게 된 그는 갑자기 뒤돌아서 달아났다. 조선인이지만 고사명은 '이 나라를 위해 죽는다.'라는 것을 최고선으로 되새겨 왔다. 전쟁이 지연될수록 그는 전사 혹은 전범으로 회부될 가능성마저 있었다. 하지만 그에게서 그 사다리는 치워졌고, 이를 새기고 있던 남자는 도망친 것이다. "도망가지 마!" 교사를 뒤쫓아 가며 내지른 그의 소리는 해독이 불가능한 포효였다.

"조선인이라는 이유로 맞았어요. 누군가에게 불합리하지만, 지배, 피지배의 관계가 성립되었던 때를 살아온 나에게 얻어맞는 일에는 그 나름의 이유가 있었던 겁니다." 비뚤어진 관계의 자원인 민족 차별은 당하는 쪽의 골수에까지 스며들어 있었다. "그 관계는 붕괴되었고 그럼으로써 그 구조에서 살아온 나 또한 붕괴되었던 겁니다." 나라, 그리고 어른이 정립한 가치를 기반으로 '착해지려고 한' 행위는 완전히 부정되었던 것이다. 고사명은 고등소학교를 2년 다니다가 그만두었다. "패전 후에도 구타당하는 건가 생각했는데 도리어 나는 이런 인간에게 맞았던 건가." 하는 생각에 이르렀기 때문이다. 절망이었다.

이 교사와의 후일담이 있다. 고사명이 작가가 되었을 때, 첫 저서를 건네주려고 시모노세키를 방문한 적이 있었다. 교사의 집도 방문지 중 한 곳이었다. 생각건대 그는 화해하고 싶었던 것이다. 자신을 외부로부터 보는 눈을 갖지 못하고 선을 행하고자 한 일이 악에 가담하고 있었던 과거와 말이다. 좀 더 말하자면, 그 교사를 용서하고 싶었던 것이라고 여겼다. 이제부터 자신으로 살아가기 위해서 말이다.

그러나 수십 년이 지난 해후는 비참한 결과로 끝이 났다. 그가 교사의 집을 찾아갔으나 그 인물은 역시나 도망쳤던 것이다. 매일같이 따귀를 때렸던 교사가 "너를 몰라!"라고 말했던 것이다. 조선인학교에서도 일본학교에서도 교사와 술래잡기를 한 것은 고사명의 운명이었던 걸까. "내가 복수하러 왔다고 생각한 모양입니다. 뒤따라가서 책을 건넸습니다만 그 사람은 그것으로 끝." 그렇게 말하고 고사명은 웃었다. 이제는 웃을 수밖에 없는 것이다. 이것은 '전후'의 조선과 일본의 관계에 대한 은유이기도 하다. 가해자는 피해자를 진지하게 마주하지 않고 그저 계속해서 도망치고 있다. 시한이 지나길 기다린다.

1945년 8월 15일, '선악'은 뒤바뀌었고 고사명의 가치관은 깨졌다. 머리를 숙인 사람도 해방을 축하하는 사람들도 이유를 가르쳐 주지는 않았다. 그는 그때를 결코 '해방'이라고 말하지 않는다. 그렇게 생각한 가장 큰 이유는 여기에 있다고 생각한다. 고등소학교를 그만둔 뒤 고사명의 폭력은 점차 심해졌고 '장난'의 영역을 넘어

선다. 도둑질은 하지 않았으며 성적으로는 방탕함과 거리가 멀었으나 약한 자를 괴롭혔고, '이것만큼은 하지 않는다.'라는 고집은 다른 '악행'의 문턱을 낮게 만들었다. 넓적다리에 화투 도안을 새기고 연립주택의 장로가 '설교'하러 오면 칼을 휘둘러 내쫓아버렸다. 선악의 공허함을 알았던 그에게 연장자를 공경한다는 것도 의미가 없었다. '분열된 자' 고사명은 모든 것을 적대시하는 광견이 되어간다. "대부분이 형무소 출소자였던 그곳에서도 내가 최상급의 불량소년이었어요."

이윽고 불량한 짓의 대가를 치를 처지가 된다. 면식이 있었던 동네의 야쿠자가 기뢰 제거작업을 하고 있는 항만노동자와 분쟁을 일으켰다. "응원의 목소리가 있기도 했고, 어리석은 구석이 있어서 어슬렁거리며 혼자서 갔다가 뭇매질을 당했지요.(웃음) 경찰관에게 도움을 받으려고 파출소 책상 위에 대자로 뻗었습니다." 수습은커녕 우락부락한 사내 5~60명이 파출소를 포위해 "죽여라", "죽여라" 하고 외치며 문을 두드렸다. 경찰관도 사태를 수습할 수 없었을 때, 그의 아버지가 왔다.

"파출소에 와서는 "이 애는 내 아들이다. 아버지가 자식을 데려가는 게 뭐가 잘못됐나?" 하고 말씀하셨어요. 아버지의 일본어를 들은 것은 그때뿐이에요.(웃음) 나를 등에 업고 집에 데려왔습니다. 우락부락한 사내들이 길을 쓱 비켜주었지요. 기개가 대단했다고 생각합니다."

고사명은 이 싸움 사태로 상해죄에 부쳐져 수감되었다. 전력이 있었기 때문에 주먹 쓰는 일은 담벼락 안에서도 변하지 않았다.

서열로 사람을 줄 세우고 같은 방에 있는 사람의 밥을 빼앗은 감방장의 목을 졸라 죽이려 한 것을 시작으로, 거듭해서 폭력 사태를 일으켰다. 가석방 날에도 싸움을 일으켜 몰래 찾아왔던 아버지를 헛걸음하게 한 적도 있다. 징역 6~10개월의 부정기형이었으나 "하루도 깎지 못했다."고 한다. 세간에서는 지탄받는 범죄인 '악'이 사람의 위력을 높이는 역전된 세계였다. 고사명이 장 주네에 의지해 크게 공감한 것은 이 징역 체험에 의거한다. "그는 세상에서는 악으로 간주된 행위에서 문자 세계의 질서에 도전해간 자입니다. 나는 필력이 없기 때문에 거기에 도달할 수는 없었지만 주네와 이진우는 공통되는 점이 있습니다."

출소 후, 민족학교에서 '다시 살아'가려 한 시도가 실패로 돌아간 것도 전술한 바와 같다.

쇠창살 앞에서

'선'을 행함으로써 '악'을 축적해 버린다. 고사명은 1949년, 이곳 야마구치에서는 다시 살아갈 수 없다고 생각해 상경한다. "그런데 곧바로 벽에 부딪혔습니다. 일이 없었어요. 10~20 군데 정도를 돌았지만 조선인임을 알게 된 순간에 안 된다는 거예요. 3일 동안 아무것도 먹지 않고 자고 있으니 자살하려는 사람인가 하고 걱정한 하숙집 주인과 아주머니가 찾아왔지요. 설명했더니 어이없어하시며 "그렇다면 공공직업안정소職安에 가면 되지!"라고 얘기해주셨죠." 그의 실제 연령은 16세였다. 취업 가능 연령에서는 2세가 부족했지만 나카노 구청에서 외국인등록 연령을 18세로 변경(상세한 건 불명확하지만 당시는 그게 가능했다), 실업자 무리에 섞였다.

전 헌병, 시베리아 억류 경험자, 전쟁미망인, 전 상사원, 학생, 레드 퍼지Red purge로 직장에서 쫓겨난 공산당원, 복원병……. 밑바닥에서 살아갈 길을 찾는 사람들이 있었다. "살아가는 것이 탐욕이며, 번뇌 100%를 지닌 범부가 그 자신이지만 밝고 적극적으로 서로 협력하며 살아갑니다. 이 사람들에게는 조선인 연립주택의 사람들과 아버지에게로 통하는 것이 있었습니다. 번뇌를 드러내지만 삶을 긍정합니다. 신란이 더불어 구제하기를 바랐던 사람들이 바로 거기에 있었습니다."

매일 수천 명의 사람이 공공직업안정소에 줄을 섰지만 소위 '일자리를 얻지 못한 자'도 많았고, 광장에서는 연일 '일을 달라'는 시위를 해서 기동대와 실업자 간의 충돌이 반복되고 있었다. 그날도 광장에는 3천 명의 노동자가 연좌 농성을 하고 있었다. 호령과 동시에 완전무장한 경관대가 제거에 돌입했고 고함소리가 이리저리 퍼졌다. ""맞았다!"라는 목소리가 들렸고요, 권총을 치켜든 경관대가 돌진해왔어요." 눈앞에 있던 초로의 노동자가 곤봉에 맞았고, 쓰러진 그를 습격하는 경찰을 봤다……. "정신을 차려보니 경관을 때려눕히고 있었습니다. 약한 사람이 얻어맞는 것을 보면, 그만 피가 거꾸로 솟았어요. 아버지의 교육이었어요.(웃음) 경관 몇 명이 덤벼들어서 양쪽 겨드랑이를 결박해 몸이 공중에 떴다고 생각했는데, 다음 순간에는 트럭에 실려 있었습니다."

트럭은 피의자 고사명을 싣고 급발진했으나 곧바로 급제동이

걸렸다. 그 후에도 급발진과 급정차가 반복되었다. 몇 사람들에 의해 짓눌려진 머리를 들었을 때 믿을 수 없는 광경이 그의 눈에 비쳤다. "니코욘ニコヨン(일용노동자를 일컬음)*의 아주머니들이 트럭 앞에 차례로 뛰어들어오는 거예요." 큰소리의 외침이 의미를 지닌 말소리로 들려왔다. "여기저기에서 "긴텐キンテン이 붙잡혔다!" "긴텐을 구하자!" 하는 소리였죠." 긴텐은 니코욘 동료들 사이에서 고사명의 애칭이었다. "불량하게 살아온 나 같은 인간을 위해 목숨을 건 사람이 있었어요." 밑바닥 인생을 산 자들은 선악을 초월한 근원적인 공감성共感性을 지니고 있었던 것이다. 지금도 그때의 '긴텐'이라던 외침이 귓가에 남아있다. 그것은 소학교 5학년 때, 교사가 불렀던 '긴텐산', 무엇보다도 아버지가 부르던 '삼이'가 중첩된 따뜻한 목소리였다. 이름을 대면 두드려 맞았던 '김천삼'이 아니다. 대등한 동료의 호칭으로서 이름이 불렸던 것이다. "그것을 통해 배웠습니다. 인간에게는 먼저 행동이 있고 이론은 나중에 따라온다고 생각해요. 후에 공산당 활동가가 되었습니다만 위로부터의 방침으로 일이 돌아가고 역사가 만들어진다는 발상은 인텔리의 오만입니다." 이것이 고사명의 좌표축이 되었다.

연행된 요도바시쇼淀橋署(현 신주쿠경찰서)에서는 사형을 당할 뻔했다. "먼저 유치장을 나간 동료가 맞아서 쓰러졌고 몇 차례 걷어차여 기절했던 겁니다. 그래서 나도 기절한 척하려고 생각했습니

---

* 당시, 이들의 하루 일당이 240엔이었다. 두 개를 뜻하는 '니코二個'와 네 개 '욘四'을 합친 말로, 니코욘은 100엔짜리 두 개와 10엔짜리 네 개란 의미였다.

다만······." 경찰관은 고사명에게 말했다. "너는 사형이다. 소란죄는 사형이야."

고사명은 철창 앞에 세워져 경찰관에게 둘러싸였다. 그리고는 사방에서 곤봉으로 난타당했다. '오도리踊り'라고 불리는 특고 시절의 고문이었다. 다리와 엉덩이, 등을 얻어맞고 찔리고 마지막에는 사타구니에 일격을 당했다. '기절한 척'할 상황이 아니었다. 정신을 차려보니 유치장 침상에 쓰러져 있었다. 총 3번의 '오도리'. 거기서 그를 지탱한 것은 '긴텐', '긴텐'이라던 목소리였다. 아프다는 소리조차 나오지 않았고 누워있었을 때, 경찰서 내에 호통치는 목소리가 울렸다. ""긴텐은 어디 있는가!" 하고 말했어요." 후세 다쓰지布施辰治였다. 관헌에 의한 대역죄 날조였던 '박열 사건'과 독립운동가에 의한 무장투쟁 '의열단 사건' 등의 변호인을 맡고, 사형폐지론자이기도 한 전설적인 인권변호사가 고사명을 구출하러 왔던 것이다.

후세에게 안겨 경찰서를 나왔다. "나카노 진료소에서 바지를 벗기고 여기저기 살피던 의사가 처음 내뱉은 한마디, "자네, 이 지경인데도 목숨을 건졌네!"라고 말했어요. 하반신 앞쪽이 내출혈로 시커매졌었습니다. 마치 살해당한 고바야시 다키지小林多喜二 사진과도 흡사했습니다. 의사 말로는 고통을 주려고 할 땐 뒤쪽을 때리고 죽일 생각일 때는 앞쪽부터 가격한다고 해요. 그런데도 죽지 않았던 것은 불량소년이었던 시절에 호되게 맞았던 덕분일지도 모르겠습니다.(웃음)"

석방 직후 1950년, 니코욘 동료의 권유로 고사명은 일본공산당에 입당했다. "일국일당의 원칙으로 조선인은 당연히 공산당원이 되어야 한다고 생각했어요." 사회 변혁에 자신의 해방을 중첩시켰던 그는, 그 전해에 강제 해산되었던 재일본조선인연맹(조련)의 재산 몰수에 저항한 조선인들의 항의 집회에 참가한다. 조선어 연설 내용은 전혀 알아듣지 못했지만 집회는 관헌과의 충돌로 발전한다. 1950년 3월의 '다이토회관台東會館 사건'이다. "경찰관에게 쫓기던 젊은 여성이 운 나쁘게도 내 쪽으로 도망쳐 왔어요. 순간적으로 경관을 때려서 쓰러뜨렸습니다." 또다시 체포되었다.

담대한 행동 때문인가, '일을 달라는 사건'에서의 체포 내력 때문인가, 검찰 당국은 고사명을 주모자의 한 사람으로 간주해 민족 단체의 간부들과 함께 기소했다. 하지만 그는 그 장소의 대표들을 단 한 사람도 알지 못했던 것이다. 각본이 짜여 있던 황당무계한 기소였다. 또다시 변호를 담당한 이는 후세였다. 공동 모의를 했다는 것을 주장한 검찰 측에 후세는 이렇게 반론했다. "이 남자는 조선인이지만 아는 이들이 없으며 조선어도 하지 못한다. 공동 모의란 불가능하다." "그 논법을 듣고선 '역시'라고 생각했어요." 후세의 변호를 회고하면서 고사명은 이렇게 평가했으나, 조선인이면서 민족어를 할 수 없고, 조선인인데도 친구도 없다는 '고립'이 얄궂게도 고사명을 살렸던 것이라 할 수 있다. 그는 내심, 어떤 생각을 하며 변호를 듣고 있었던 것일까.

이 사건으로 구류되었을 때, 손에 넣었던 것이 『민주주의』라는 제목이 붙은 책이었다. 차입은 아니었다. 아마 점령자 미국이 자국의 '가치'를 홍보하기 위해 읽혔던 것일 게다. "당원이었지만 이론서는 읽은 적이 없었어요. 책을 읽고 나도 민주주의는 괜찮은 것이라고 여겨서 당 활동에 열중했고, 그것을 원인으로 이번에는 점령 정책에 저촉되었어요. 데모 현장에서 미군 병사가 참가자를 난타하는 것을 조우했던 거예요. 마음에 들지 않는 자를 마구 때리는 것이 미국의 민주주의구나 하고 여겼죠. 조선의 남북 분단도 미국의 사정, 요컨대 국가 에고이즘이 아닐까 하고 생각했죠."

미국의 상황이 일본의 질서를 구축해갔다. 그것은 두 차례 세계대전을 겪은 사람들이 그 근본을 '되물을' 기회를 저버렸음을 의미하고 있었다. 동서 대립이 조선전쟁으로 분출되자 수상이었던 요시다 시게루吉田茂는 그것을 '천우'라고 축하했다. "식민지였던 조선의 불행을 발판으로 자신들의 사회를 다시 일으키는 길을 선택했어요. 일본은 패전을 겪고, 그 후의 세계에 공헌할 수 있는 길을 스스로 닫아버렸던 겁니다." 미국의 세계전략을 추종함으로써 아시아에 대한 역사적 책임을 유야무야해 버리고, 핵우산의 보호를 받으며 일국의 번영을 획득하는 퇴폐의 길을 선택했던 것이다.

그것은 비단 일본에만 해당되는 문제가 아니었다고 고사명은 말한다. "타자를 정복하고 지배 대상으로 삼아버리는 근대적 지성의 존재 방식, 내 식으로 말하면, 데카르트적 '나는 생각한다……'라는 '언어의 지혜'의 모순을 되묻는 게 아니라, 동일한 논리를 계속해서 구축하고 있는 겁니다." 고사명이 8·15를 '해방'이라고 부르지 않는 또 하나의 이유는 이 때문일 것이다.

무장투쟁

고사명이 믿었던 '혁명 조직'도 국가 에고이즘에 놀아난 장기말에 불과했다. 계기는 주류파의 노사카 산조野坂參三가 제창한 '평화혁명론'을 코민포름Cominform이 지명해 비판했던 일이다. 당은 비판에 반론한 '소감파所感派'와 비판을 용인한 '국제파國際派', 쌍방에 거리를 둔 자들 등으로 분열되었다. 1951년 2월 23일, 제4회 전국협의회(사전협)에서 반미 무장투쟁의 방침을 내세웠고, 그것은 같은 해 10월의 오전협에서 실천과제가 되었다. 중국과 소련의 의향에 따르는 형태로 일본 공산당은 그때까지의 망설임을 뒤로 하고 단숨에 무장투쟁으로 전진해갔다.

그러한 상황 속에서 고사명은 지하활동에 들어간다. 사전협의 전제, '전시 의식'을 몸으로 느끼고 있었던 것이다. "스톡홀름 어필Stockholm appeal의 서명으로 체포된 사람도 있던 시대였어요. 나는 니코욘에서 맞기도 했었고, (미군이 사용하고 있던) 도요타마豊多摩형무소 담에 조선전쟁 반대 삐라를 붙이기도 했습니다."

고사명은 야마무라山村 공작대의 수장으로서 중핵자위대(일본공산당의 군사조직)의 학생 멤버를 데리고 가서 오고우치무라小河內村의 산촌에 들어간다. 그때, 취재차 온 사람이 와타나베 쓰네오渡邊恒雄, 후의 '나베쓰네'다. 그것은 1952년 4월 3일자《요미우리신문》사회면 톱에 "야마무라 공작대의 아지트에 뛰어들다"라는 제목의 '특종'으로 게재되어 있다. 고사명과 와타나베가 주고받은 말의 일부이다.

문   일은……

답   들어도 별 도움이 안 될 거다. 혁명 공작은 정해져 있으니.

문   도쿄 생활을 생각해 본 적은 없는가.

답   도쿄 생활이 그립다는 둥 하는 건 당신들의 생각이다. 우리들은
      인민과 함께 생활하고 있을 때가 가장 즐겁다.

문   4월이 되어도 학교는 쉬는 건가.

답   우리들은 여기에서 학문을 하고 있는 것이다. 당신이 했던 것처럼
      실천과 유리된 학문은 하지 않는다. 4월부터 어떻게 할 것인가는
      우리 마음이다.

문   언제까지 여기에 머무를 것인가.

답   그런 건 대답할 바 아니다. 여기에 있으면 열 사람이서 백 명,
      아니 천 명까지 해낼 수 있다. 바주카포도 전차도 여기서는 도움
      이 되지 않는다.

문   그대들은 폭력혁명이 성공할 것이라 생각하고 있는가.

답   물론 성공한다. 그 새벽에 당신과 같은 이는 교수형을 당할 것이라
      고 말하고 싶지만… 당신을 죽여도 어쩔 수 없다. 어서 돌아가라.

지금 읽으면 어딘가 농담 같지만 그 당시엔 무모한 직격 취재였
다. 와타나베 자신도, 도내에 돌아와서부터 "죽음의 공포가 엄습했
다."고 술회하고 있다. 사실 멤버들 사이에서는 "돌아가면 아지트
가 발각된다. 이 기회에, 죽여서 묻어버리자." 하는 의견이 유력했
다. 와타나베가 제명된 전 당원(=배신자)인 점도 한몫했다. 그것을
제지한 사람이 고사명이다. "'만인의 행복을 위해 혁명을 지향하는
데도 왜 살인을 하는 것일까.' 하고 생각했습니다. 대전제는 '죽이

지 않는다.'는 것이었어요. 조선인 연립주택의 사람들과 트럭에 뛰어들었던 니코욘 사람들로부터 배운 점입니다." 덧붙이자면 당시, 요미우리신문 계열의 주간지 기자였던 와타나베는 이 '독점 특종 기사'를 계기로 본사 정치부로 발탁되었고 요미우리 그룹의 우두머리, 정계 해결사fixer로 변모해간다.

간단히 '죽인다'라고 말해버릴 수 있는 신체성의 결락. 이미 고사명의 마음속에는 '혁명을 흉내내는 놀이'에 대한 생리적 혐오가 소용돌이치고 있었던 듯하다. 하산한 후의 '피의 메이데이'와 그 직후의 '5·30'(그 2년 전, 황궁 앞 광장(인민광장)에서 일어난 탄압사건을 새기기 위해 각지에서 행해진 항의 행동을 일컬음. 고사명이 참가한 신주쿠역新宿驛 앞에서는 대량의 화염병이 사용되었다.)을 거쳐, 그들은 폭발한다. "5·30 사건'에서는 화염병은 물론, 그중에는 권총을 지참한 자도 있었어요. '소동이 있었던' 겁니다. 한편으로 동원된 사람들은 무슨 일이 일어나기를 기다리고 있는 구경꾼뿐이었어요. 권력에 대한 도발에 지나지 않았던 운동은 사람들로부터도 혐오 취급받았던 겁니다."

엉겁결에 비판적 의견을 입 밖으로 꺼낸 고사명은 '반당 분자'로 간주되었다. 신체성이 결여된 방침이 폭주하고 인간의 '삶'을 억압하고 있었다. 퇴폐였다. 이따금 나갔던 어느 대학 세포 조직에서 실제로 보았던 것은 학생 대표가 해외유학을 희망하는 당원을 '기회주의자'라고 규탄하는 모습이었다. "뭐가 나쁜 거지?" 하는 의혹을 표출한 그는 학생들과 노호의 응수를 펼쳤다. 제정신이 들어서 보니 학생들이 도망치고 있었다. 고사명은 긴 책상을 들어 올려 포효하고 있었던 것이다.

"고생하며 살아온 니코욘의 사람들과 같은 신체 감각이 없어요. 학생뿐만 아니라 전후의 공산당은 점점 관념의 폐해를 입고 살아가고 있는 인간의 현실을 놓치고 있었어요."

오차노미즈여자대학お茶の水女子大學의 세포였던 오카 유리코岡百合子(1931년생)와 사랑에 빠진 것이 이 무렵이었다. 하지만 '반당 분자와 사귀는' 오카까지도 지탄받았고, '당의 결정'으로 만나기는 커녕 전화하는 것조차도 금지당했다.

터무니없는 '결정'이었으나 한편으로 고사명은 이 상황에 이르러서도 당에 남은 것이다(정확하게 말하면 탈당을 신청했으나 '국제 공산주의에 대한 배신' 등으로 여겨져 제지당했던 것이다). 그의 데뷔작 『어둠이 발길을 붙잡을 때』(筑摩書房, 1971)를 관통하는 특이성은 자기의 상황을 객관적으로 파악할 수 없는 폐쇄성이다. 그 외부 없음은 매일 맞아도 학교와 공장에 나갔던 황국소년 시절과 다르지 않았다. "'조선인은 공산당원'이라는 논리가 있어서, 당시의 내 마음속에서 탈당은 조선인을 그만두는 것을 의미하고 있었어요. 설명하기 어렵지만 그래요."

선과 악

무장투쟁 방침은 벽에 부딪혔다. '피의 메이데이 사건'에서도 선두에 섰던 이들은 조선인뿐이었다고 한다. '평화'를 구가하기 시작한 일본과 고향에서 동포가 죽임을 당하고 있는 자들 간에는 혁명에 대한 절실함이라는 절망적인 낙차가 있었다. 사건 후, 파괴활동방지법破壞活動防止法이 성립되었다. 그 직후의 총선거에서 공산당은 1949년의 총선에서 얻은 30여 의석을 모두 잃었다. 불규칙하게 이동하는 조직이 내놓은 것은 '점검點檢 운동'이다. 오카는 말한다. "방침이 틀린 것이 명확한데도 조직은 반대로 내부를 단단히 죄어 이를 극복하려고 했던 것입니다." 조직이 몰리면 내부에서 적을 찾으려 한다. 시공을 초월해 계속되는 파벌주의의 고질병이다.

그 흐름이 고사명을 삼켰다. 모든 보직에서 해임되었고 연일 사문査問이 계속되었다. 자기 비판문을 요구받았지만 쓰지는 않았다. 연금 장소는 시타마치의 판잣집이었다. "타다 남은 벽돌담에 널빤지를 세워서 만든 허술한 건물이었죠. 소유주는 조선인이며 합판으로 칸막이를 한 장소가 내 유폐 장소였어요. 그 조선인 가정은 모친이 청각장애인이며, 부친은 알코올 중독이었어요. 온종일 무서운 기세로 고함치는 소리가 들렸어요. 이진우의 가정 그 자체였어요." '들개', '타락분자', '배신자'라고 매도당하고 날마다 계속된 사문에 마음이 부서져 갔다. 이 시기, 고사명은 두 차례의 자살미수 사건을 일으키기도 했다.

매일매일을 견디면서 고사명은 재기한다. 분쿄구 히카와카文京區氷川下의 제본소에 파견되어 일했다. "건네받은 건 월 1천 엔입니다. 아침은 가케소바, 저녁도 매일 가케소바를 먹어 깡말라가고 있었어요. 그래도 일을 하면 뭔가 해방감이 있었습니다." 그는 요주의 인물로 맡겨졌으나 그의 자세는 주위의 시선을 바꾸어버렸다. 조직 내의 '마땅히 있어야 할 모습'으로 타인을 능가하고 지역 조직의 리더십을 획득하기에 이른 것이다. 그것 역시 '악'을 거듭하는

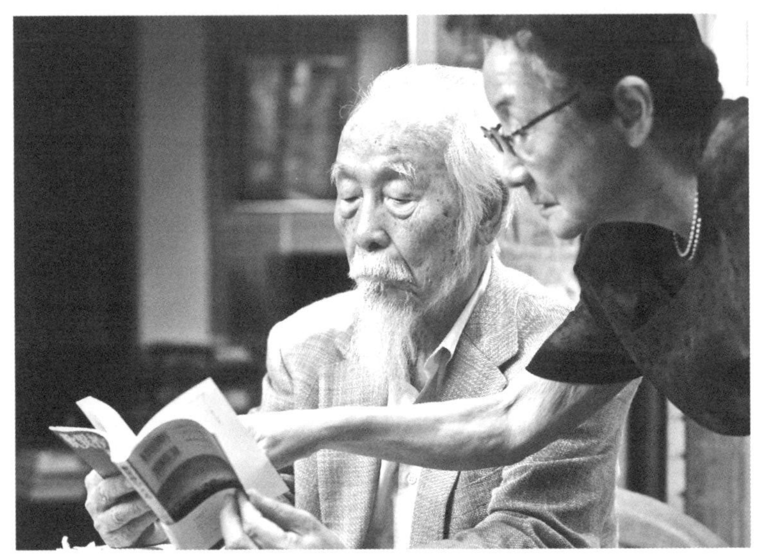

가나가와현 오이소 자택에서, 아내 오카 유리코와 함께. 2016년 6월 21일.

길이었다.

"진심을 다하지 않으면 안 된다고 생각할 만큼 관념적인 당의 방침에 홀려 있었어요. 신체로는 반발했지만 한편으로는 '하지 않으면 안 된다.'고 생각하는 내 자신이 우스웠어요. 형편없었던 거지요. 당의 방침에 충실해지려고 하면 사문하는 쪽이 되었죠. 옆에 있는 누군가를 때려눕히지 않으면 존재할 수 없는 정신 상태였어요." 그 다음은 사문이었다. 자신이 당한 고난을 동료에게 가하는 것이다. 직장의 무단 방기와 기관지 확장 실적의 허위보고…… 사소한 '거짓말'을 단서로 해서 동료에게 '스파이'라는 혐의를 씌워 날마다 물었다. "왜 거짓말을 했나", "너는 스파이지", "이 기회주의자!", "딴마음을 품은 놈"―. 보다 나은 삶을 획득하기 위해 만들어 졌음에 틀림없는 '당'이 '인간'을 철저히 파괴해갔다. '선'을 구하고자 했던 고사명은 그저 '악'을 축적해갔다.

사문의 상대는 증발했다. 그는 이 체험이 있었기 때문에 데뷔작을 썼다고도 말한다. 대부분의 당원, 전 당원은 이 시기에 자신이 했던 언동에 입을 다문 채 차례로 죽어갔다. 하지만 고사명은 정반대였다. 집요할 정도로까지 이 '상처'의 딱지를 떼어내고 자신의 '악'을 자서전과 에세이로 거듭 써왔다. 특히 상세하게 써놓은 것은 세 번째 자서전 『어둠을 삼키다』(角川文庫, 2004)이다. 다음 세대에 대한 책임 때문이다. "역시 반복해서는 안 된다고 생각합니다. 연합적군 사건이 일어났을 때 나는 일본 공산당의 망령이 되살아났다고 생각했습니다. 자신의 죄를 포함해 근저에서부터 되물어야 합니다. 이 문제에는 세계사, 인류사의 모순이 포함되어 있습니다. 이를 해결하지 않으면 다음은 없습니다."

노선 전환의 희생양

당과의 이별은 뜻밖이었다. '조선인 당원은 탈당'이라는 소문을 들었다며 묻는 그에게 지역 간부는 태연하게 말했다. "당 중앙의 통달이야." 그는 다름 아닌 고사명을 사문했던 인물이자 탈당을 신청했던 그에게 "국제주의지! 이 배신자" 하고 큰소리치고, 당에 그를 결박시킨 인물이었다. "'조선인이기 때문에 공산당원'이라고 말했던 사람이 "그럼, 어떡하나? 그만두나? 귀화하나?"라고 했어요.

왜냐고 물어도 '조직 결정'이라는 대답뿐이었습니다. 지시를 한 본인도 이유를 몰랐어요."

이미 오카와 결혼한 뒤였다. 그녀는 당시의 고사명에 대해 말한다. "충돌해도 당을 떠날 수 없었던 것은 자기로 인해 조선인 활동가의 평가를 떨어뜨려서는 안 된다는 의식 탓이었습니다. 그 통달로 그는 무너져버렸습니다. 그는 술을 기분 좋을 정도로만 마셨지 흐트러진 적이 없었는데 심야에 잔뜩 취해 돌아와서 뻗어있는데…… 그를 보니 소리도 내지 않고 울고 있었습니다. 그때부터 하루가 멀다 하고 매일 밤 만취해서 돌아왔어요. 내 눈에서 비난하는 듯한 의중을 읽었을 거예요. 그런데 역으로 무섭게 나를 노려보았습니다. 어떤 생각으로 활동하고 있었는가, 무너져가는 당에 대한 마음을 어떻게 유지하고 있는가를 나는 그때까지 이해하지 못했었는데, 그제야 깨달았어요."

대강의 흐름은 이러하다. 조련의 강제 해산 후의 후속 조직은 재일조선통일민주전선(민전)이다. 일국일당 노선을 실천하고 일본공산당민족대책부(민대)하에 좌파 조선인을 결집시켜 군사방침도 충실하게 실행했다. 하지만 자이니치를 '소수 민족'으로 규정하고 '일본의 혁명'에 동원하는 공산당에 대해, 조국DPRK과의 제휴를 중시하는 자로부터의 이론異論이 여러 차례 분출, 늘 최전선을 담당해서 치른 희생도 민대노선에 대한 불만과 의문을 증대시켰고, 자이니치 내부에서의 대립을 불러일으켰던 것이다. 1954년 8월에는 재일조선인을 '공화국 공민'으로 하는 남일南日·DPRK 외상의 성명이 있었고, 탈민대가 가속화되었다. 중국에 건너갔던 도쿠다 규이치德田球—의 사망과 무장투쟁에 의한 당세 쇠퇴로 노선 전환을 모색하고 있었던 공산당도 그 흐름에 따라 재일조선인에 대한 방침 변경을 결정했다. 1955년 조선총련 결성 약 2개월 후, 공산당은 육전협에서 무장투쟁노선을 '극좌 모험주의' 등으로 비판하고 다른 인사와 같이 봉인했다.

야마무라 공작도, 메이데이도, 5·30도, 사문도, 고사명이 자신의 근거로 삼았던 방침은 관련이 없는 일로 전환되었고 선과 악은 교체되었던 것이다. 문제는 그 누구도 아무런 책임을 지지 않았다는 것이다. 육전협 직후, 고사명은 일전에 자신을 사문하고 고함쳤던 그 지역 간부를 인사차 찾아갔다. 일전에 폭력교사를 방문했던 것처럼 말이다. 앞으로를 살아가기 위해 매듭을 짓고 싶었을 것이다. "내 얼굴을 보자 그는 새파랗게 질렸어요. 사문에 대한 보복으로 자신을 죽이려고 찾아왔다고 생각했던 거예요. 그 정도였어요, 허무했지요." 주의 주장에 배반당했던 여러 차례의 경험이었다.

잠복하고 있었던 고사명은 실은 몇 번의 사건으로 쫓기는 몸이었다. 조직은 자수를 권하는 한편, 변호사 비용도 마련해 주지 않았다. 고사명은 노선전환의 희생양이었다. "그래도 지역의 활동가가 모금운동을 해주었습니다. 주머니를 꽉 채운 자금을 자유법조단 사무소에 가져가 책상 위에 부었더니 10엔 동전인가 100엔 동전이 와르르 쏟아져 나왔고, 이를 본 변호사가 눈을 부릅뜨더라고요.(웃음)" 나는 그 일화를 들으면서 가난한 연립주택 시절, 뒤주를 메운 쌀의 이미지를 연상했다.

많은 사람의 방청 지원을 대비해 재판소는 대법정을 준비하고 있었으나 그곳에 있던 이는 오카 한 사람이 다였다. 고사명이 피고가 된 것은 '결정'되어 있었지만 그 책임자는 단 한 사람도 오지 않았다. 그는 구치소에서 미군이 반포한 『민주주의』를 읽었고, 당에서는 반당분자로서 지탄받던 끝에 결국 '조선인'이라는 이유로 배제되었다. 지상으로 나오자 당의 임무를 이유로 해서 일본국에 심판을 받았다. 모순의 극점이었다. 메이데이의 주모자로 간주되었던 고사명은 중죄의 위험도 있었으나 기소 사실은 분쟁 없이 집행유예로 끝이 났다. "경위는 모르지만 이미 다른 재판은 끝났었습니다. 시끄러워지면 다른 사람도 처음부터 조사해야 하는 거였죠. 이른바 사법 거래가 있었던 거예요."

당의 방침으로 효력이 정지된 채 있었던 외국인등록증명서도 재발행되었다. 그때 힘을 써준 사람은 후에 자유법조단장이 된, 우에다 세이키치上田誠吉였다. "고다이라小平의 메가네바시眼鏡橋에서 건네받았어요. "이제부터는 떳떳하게 살아가세요."라는 말을 들었어요. 공산당을 그만두고 원래의 조선적으로 돌아갔던 겁니다."

땅에 사는 자들의 '사상'

공산당으로부터는 조선총련을 소개받았으나 그곳은 고사명이 있을 곳이 아니었다. "공산당에서 활동하던 사람에 대한 비난이 거셌습니다. 조선어도 못 했기 때문에 냉대를 받았어요." 또 다른 배제였다. 때때로 고사명의 글에 나오는 "너는 이름 이외에는 조선인이 아니다", "조선어도 못 한다." 등의 거친 말들은 이 시기에 들었을 것이다. 조선인의 해방을 믿고서 뛰어들었던 활동은 스스로를 조선인 커뮤니티의 '이단'으로 몰고 갔다. 그 이후 민족 단체에는 관여하지 않았다. "조직에서 운신의 폭이 좁다는 걸 느꼈어요. 그 즈음에는 고다이라에 살고 있었는데, 지방에서 조선대학교 건설에 대한 반대 운동이 일어났어요. 학교 측이 지역을 돌면서 이해를 요구하는 서명을 모으고 있었습니다. 우리집에도 찾아왔는데요, 김천삼이라고 적으니 깜짝 놀라더라고요. 나는 조직으로부터는 꽤나 비판받고 있었던 겁니다. 그래도 나 자신을 조선인으로 자기규정하는 데에 거부감이 없었던 건 아버지 때문이었어요."

민족어를 해독할 수 없는 '결락'을 지적 혹은 비판받으면서도 고사명이 스스로를 '조선어를 모르는 조선인'이라고 단언한 근거는 아버지의 존재였다.

"머리부터 발끝까지 조선인이었어요. 내가 나쁜 짓을 하면 형이 혼났어요. 조선식이었죠. 엄하게 꾸짖을 때는 대나무 회초리로 엉덩이를 때렸지만, 식사 시간이 되면 중단했죠. 어떤 나쁜 놈에게도 밥 먹을 권리는 있다고 생각했던 거예요. 연립주택 끄트머리에 일본인 노부부가 살고 있었는데 밥을 지으면 첫술을 퍼 담은 사발을 그들에게 가져다주었습니다. 노부부가 기뻐하는 얼굴을 나에게 보여주고 싶었던 거라고 생각합니다. 그것도 교육이었던 거죠."

"종이 한 장 가져와", "젓가락 하나를 가져다줘", "못 한 개 주워와" 이것이 가훈이었다. 입버릇처럼 한 말인데, "사람을 때린 자는 등을 웅크리고 자지만 맞은 자는 손발을 뻗고 잘 수 있다."는 것이었다. 뭔가를 해서 임시수입이 생긴 연립주택 주인이 두 사람에게 용돈을 주면 "거지가 아니오."라며 호통치고 큰 싸움으로 번졌다. 어머니도 없어서 심한 차별을 받으며 살 수밖에 없는 상황에서 제 자식이 조선인으로서의 긍지를 가지고 살아가길 바랐던 마음이었을 것이다.

한편, 연립주택 사회에서 아버지의 신뢰는 두터웠다. "연립주택 아주머니가 막걸리를 만들면 사발에 담아 첫 한 잔을 가지고 왔습니다. 아버지는 다 마시고 "잘됐네."라든가 "별로야."라든가 하는 말이 다였죠. 그래도 그것이 가장 기억에 남아 있어요. 해방 후에도 암시장에는 일절 손을 대지 않았어요. 당시, 형과 나는 그게 불만이었죠. '암거래를 하면 좀 더 돈벌이가 될 텐데. 조금은 생활이 변할 텐데.'라고 생각했거든요. 실제로 형은 암거래로 이익을 본 모양입니다. 그러나 아버지는 달랐습니다. 암시장에서 동포가 기세등등하게 돌아다니고 있다더라는 소문을 들으면 "조국을 만들지 않으면 안 되는데 그럴 틈이 있는가."라든가, "분명히 우리들은 일본인에게 심한 짓을 당했는데, 그것을 이번에는 우리들이 해도 괜찮은가."라고 말했어요. 아버지의 기본은 "죽여서는 안 된다."는 것과 "타인의 불행 위에 자신의 행복을 구축해서는 안 된다."는 것이었습니다."

융통성 없는 아버지가 고사명에게 전해준 것은 인간으로서의 근원적인 '품성'이었다. 언제부턴가 아버지가 입에 달고 살았던 조선어 '나무하부타부ナームハブタブ'가 '나무아미타불南無阿弥陀仏'이었다는 걸 알게 된 것은 이후의 일이다. "성묘 때의 공양이라든가가

아니라 내가 악행을 저질렀을 때 소리내어 외던 말이었습니다. 아미타의 혜안을 의식하면서 살아있는 모든 이들을 위해 살아간다는 것, 지금에서야 돌이켜보면 아버지는 아미타의 사상을 몸소 살아간 사람이었습니다.”

아버지의 근간에서 고사명은 땅에 사는 자들의 ‘사상’을 보았다. 그 예는 연립주택에서의 분쟁 작업이라고 말한다. “언제 유혈사태가 일어날지 모를 정도로 서슬 퍼렇게 서로 큰소리치고 싸워도 목이 마르면 물을 마시고, 담배를 한 대 피우는 거죠. 때로는 밥을 먹고 나서 재개하기도 하고요. 말하고 싶은 것을 서로 말한 뒤에 주변 사람들이 승패를 정하는 겁니다.” 서로의 주장을 힘껏 말하는 게 가능했기 때문에 파국을 피할 수 있다.

“연립주택의 사람들은 대부분이 농민 출신입니다. 사람과의 관계가 아닌 땅과의 관계를 우선적으로 해서 살아왔어요. 인간은 사회적인 존재이기 때문에 ‘사회와의 연緣’은 대단히 중요하기도 하지만 그것으로는 불충분하죠. 생명과의 연, 목숨과의 연이 필요합니다. 상대를 타도와 지배의 대상으로 삼지 않고, 자연의 일부로 함께 살아가야 함을 자각하고 공생하는 사상이 있었던 것이라 생각해요.” 그것은 무엇보다도 살기 위해 필요했던 것이라고 고사명은 생각한다. “극빈함 속에서 대지와 함께 존재한다는 논리 세계가 없으면 살아갈 수가 없어요. 인간이라는 존재는요, 대지와의 연이 끊어지면 어떤 심한 짓이라도 해버리게 됩니다.”

최초의 인터뷰에서 “당신에게 조선이란?”이라고 물었더니 고사명은 “그건 아버지입니다.”라고 단언했다. “문자도 모르고, 노래를 부르는 것이나 춤을 추는 것이 서툰 남자였으나 술을 마시는 모습도, 싸움하는 방법도 조선인 그 자체였어요. 나에게 아버지 그 자체가 조선입니다. 아버지가 물려준 조선의 모든 것이 지금도 내 안에 살아있습니다. 조선이라는 문자, 그 울림은 특별하며, 신체가 제구실을 못 해도 거기에서 작동해요. 거기를 벗어나 어딘가로 가는 것은 불가능합니다. 조선적인 것은 무엇보다도 거기를 가리킵니다.”

단독자가 되었을 무렵, 고사명은 나고 자란 시모노세키를 찾아간다. “아주머니들의 손을 보면 손톱이 반밖에 없어요. 직업이 없기 때문에 미쓰비시 조선소에서 나온 쓰레기에 섞인 고철을 뒤지고 다녔던 거예요. 처음에는 도구를 이용했지만 따라잡지 못해서 맨손으로 작업했던 거죠. 그것으로 살아가고, 밥을 지어 먹고, 자식들도 길러냈던 겁니다.” 관념의 속박이 조금씩 풀어지고 있었다.

탈당한 다음 해에는 ‘스탈린 비판’이 행해졌다. 국제공산주의 운동을 이끈 ‘좋은 나라’의 실태는 개인숭배와 감시·관리, 숙청이 횡행한 ‘거대한 감옥’이었다. 이윽고 ‘붉은 꿈’의 현실도 서서히 드러나고 있었다. 그것은 서방측과 같은 모습의 헤게모니 투쟁이며 타자를 지배하고 이용하는 에고이즘의 세계에 지나지 않았던 것이다. 3년 후인 1959년, DPRK으로의 ‘귀국 사업’이 시작되었다. 니코욘 시절, 유일하게 존재했던 한 명의 조선인 친구는 귀국선에 올랐다. 그 사업이 계속되었지만 “나는 거절당한 존재였어요. 남쪽, 한국으로 돌아간 사람도 있었으나 나는 그것도 불가능했어요.”

문학과의 만남

그를 인정해주었던 노마 히로시野間宏의 권유로 그 무렵부터 독서에 몰두하게 되었다. 『탄이초』와 처음 만난 것도, 도스토옙스키를 읽은 것도 그때부터였다. 오카는 회고한다. "책상 앞에 하루 종일 앉아 있었어요. 쭉 일해왔기 때문에 앉아 있는 게 어려워서 방석을 몇 겹으로 포개고 목공작업으로 책상다리를 더해갔죠. 점점 책상이 높아져 갔습니다. 그때 "나도 써 볼까?"라고 했는데, 이 사람, 책을 너무 많이 읽어서 머리가 이상해진 게 아닌가 하고 생각했습니다.(웃음)" 고사명은 말한다. "나는 조직의 논리로 인간 붕괴에 이르렀어요. 붕괴된 인간이 살아갈 곳은 사회사상 속이 아닙니다. 오히려 문학과 같은 융통성 있는 세계에서밖에 살아갈 수 없었어요. 저쪽에서 악한 짓을 해도 이쪽에서 좋은 일을 하는 것처럼 말이죠. 정치 논리의 세계는 진행됨에 따라 틈을 메우게 됩니다. 메우지 않으면 붕괴되기 때문입니다. 그러나 문학은 틈이 없으면 성립되지 않아요. 문학에서 자신을 다시금 파악하고 싶었고, 찢겨진 내 자신의 통일을 회복하고 싶다고 생각했어요. 자신을 회복하고 싶다는 마음은 지금도 변하지 않았습니다."

문학에 몰두하는 한편, 김희로 사건의 재판 방청을 다녔다.

"사건은 상당히 심오한 문제 제기를 했습니다. 일본 사회가 조선인의 문제를 해결해오지 않았던 것의 의미를, 사형을 각오하고서 들이댄 '표현'이었습니다. 게다가 자신의 죽음을 각오하면서도 인질에게는 상처를 입히지 않았어요. 여론의 공감이 없으면 김희로는 사살되어버리는 거죠. 사회에 어떤 종류의 공감이 퍼진 것은,

민중 차원에서는 조선인 문제를 무시하고 있던 일본 현실을 자각하고 있었음을 의미합니다. 살인을 인정하는 것은 아니지만 목숨을 내걸었던 일이 처음으로 사회화되었어요. 그러나 이 사건에서 제기한 문제는 지금에 이르러서도 해결되지 않았다고 생각해요."

재판에서는 고사명도 증언대에 섰다. 자이니치 작가의 창시자, 김달수를 특별변호인으로 선임한 재판이었다. 그 외에도 김시종과 정귀문, 이회성 등이 의견을 진술했다. 약속한 대로 모두가 내뱉은 한마디 말은 "김희로는 나다!"였다. 그 속에서도 경력이라는 의미에서 가장 김희로에 근접했던 이가 고사명일 것이다. 교사에게 맞고 똥을 싸서 학교를 그만두었고, 조선어를 알지 못하며 깡패 짓을 계속했고, 야쿠자를 사살하는 데에 이른 김희로의 내력은 고사명이 살아온 세계이기도 했다.

"내가 그 자리에 있어도 이상하지 않다는 생각이 근본적으로 있었어요. 법정에서 질문한 것은 조선인이 조선어를 못 하는가 하는 것이었습니다. 내게 물었다면 조선인이 조선어를 못 하는 것은 큰일이 아니라고 말했을 겁니다. 김희로의 경우, 존재의 뿌리에 그 이유가 있었어요. 그는 자기 자신의 존재 가치를 어디서 드러내면 좋을지를 모른 채로 문제를 짊어졌고, 살인이라는 극한의 형태로밖에 표현할 수 없었다고 생각해요."

당시의 고사명을 기억하는 한 사람이 불교학자 스즈키 미치히코鈴木道彦다. "1968년에 공판이 시작되었을 때, 대책위원회 보고 집회에 때때로 얼굴을 비친 사람이 있었습니다. 당시는 'O'라고 자신의 이름을 밝혔어요. 체격이 좋았고 온화한 표정으로 대개는 한

마디도 발언하지 않고 돌아갔습니다." 다음 해 김희로가 클럽 '밍크스'에서 저지른 살인을 주제로 심포지엄을 열었을 때였다. "드물게도 'O' 씨가 발언을 요청했어요. "실은 저는 조선인입니다."라고요. 그리고 자신의 내력이 얼마만큼 김희로와 유사한가를 말하고 "자신을 죽임으로써 자신을 해방시킨다고 말하는 것 이외에는 다른 수단이 없었던 곳으로 내몰린 자의 행위였기에, 그것을 자살이라고 말해도 되지만 나는 단연코 자살하고 싶지 않습니다. 지금까지의 부채를 전부 돌려주고 이기고 싶습니다!"라고 말했어요. 꽤 긴 시간 이야기했었습니다."

신란과의 대화

김희로 사건의 공판이 한창이었던 1971년 고사명은 데뷔작을 상재했다. 조선총련을 떠난 언론인들이 차례로 작품을 발표하던 시기였다. 일본어로 문학을 만들어가면서 '일본문학'의 한 분야에 포섭되는 것을 거부하고, 자신들 자이니치의 근거를 모색해간 자이니치 제2세대 문인들. 그 속에 고사명도 있었다. 논고집 『저편의 빛을 찾아서』에 이어 출간한 세 번째 책은 『산다는 것의 의미』이다. 조선인 아버지를 둔 자식에게 보낸 작품이었다. 그러나 그로부터 반년 후, 아들은 단지團地 옥상에서 투신했다. 마지막으로 나눈 짧은 대화를 지금도 선명하게 기억한다.

"학교 잘 갔다 와."

"네, 다녀오겠습니다."

문을 등지고 책상을 향해 있던 고사명이 뒤돌아봤을 때, 아들의 얼굴은 닫히는 문 쪽으로 사라져갔다. 그날 밤, 아들은 관에 들어간 채로 돌아왔다.

그때 읽고 있던 것은 조선어 원문이었다. 작가 데뷔 후에도 자신의 조선성을 획득하기 위해 언어를 배우고 있었던 것이다. "마침 초급 텍스트가 끝나서 책을 읽어 볼까 생각하던 참이었어요. 근데 그게 물거품이 되어버렸어요……."

관이 되어 귀가한 자식을 사이에 두고, 세 사람은 내 천川 자로 누워서 잠을 잤다. 귀신에 홀린 것처럼 고사명은 책을 읽기 시작했다. 교육, 자연과학, 사회과학, 문학, 종교……. "죽음이란 무엇인가, 생명이란 무엇인가를 알고 싶었어요. 책을 읽고 해결할 수 있는 건 아니지만 알 수 있는 데까지 알고 싶었어요."라고 고사명은 말한다. "나는 '책을 읽어도 되살아나지는 않는데.'라고 생각했어요." 하고 오카는 회고한다. 지금도 고사명이 이과계의 지식을 구사해서 말하는 것은 이때의 '배움'에서 기인한다.

그것은 『탄이초』로 수렴되어간다. 공양으로서의 염불도 부정한 신란의 언어를 만났을 때는 무너졌던 마음이 더 파괴된다고 생각했지만 그래도 손을 뗄 수 없었다. "왜 가까이 있는 사람을 구할 수 없었던 것일까. 그의 고뇌를 왜 알아차리지 못했던 것일까. 나는 둔감했던 겁니다. 아이가 중학교에 들어갔을 때 나는 기쁜 나머지 "이제부터 자기 일은 자기가 책임져야 한다."고 말했던 거예요. 잘 되라는 마음으로 말했지만 그것이 그를 곤경에 빠트리고 말았어요. 『산다는 것의 의미』에 두고 온 언어를 맞붙잡은 것이 그 이후의 행보입니다. 자식과 이어져 있는 한 계속해서 생각해야 할 중요한 주제입니다."

통곡 끝에 다다른 신란과의 대화는 『한 방울의 눈물을 품고 탄이초와 만남』을 시작으로 방대한 서적이 되어 세상에 나왔다. 제목에 많은 것은 '생명'과 '아이'라는 문자다. 그 메시지는 고뇌하는 아이들에게 도달하고 대화로 이어져 많은 아이들이 자살을 단념했다. 자식의 자살은 고사명에게 아미타의 청원이었을지도 모른다. 신란과의 대화는 900쪽을 넘는 방대한 서적 『월애삼매月愛三昧』로 결실을 맺었다.

"불교에서는 사토리悟り를 깨달음이라 말합니다만 신란은 그것과는 반대로 갑니다. 오히려 "깨달으면 끝이다."라고 할 정도의 경지에 가있어요. 그는 일본 불교사상에서 처음으로 "인간은 사토리에는 도달하지 못한다."라고 단언했고, "인간은 부처가 되지 못한다."는 결론에 이른 사람입니다."

그 언어는 현대 세계를 성립시켜온 합리적 지성의 한계를 사정거리에 넣는다. "물론 인간은 선악의 기준을 무시하고 사회를 형성할 수 없지만 그것은 절대적이지 않아요. 절대화는 '사토리'에 인간을 얽매게 합니다. 인간은 '사토리'에는 이르지 못하고, 절대자가 되지 못합니다, 넘어서는 안 되는 마지노선이 있기 때문입니다." 지성의 산물인 당, 정치 이데올로기에 몸을 맡기고 선을 실현하려고 했으나 악에 빠져버린 고사명이기에 가능한 해석이다.

그는 사형을 넘어서는 안 되는 마지노선으로 꼽았다. "'언어의 세계'에 사형이 있는 이상, 선고까지는 있을 수 있어요. 하지만 집행은 인간의 영역을 벗어난 겁니다. 인간이란 본래 어떤 존재인가 하면, 용서받는 존재라고 생각해요. 하지만 근·현대는 특히 그것을 소홀히 해왔어요. 구약성서에서 "이 나무의 열매를 먹어서는 안 된다."라고 하는데, 여기서 집행이란 나무 열매를 먹는 일, 신이 되는 것이라고 생각합니다."

사형을 시작으로 그는 계속 말을 이었다. "이렇게 말하면 비판받을 테지만 나는 애당초 A급 전범이라 한들 처형해야만 하는 것은 아니었다고 생각해요. 그만큼의 죽음을 경험한 일본에서 더 큰 죽음을 허용해버린 거지요. 그래서 자신들의 체험을 뉘우칠 길을 닫아버린 겁니다. "이제 국가에 의한 죽음은 인정하지 않는다."라고 연합국에 대한 성명을 발표했어도 괜찮았을 텐데, 오히려 A급 전범에게 죄를 떠넘기는 모양새로 '잘 됐다.'라며 끝내버린 겁니다. 인간이 선악을 기준으로 해서 처리할 때 자기 자신에게는 묻지 않는 사고가 근대 이후에 더 강화되었다고 생각해요."

'물음'을 질식시켜버린다는 것이야말로 고사명이 사형을 비판하는 근거다. "식민지 출신 전범의 처형도 그러합니다. B·C급 전범이란 적어도 메이지유신 이후의 일본과 아시아 제국諸國, 그리고 세계 전체를 둘러싼 문제를 근본에서 되묻는 존재인데, 그들을 처형으로 덮어버린 거예요. 이진우도 그러하죠. 그의 문제제기를 생각할 기회는 집행으로 인해 빼앗겼어요. 죄를 처벌의 문제로 왜소화해버린 거죠." 한마디로 죄라고 말해도 개인과 사회, 국가 차원에서 그리고 법률과 윤리, 종교적 차원과 같이 다양한 관점이 있으나 고사명이 말하는 죄에는 다른 위상이 교차한다. 죄를 변명하는 행위는 '물음'을 깊게 한다기보다는 오히려 그것을 방해한다고 생각하고 있는 것처럼 보인다.

국가를 비판적으로 묻는다는 생각은 고사명이 무국적으로서의 '조선적'을 유지하고 있는 것에 근저를 두고 있다. 인간의 지성이 낳은 하나의 제도인 '국민국가'는 항상 고사명과 같은 '외부'를 만들어내고 전쟁과 사형이라는 살인을 범한다.

"니코욘 시절, 소련에 억류되었다가 돌아온 오키나와 출신의 복원병이 있었습니다. '고향으로 돌아간다.'고 해서 모두가 작은 축하 자리를 가졌지만 한 달도 되지 않아 신주쿠로 돌아왔어요. "뭐 때문에?"라고 묻자 모지門司(기타큐슈시)에서 헌병이 "너는 내려."라고 하며 내쫓았다는 거예요. 소련의 포로였던 경험이 문제시되어 미국 점령하의 오키나와에 들여보내주지 않았던 거죠. 전쟁 중에는 황군 병사, 끝나자 포로가 되었고, 게다가 고향으로는 돌아갈 수 없었죠. 이는 모순입니다."

—— 그렇다면 고사명에게 조국은?

"조선과는 연결되지 않아요. 조선이라고 말하면 아버지와 연립주택에 살던 사람들의 모습입니다. 좋은 것도 나쁜 것도 포함해 그 전부가 조선이지만 조국이라고 하면 관념적으로 생각되어서 어긋나버려요. 본래 있어야 하는 것의 이미지가 조선이지만 북조선과 한국의 이미지에서는 어긋남이 생겨버려요……."

그리고 고사명은 신란을 언급했다. "『교행신증教行信證』은 그 단서가 됩니다. 신란은 우선 이 세상의 문제를 논리로 해명한 뒤 이렇게 단언합니다. "이것은 모두 가정假이다. 가정이란 거짓이며 죄이다."라고요. '가정'이란 언어이며, 그런 언어로 성립한 것이 국가입니다. 국민국가가 버젓이 통과한 세계에서, 국가 없는 괴로움을 경험한 자로서 의지할 곳으로서의 국가는 중요합니다. 그러나 동시에 국가로부터 받은 처사도 잊어버려서는 안 됩니다. 식민지 지배, 동서 냉전, 조선은 국가에 의해 분단되어 있으며 나는 그곳으로부터 거절당했습니다. 예를 들면, 나는 오랫동안 일본을 벗어날 수 없었습니다. 세계불교도회의 참석차 브라질과 인도에 갈 때에도 큰 소동이 있었습니다. 지금도 자유롭게 출입할 수 없습니다. 이것은 전혀 해결되고 있지 않습니다. '국민국가가 버린 아이'의 시선으로 국가의 문제를 다시 파악하고, '언어를 지닌 존재'인 인간의 뿌리를 응시하는 것이 반드시 필요하다고 생각합니다. 여기에는 일본 국가의 깊은 상처가 있는 것입니다. 미래를 향해서도, 반드시 넘어서지 않으면 안 되는 '상처'입니다."

2

민족교육을 향한 끊이지 않는 생각

박 종 명

생각하는 방식을 바꾼다는 것은
자신의 살갗을 도려내는 고통을
수반하는 일이라고 생각합니다.

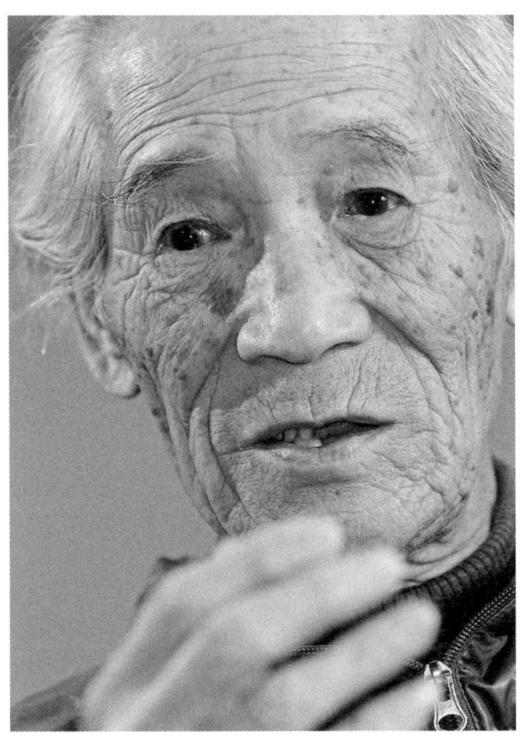

도시샤대학 시민강좌 때 단상에서. 2012년 12월 7일.

박종명 朴鐘鳴

1928년 전라남도 광주시에서 태어나 5세에 도일했다. 해방 후에는 청년운동에 참가, 공립 조선인학교 오사카시립 니시이마자토西今里중학의 자주학교화, 외국인학교법안 반대에 관한 지식인 성명작성 등, 주로 민족교육 분야에서 활동했다. 한편, 일본 각지 도래인渡來人 유적을 연구해 많은 저서를 남겼으며, 조일 관계사를 연구해왔다. 『재일조선인의 역사와 문화在日朝鮮人の歴史と文化』 외에 다수의 저작이 있다. 도시샤대학同志社大學 일조관계사 강좌 고문을 역임했다.

• • •

　게이한전철 교바시역京阪電鐵京橋驛(오사카시) 근처 호텔의 찻집, 약속시간보다 조금 늦게 박종명이 모습을 드러냈다. 그는 조선 고대사, 조일 관계사를 전공한 역사연구자다. 재일조선인 민족교육운동의 산증인이기도 하며 한국에서 방문하는 이도 많다. 그날도 한국에서 온, 손자보다 어린 청년들과의 대화에 집중하느라 그만 약속시간을 잊어버렸다는 것이다. 일찍이 학생들로부터 '선인仙人'이라는 별명으로 불린 초연한 사람의 모습이다. 여느 날처럼 뜨거운 커피를 주문한 뒤 미소 띤 얼굴로 운을 뗀다. "이야, 한국의 젊은 친구들은 상당히 거침없더군요." "선생님은 조선적입니까. 그렇다면 빨갱이신가요?"라고 묻더라고요.(웃음)" 나도 쓴 웃음을 지을 수밖에 없다.

　── 뭐라고 답하셨습니까?

　""내가 이해하고 있는 범위 내에서는 빨갱이지요. 하지만 빨갱이야말로 양심적이지요." 하고 말했지요.(웃음)" 그는 재일본조선인연맹(조련)의 청년조직에서 운동을 시작해 민족학교 교사를 거쳐 조선총련과 그 산하의 학술단체에서 일해왔다. 경력으로만 보면 총련계 인사임에 틀림없지만 박종명은 그 호칭을 완곡하게 거부했다. "예전에 한국에서 온 분에게 "선생님은 조선총련계시군요."라는 질문을 받고 말했어요. "그 '총련'을 빼고 말해줄래요. 나는 조선계예요."라고 말이죠. 아니, 나는 지금도 기본적으로는 총련을 지지해요. '민족으로 가자!' 하고 사람들을 고무하고 용기를 북돋는 방향은 틀리지 않았다고 생각해요. 허나 나는 조선계입니다. 뭐 그 둘을 정확히 어디까지 나눌 수 있을지는 모르겠지만요."

—— 조선적을 견지하는 자세와도 상통하나요?

"네. 나는 우선 민족을 전제로 합니다. 그 위에 민족이 더 잘 살아가기 위한 나라가 있고, 그 나라를 운영하기 위한 정부가 있어요. 기본 바탕은 민족입니다. 민족사의 흐름 속에서 사람으로서, 조선 민족의 일원으로서, 나에게 무엇이 가장 중요한 삶의 방식인가를 고민해온 셈입니다. 그 결과로 내가 조선적이라고 생각하게 된 거죠."

그는 수수께끼를 낸 것처럼, 살짝 웃어 보였다.

불량배 생활

박종명은 1928년 조선의 전라남도 광주에서 태어났다. 독립운동을 했다는 이유로 관헌의 감시를 받아온 아버지가 일본으로 도망쳤고, 어머니, 형과 함께 그를 뒤따라와 오사카시 북쪽에서 지내왔다. 5세 때였다. '식민지 출신자'라는 말의 의미를 알게 된 것은 같은 세대의 많은 사람들처럼 학교에서였다.

"당시는 차별의식을 그대로 노출시켰어요. 부락 아이들에게 교사가 아무렇지 않게 "어이, 요쓰ヨッツ"*라는 말을 사용했으니까요.

조선인은 말할 것도 없지요. 인간 취급도 하지 않았어요. 어느 날 조선인을 차별하는 담임이 "일본인의 성은 보통 두 글자인데 조선인은 한 글자라서 별로야."라고 말한 뒤 "어이, 박종"이라고 부르고는 "어이, 조센"이 더 낫겠지라고 말했어요. 아이덴티티가 송두리째 부정되는 느낌이었어요. "네가 인간 대접받는다는 건 꿈에서라도 생각지 말아라." 하고 매일 통보받는 것 같았어요." 그때의 울분이 그의 민족교육을 향한 끊이지 않은 생각의 원점인 것이다.

소학교에서의 성적은 우수했다. "300명 이상의 아이들이 있었는데 3등에서 5등 정도 했어요." 당연히 진학을 희망했다. 당시는 학생기록부內申書와 면접으로 가능했으나 교사가 학생기록부를 작성해주지 않았다. "경제적으로 불안정하고 이사가 잦다는 등의 이유 같지 않은 이유를 늘어놓고, "써줘도 떨어진다."고도 말했지요." 박종명보다 성적이 좋지 않은 급우가 그보다 더 좋은 학교에 응시해 합격하기도 했다고 한다. 여러 차례 겪은 부조리였다. "아버지는 "조선인은 참고 노력하는 수밖에 없다."고 말했어요. 차별이라고 말하시진 않으셨어요. 밀고의 시대였기 때문에 제가 바깥에서 그런 말을 하면 사달이 난다는 걸 아셨던 거죠. 아버지의 배려였던 거예요." 어쩔 수 없이 입학한 중학교는 떠올리기도 싫은 곳이었다. 그와 비슷한 이유 탓인지 그렇게 생각하는 동포들이 꽤 많이 있었다.

* 네 개의 손가락을 의미하는 말로 요쓰四つ는 피차별부락민에 대한 모욕적 표현으로 사용되었다.

"다른 이들의 체험을 들으면 자신이 놓인 위치를 알게 되지요. 실감의 범위가 넓어지는 거예요." 당시 아이들은 지역에서 분단을 만들어 정렬과 행진 등의 훈련을 했다. 거기서도 박종명은 눈엣가시였다. 조선인이라는 이유로 말이다. 조선인이라는 꼬리표가 붙은 한 인간 취급도 받지 못하는 것이다. 어딜 가나 이 같은 상태로부터 벗어날 수 없었다. "그래서…… 좌절하고 말았던 거예요."

수업을 빼먹고 가까운 제방에 드러누워 하늘을 올려다보며 시간을 보내고, 도시락을 먹고 집으로 돌아왔다. 그러나 그런 생활이 며칠을 가지 못했다. 열흘 정도 지나자 인접한 덴진바시스지天神橋筋 상점가를 배회하게 되었다.

비슷한 처지인 듯한 이들이 눈에 띄어 함께 행동했다. 모기리モギリ*를 협박해 영화관에 들어가고 음식점에서 소란을 피워 음식값을 치르지 않았다. "모두 돈이 없었기 때문에 있어 보이는 놈에게 생트집을 잡아 골목에 끌고 들어가 돈을 빼앗았죠. 불량배라고 말할 수 있는, 그런 짓뿐이었어요." 다른 패거리들과의 패싸움도 계속되었다.

"먼저 맨손이냐 무기냐를 정해요. 대개 곤봉 아니면 잭나이프였죠. 제일 무서웠던 건 집단을 대표해서 일대일로 붙을 때였어요. 패거리로 싸울 땐 누군가가 그만두면 서서히 잠잠해지지만 일대일일 경우, 서로 체면을 세우려고 끝장을 보고야 말았거든요." 그도

* 영화관 입구에서 입장권 일부를 떼고 주는 직원.

한 번, 칼부림을 한 적이 있었다. 손에 칼을 쥐고 마주하자 등에 식은땀이 흘렀다. "두려웠어요. 저절로 몸이 떨려오거든요. TV나 영화에서처럼 냉정하게 대한다는 건 거짓말이에요." 칼을 내밀고 서로를 견제하고 있을 때 어느 순간 박종명이 고꾸라졌다. "그러자 상대가 '아악' 하며 덤벼들었고, 생각할 것도 없이 찌르려 했으나 칼을 떨어뜨렸던 거예요. 칼이 손에 쥐어져 있었으면 아마 죽였을 거예요." 넓적다리에 날카로운 통증이 느껴졌지만 정신을 차리고 자세를 바꿔 상대를 깔고 앉아 마구잡이로 두들겨 팼다. "그때 상대가 "졌다."고 말해서 싸움이 끝났지만 내 몸을 보니 바지가 피투성이였어요. 친구가 지혈약과 붕대, 속옷과 바지를 어딘가에서 조달해왔어요. 한동안 부모님을 속이느라 고생했습니다."

학교에 가서도 싸움질을 했다. "무슨 일이 생기면 틀림없이 "센코鮮公",* "조센", "일본에 있는 게 잘못이잖아."라고 했어요. 일대일이 아니라 일대삼, 심한 경우에는 일대십으로 싸웠어요. 당시엔 미래가 없었기 때문에 '죽어도 좋다.'고 생각했어요. 싸울 상대가 많을 때는 중심인물을 정확히 겨냥해서 그 놈이 항복할 때까지 죽어라 팼어요. 한 달, 한 달 반 정도 그런 일이 있은 후에는 "저 녀석은 상대하지 마.", "성가시니까 엮이지 마."라고 하면서 누구도 접근하지 않았어요." 같은 반 친구 중에 충고해준 동포도 있었지만 싸우기 위해 등교하는 상태는 변함없었다. "싸움을 하면 이유가 무엇이건

---

* 조센朝鮮의 '센'과 이름 뒤에 덧붙여 경멸의 뜻을 나타내는 '코公'를 합친 말로, 조선인을 비하하는 표현으로 사용되었다.

간에 제가 나쁜 놈이 되죠. 전시하戰時下였기 때문에 배속장교가 있었는데 따져 물을 새도 없이 나를 사브르 검으로 때리곤 했어요. 그러니 번화가로 나가서 더욱 바보 같은 짓을 하게 되었지요."

중2부터 거의 3년간 자나 깨나 싸움만 해댔다. "심리적으로는 10년, 20년에 필적한 시간이었어요. 앞이 보이지 않았고 스스로도 한심하다 여겼어요. 낮에는 강한 척하며 지내도, 밤에 이불 속에 들어가면 몸이 덜덜 떨리고 눈물이 뚝뚝 흘러내렸어요. '나는 어떻게 되는 걸까.' 삶이 죽어 있던 시절이었어요." 먼 곳을 응시하는 그의 눈에 눈물이 글썽였고, 그는 잠시 말을 멈췄다. 잠깐의 침묵 후, 말끝을 길게 끄는 독특한 어조로 내게 물었다.

"나카무라 씨, 인간이 가장 무서워하는 게 뭐라고 생각해요? 나는, 인간에게 가장 두려운 건 전망이 없다는 것, 앞이 보이지 않는다는 게 아닐까 싶어요. 앞이 캄캄한 상태는 지독할 정도로 사람의 마음을 피폐하게 만들어버려요." 차별은 사람으로 하여금 이 세상을 살아갈 전망, 자존감, 사회에 대한 최소한의 신뢰감마저 송두리째 앗아가버린다. 당시 그는 살아간다는 전제 자체가 붕괴된 세계에서 발버둥 치고 있었던 것이다.

그런 사실을 부모님이 알게 되었다. "아버지가 나를 호되게 나무랐고, 어머니가 엄청나게 우셨어요. 형은 우등생인데 둘째인 내가 속을 알 수 없는 행동들을 했지요. 내가 이상하다는 건 이미 눈치채고 계셨어요. 항상 걱정으로 가슴이 메어질 지경이셨어요. 내가 이겨낼 수 있었으면 좋았겠지만 앞이 보이지 않았기 때문에 어둠을 벗어날 수가 없었어요." 눈물이 흘러 말문이 막힌다. "……

어쨌든 내가 어머니 속을 썩인 건 지금도 용서받지 못할 짓이라 생각합니다." 어린 마음에 새겨진 것은 나라 없는 민족의 의미였다. "그래서 나는 젊은 친구들에게 말합니다. "설령 분단되어 있어도 나라가 있다는 게 중요해요. 하물며 통일이 되면 ……." 사람이 사람으로서의 존재로 받아들여지지 않는다는 게 얼마나 끔찍한 일입니까?"

그러나 시대는 변해가고 있었다. 조선에서 독립운동에 관여했던 아버지에게 몇몇 청년활동가가 찾아오기도 했었다. "인상적으로 남아 있는 것은 '이투성이 형'이에요. 가끔 찾아와서는 이를 왕창 남겨두고 갔었죠.(웃음)" 그 형은 일본 패전을 주시했고, 독립한 조선을 건설하기 위한 결집을 호소했다.

불량배였던 그에게도 '황국신민의 의무'가 관계없지는 않았다. 전쟁 말기에는 매일같이 학생들이 동원되어 군용기 제조공장으로 내몰렸다. 옥음방송은 그 공장에서 들었다. "라디오로 들었으나 잘 몰랐어요. 주위도 어색한 분위기였어요."

마음이 황폐했던 그에게는 해방의 의미를 스스로 생각한다는 발상 자체가 존재하지 않았던 것이다.

해방

주위가 일변했다. "아버지는 공장을 곧바로 그만두었어요. 집에 있으면서 무언가를 쓰기도 하고 읽기도 하다가 일단락되면 곧바로 나가셨어요. 한밤중인 2시, 3시인데도 말이죠. 집에서 15분 정도

떨어진 곳에 사무실이 있었어요. 어머니의 전언을 알리러 가면 청년, 동포들이 수두룩했고 그들이 아버지에게 예를 갖춰 인사하고 있었어요. 아버지가 독립을 위한 활동을 하고 있다는 정도만 알고 있었어요. 나도 뭔가를 하지 않으면 안 된다는 것을 알게 되었죠.” 조선인학교도 새로 생기기 시작했다. “소개疏開되었던 아이가 돌아오지 않거나 공습으로 여기저기 집들이 비어 있었어요. 그 방을 대여섯 개 빌려서 학교를 시작했지요. 일본 사람들도 먹을 것, 입을 것, 일이 없는 상황이었죠. 그런 가운데 사무실과 학교를 만들었어요. 굉장했지요. 그 뒤 1947년 즈음에는 목조 단층집, 6개의 교실뿐이었지만 학교가 생겼습니다. 10명 정도로도 꽉 차는 가옥을 운동장에 만들어 직원실로 사용하였지요.”

해방 후에는 어머니와 형이 살림을 떠맡았다. 박종명은 가사를 도왔다. “배급만으로는 생계를 유지할 수 없었어요. 어머니는 코크스cokes를 모으기도 하고 도부로쿠濁酒*도 제조했지만 이내 그만두셨어요. 자식들 교육에 좋지 않다고 생각하셨던 듯해요. 형과 내가 쌀과 잡곡을 사러 다녔어요. 미에三重라든가 시가 이부키滋賀伊吹산기슭, 멀게는 아키타 아마루메秋田餘目까지도 갔지요. 그때는 형이 어딘가에서 표를 구해왔어요. 아침 9시에 모든 역에 정차하는 열차로 출발하면 밤중에 도착했어요. 다음 날 아침 일찍부터 농가를 돌아다니며 산 뒤, 형과 각각 60kg을 어깨가 빠질 것 같았는데도

---

* 일본의 전통적인 술 종류.

짊어졌지요. 귀성 러시 같은 초만원 열차에 짐과 함께 내 몸을 밀어 넣어 가지고 돌아와서 근거지에서 파는 거지요.”

형은 유난히 손재주가 좋고 장사에도 재주가 있었다고 한다. “패전 후에는 미군에서 가축 사료인 옥수수가 흘러들어왔어요. 그 상태로는 먹을 수 없었기 때문에 가루로 만든 뒤에 체에 걸러서 설탕을 섞어요. 네모난 상자에 칸막이를 놓고 전극을 넣어 옥수수 가루를 채워 전기를 넣으면 노랗게 부풀어 올라요. 카스텔라지요. 암시장에 가지고 가서 팔았어요. 이웃 사람이 “형이 똑똑하네, 너 랑은 달라서.”라 말하며 웃기도 했지요. 엿도 만들었어요. 친구로 부터 향료를 얻어 와 틀을 만들고 따뜻하게 녹인 뒤 막대를 꽂은 뒤 식히면 툭 하고 틀에서 떨어졌어요. 형은 달고나 달인이기도 했지요. 전지와 변압기도 만들었고요. 비누도 만들었는데 그건 엄 청 팔렸지요. 가성소다와 유지, 인공향료를 히가시오사카 방면에 걸어가서 팔기도 했지요. 형은 대단했습니다. 나는 그저 돕기만 했 어요.(웃음)”

—— 고철은?

“하지 않았어요. 엔진을 단 차가 없었어요. 리어카를 단 자전거 로 하루 종일 달리는 게 얼마나 힘든지 몰라요. 빠른 걸음으로도 갈 수 있는 범위는 양석일의 『밤을 걸고』의 무대가 된 동양 최대 규모의 군수공장, 오사카 포병공창이 있던 자리에요. 희소금속의 보고였으나 들리는 소리에 의하면 거기는 피했다고 해요. 가이코 다케시開高健의 『일본 삼문 오페라』의 세계죠. 그곳은 그 주변에 살던 사람들의 삶의 터전이었지요. 예를 갖추어 그들 무리에 들어

가지 않으면 생활이 어려워졌어요. 지혜를 발휘해 승부수를 띄워야 했죠."

동포들끼리도 살기 위한 투쟁이 엄격했던 듯하다.

전환기

때로는 그레이존gray zone에 손을 대면서 살림에 보탬이 되고자 일했다. 그것은 아버지의 활동을 지원하는 것이기도 했다. 착실해졌다고 생각했는데, 그는 여전히 불량배 생활과 결별하지 못하고 있었다. 전환기는 1946년 초두였다. "'이제 슬슬 발을 빼야지'라고 생각했으나 결심이 굳어지지 못했던 나날을 보내던 무렵이었어요. 사무실에 드나들었던 청년과 만났었죠. 그 일이 없었다면 아마 야쿠자가 되지 않았을까 싶어요. 그 청년은 아버지를 사모하고 있었기 때문에 차마 두고 볼 수 없었던 거죠. 어느 날 그가 나를 불렀어요. 아버지를 존경하는 사람이라 여겼기 때문에 따라가 보기로 했던 거지요."

청년을 뒤따라 걸었다. 행선지는 한때 하늘을 올려다보며 시간을 보낸 요도가와淀川 고수부지 제방이었다. 불량배 생활의 출발점이었다. 가파른 비탈을 올라가 강 쪽으로 내려가자 갑자기 청년이 그에게 일갈했다. "이 바보 같은 녀석, 네 아버지는 필사적으로 운동하고 있는데 넌 뭐 하는 거냐! 바보 같은 놈, 정신 차려!" 내심 잘 알고 있는데 꾸지람을 들으니 마음이 상했다. 그도 고삐가 풀려버렸다. "당신이 뭔데 날 지도하는 거야! 잘난 척하며 말하는 걸

내가 들을 이유는 없어. 나는 그저 나다." "존경하는 사람의 아들이 이러는 걸 봐줄 수 없다." "그래서 뭐 어쩌라고." 박종명은 때리려고 달려들었으나 된통 당했다. 몇 번이고 다시 일어나 덤벼들었지만 그때마다 땅바닥에 고꾸라졌다. "얻어맞았어요. 끝까지 맞설 생각이었는데 어느 정도 시간이 흐르니 안 되겠더라고요. 두세 살 정도 많으면 지지 않을 자신이 있었지만 호되게 얻어맞았어요."

피투성이 얼굴로 하늘을 보면서 헐떡이고 있는 그의 뒷덜미를 잡은 청년은 뻗어있는 그를 비탈에서 질질 끌고 올라가 곁에 나란히 걸터앉아서 "이 멍청아, 똑바로 들어." 청년은 말하기 시작했다. "아버지가 하고 있는 일을 정성껏 설명하고는 "그런데 너는", "정신 차려."라고 말했어요. 그 청년은 아버지에 대한 진심 어린 경의를 가지고 말해주었기 때문에 그 말들이 가슴에 물들었어요……. 아버지가 하고 있는 일이 마음에 스며드는 거란 걸 알게 되었죠. 어렴풋이 알던 일을 듣고 나니 가슴에 사무쳤던 거죠……. 이를 계기로 바뀌지 않으면 안 된다고 생각했어요."

청년은 계속 말을 이었다. "너는 착실히 공부하지 않아서 잘 모를 거야. 비뚤어진 교육을 받았기 때문에 조선 민족은 열등한 민족이라고 생각하고 있을지도 모르지만 사실은 그렇지 않아." 청년은 고조선 건국 신화에 등장한 왕, 단군과 히데요시秀吉 군대와 싸운 이순신 등 민족사와 관련된 인물의 이름을 나열하고 그 업적을 말해주었다. "잠수함과 금속활자도 조선인이 최초로 만들었지. 천문 관측을 시작한 것도 조선인이야." 가타카나 '조센'이 아닌 '조선'과의 마주침이었다.

"내가 공부했더라면 반 이상은 거짓말임을 알았을 거예요.(웃음) 그런 거짓말을 잘도 가르쳤던 거지요. 그래도 절반은 진실이었어요." 그는 '진실'이라고 말했다. 거칠게 말했으나 청년이 박종명에게 전하려 했던 것은 책을 펼치면 얻을 수 있는 '사실'이라기보다 오히려 '진실'에 가까웠던 것이 아닐까. 인간은 평등하기에 누구라도 다시 고칠 수 있는 '진실' 말이다.

"집에 돌아갔더니 아버지도 "이번 기회에"라고 간곡히 타이르셨어요. 그래서 결심했지요. 그래, 나도 다시 한번, 처음부터 다시 시작해보자. 좋아, 소학교 때에 그 정도는 할 수 있었으니까 지금도 할 수 있을 거야. 그리고 공부했습니다. 눈에서 피가 나올 정도로 열심히 했어요."

어느 날의 인터뷰. 소중한 장소를 알려달라고 그에게 청했더니 안내해준 곳이 바로 이 제방이다. 지금은 야구나 럭비를 할 수 있을 정도로 확장되고 비탈에는 토끼풀, 왕바랭이, 민들레, 기린초 등이 무성하다. 초록의 경사면 위에서 제방을 바라보며 그는 감개무량하게 말했다. "나에게 여기는 '앞날이 보이지 않는 절망'을 느꼈던 장소이고, '다시 시작'하는 계기가 된 장소에요. 지금도 한 달에 한 번씩은 걷곤 합니다."

당시는 중학 4년을 마치면 구제 고교舊制高校 수험자격이 생겼다. "눈에서 피가 나올 정도로 공부했기 때문에 어떻게든 갈 수 있지 않을까 하고 생각했던 삼고三高(후에 교토대학 교양부) 시험을 쳤는데 기적적으로 합격했어요. 날아오르는 기분이었죠. 나도 몹쓸 놈은 아니구나 하는 걸 느꼈죠." 1947년의 일이다.

오사카시 미야코지마구 요도가와 제방에서. 2015년 4월 22일.

그럼에도 불량배 생활을 하던 때와는 다른 이유로 학교에는 나가지 않았다. "그즈음 젊은 동포 사이에 연계가 생기고 연구회를 결성하기도 했어요. 민주주의라든가 전전 일본정치의 문제점이라든가 식민지정책에 관한 것이라든가, 펼치면 볏짚이 중간에 끼여 있는 것 같은 질 나쁜 종이였지만 그런 종이에 인쇄된 책 따위를 계속해서 읽고 있었기 때문에 잡박한 지식으로 꽉 차 있었어요. 참가자도 5명, 10명으로 늘고 있었고, 애써서 제3고등학교에 합격했음에도 실제로는 다니지 않았어요. 청년이 모여서 논의를 하고 더 큰 모임에 나가고 아주 서툰 노래를 부르거나 여자들이 있으면 춤을 춰 보이거나 하는 장소가 생긴 거였죠. 그래서 청년 모임을 본격적으로 해보는 편이 낫지 않을까 하는 생각을 했어요. 아버지가 하는 일이 중요하다는 것도 알고 있었고요. 그즈음에는 아버지에게 "여차여차 물으면 이렇게 답했는데 괜찮을까요."라든가 "이런 일을 청년에게 말하려고 하는데 어떨까요."라든가 "나라의 상황이 이러한데 청년에게 그대로 말해도 될까요."라든가 하며 의견을 구하기도 했었고, 공통의 목적의식을 갖게 되었어요. 물론 엄격하기는 엄격하셨어요. 마주 보고 있어도 의자에 앉아서 허리를 곧게 펴고 계셨으니까요. 그래서 거의 학교엔 가지 않았어요. 말하자면, 결심이 다른 결심으로 바뀌었다고 할 수 있지요."

그는 청년운동에 몰두하게 된다. 조련 청년조직 '민주청년동맹'의 아사히·미야코지마旭都지부(오사카시 아사히구와 미야코지마구를 소관)를 중심으로 한 조직책으로 집회에 이리저리 뛰어다녔다. 전성기에는 180명의 구성원이 있었다고 한다. "3·1(독립운동기념일)과 8·15는 오기마치扇町공원에서 대회를 했어요. 당시 2만 명이 모였었지요. 지금 젊은 친구들에게 말해도 "선생님 거짓말엔 질리지도 않습니다."라는 말을 듣지만요.(웃음) 지역의 어르신이 고민이 있다는 얘길 들으면 누군가를 파견해서 해결해 드렸죠. 결혼식이 있으면 가서 분위기를 띄우기도 했죠. 불행한 일이 있으면 장례식에 가서 잔일을 도와드렸어요. 태풍이 와서 동포의 집 벽이 무너져서 고치러 가기도 했어요. 매일 무언가 할 일이 있었고 도울 수 있다는 것만으로도 기분이 좋았어요." 동분서주한 나날들로부터 당시의 민족운동이 고양되었음을 엿볼 수 있다.

한편으로 제3고등학교는 적만 남은 상태였다. 성실히 다니면 신제新制 교토대학으로 편입도 가능했지만 학점이 부족했다. 선배의

연줄로 좌파조선인 운동에 공감하고 있던 스에카와 히로시末川博
(당시 리쓰메이칸대학 학장)와 면담하고 그의 추천으로 리쓰메이칸대
학시험에 응시, 합격했으나 수업에 가서도 "출석에 대답만 하고 오
사카로 돌아가 활동해서" 매일 교토의 대학에 통학하는 것은 무리
였다. 결국 오사카에 있는 간사이대학에 다시 들어가, 간신히 졸업
했다. 필사적으로 활동했던 이유는 아버지가 뒤에 계셨기 때문이
다. "그때까지 멍청한 짓만 저질러온 건 동포들 사이에서도 유명했
었어요. 아버지에게 수치심을 안겨드려서는 안 된다고 생각했어
요." 그런 생각이 스스로를 더욱 활동으로 내몰았던 것이다.

한신교육투쟁

그 사이 일어난 일이 일본 정부와 GHQ에 의한 조선인학교 탄압
이었다. 격렬한 저항운동으로 전개되었던 고베, 오사카의 명칭을
따서 '한신교육투쟁'이라고 불리는 대투쟁이었다.

발단은 1948년 1월, 문부성 학교교육국장명으로 각 도도부현 등
으로 보낸 「조선인 설립학교 취급에 관하여」라는 문서에서부터 시
작되었다. 조선인 자녀도 일본인과 마찬가지로 '일본학교'日條校[*]
에 취학시킬 의무가 있으며 기존의 조선인학교도 사립학교로 인가

* 학교교육법(쇼와 22년 법률 제26호) 제1조에 제시한 교육 시설의 종류 및 교육 시설의
  통칭. 유치원, 초등학교, 중학교, 의무교육학교, 고등학교, 중등교육학교, 특별지원
  학교, 대학(단기대학 및 대학원 포함) 및 고등전문학교를 가리킨다.

를 받지 않으면 안 된다는 것이 그 골자다. 바꿔 말하면 민족교육을 그만두게 하고 교육기본법, 학교교육법에 따르게 하려는 지시였다. 주요 근거는 '아직 일본 국적이 유효하다'는 것이다. 1947년 외국인등록령 이후 '외국인으로 간주하면서 일본 국적을 소유한다'는 특이한 지위가 민족교육 부정의 '무기'가 되었다. '국적'은 권리를 보장하는 받침대인 동시에 한 사람의 인간의 자유를 제한하는 '감옥檻'도 될 수 있다.

관자놀이를 짚으며 그는 말했다. "지금도 회상하면 이 주변이 부글부글 끓어오릅니다. 조선인이 자주교육으로 자기의 자식들에게 민족적 소양을 부여한다고 말하고 있지만 그런 불충분한 교육보다는 일본의 의무교육을 받는 편이 낫다는 거죠. 응당 일본학교에서 배워야 한다는 거였죠. 따라서 조선인학교가 존속하는 것을 허가하지 않는다는 말이죠." 이 문서는 점령군의 지령을 배경으로 제출되었다고 말해지지만, 그는 GHQ의 자이니치 적대시는 일본 정부의 매치 펌프match pomp*였다고 주장한다. ""조선인학교는 과격하고 점령정책에 반하기 때문에 폐쇄하라."는 지시가 있었다고 말하지만 새빨간 거짓말이죠. 점령군은 재일조선인에 대해 아무런 지식도 없었어요. 조선인학교가 왜 만들어졌는지도 몰랐지요. 그러면 어디에서 정보를 얻었을까요. 그건 문부성, 일본 정부입니다. 그러니까 정부가 미군에게 정보를 불어넣은 것입니다. "저것을 일

---

* 자기 쪽에서 폭로하겠다는 불을 당기고 나서, 상대에게 불을 꺼주겠다고 제의하는, 부당한 이익 추구의 방식을 칭하는 속어.

본에 존속시키면 소련 스파이를 양성하게 되는 거다."라고요. 일본 국 의사를 미군에 능숙하게 전달하고 점령군이 그것을 자신의 의사인 것처럼 일본 정부에게 지시를 하는 거죠. 그게 자신들이 원하는 바였기 때문에 일본 정부는 기뻐하며 그대로 했던 거예요. 온갖 말이 나오면 '점령군의 명령'이라고 말했지요. 실행했던 자신들에게는 책임이 없는 것처럼요. 책임 전가였어요. 뭐랄까, 지금의 원전 문제와 거의 닮아있다고 할 수 있겠죠. 조선인학교에 대한 탄압에도 그런 일이었어요."

3월의 야마구치山口, 오카야마岡山를 시작으로 무장경찰을 동원한 조선학교 강제폐쇄가 계속되고 있었다. 반대 운동도 격화되었다. 오사카에서는 4월 하순, 오사카부청 주변에서 데모가 반복되었다.

박종명도 지부 청년활동가들을 데려가 데모에 참가했다. "오사카성을 따라서 우에마치스지上町筋를 남하하는 형태로 해서 부청을 노렸던 거죠. 북상해온 데모대 사람들과 만나니 도로는 동포들 천지였어요. 수로 근처까지 사람들로 가득 찼지요. 후일의 자료를 보면 4만 명 정도였다고 해요. 이는 좀 과장된 것이고 1만 명 이상은 있었어요. 누군가가 구호sprechchor를 외치면 "와-아!" 하고 함성을 질렀어요. 무슨 말을 했었는지는 알아들을 수 없었지만 그 함성 소리는 기억하고 있습니다."

그는 교섭단에 섞여서 지사실에 들어갔다고 한다. 4월 23일의 일이었다. "내 아버지가 위원장을 해왔던 미야코지마지부 전임자 문태수 씨가 교섭단 일원이었는데요, 제주도 출신의 땅딸막하고 배가 나온 아저씨였어요. "너는 부친과 닮지 않은 바보다."라며 자주 화를 내셨지만 그 당시에는 "요즘은 이 바보 같은 녀석도 조금은 사람다운 일을 하는군." 하며 생각해주셨던 듯해요. 그림자처럼 따라다녔어요."

계단을 올라가 지사실에 들어가자 지사는 도망치고 없었다. "부지사가 있었지만 자기는 권한이 없다고만 말했어요. 진척이 되지 않아서 항의도 격렬해졌어요." 그러자 헌병이 들어왔다. "점령자다운 티를 내려는 게 훤히 보였어요. 일부러 천천히 권총을 빼서 조련 교섭단에게 총구를 겨눴어요. 그다음 천장을 향해 발포했어요. 공포空砲였지만 소리는 엄청났어요. 조금은 위축됐어요. 겁에 질렸던 거죠. 그런데 어머니들은 대단하셨죠. 저고리를 감아올려서 배를 내보이면서 "여기, 쏴라!"라며 바싹 다가갔어요. 그러자 헌병이 '지독한 것들'이라 여겼는지 쓴웃음을 짓고 나가버렸어요."

하지만 점령군이 단념했던 것은 아니다. 일본 관헌에게 데모대를 제거하라고 지시하고 있었다.

낮부터의 교섭은 저녁 무렵에 일방적으로 중단되었고 부지사는 청사에서 모습을 감추었다. 부청과 그 주변에는 항의자들만 남겨졌다. 교섭단은 관헌의 손에 의해 차례로 청사 바깥으로 제거되었고, 재입청을 저지당했다. 우에마치스지 남북으로는 무장경찰이 집결해 데모대를 사이에 두고 좁혀 들어왔다. 견디지 못하고 경찰에게 덤비는 자가 나오면 그들은 가슴 높이에서 수평으로 준비된 경찰봉으로 얼굴을 내려치고 끌고 갔다. 구호와 노호가 터져 나오고 여기저기에서 뒤얽혀 싸움이 일어났다.

아비규환인 와중에 조련 간부가 호소했다. "아이들을 위해서 모두 조용히 철수합시다, 일단 퇴각한 후 다시 교섭합시다." 많은 이들은 부청 앞을 떠났지만 끝까지 거부하는 자들도 있었다. 당시 신문에 의하면 마지막까지 남은 한 무리가 해산한 시간은 오후 10시가 넘어서였다. 이날 데모 참가자 179명이 소요죄로 체포되었고, 병원에 실려 간 부상자만 16명에 달했다. 경찰 측도 30명이 부상을 입었다고 한다.

그리고 68년이 지난 2015년 4월 23일, 당시의 데모 코스를 그와 함께 걸었다. 오테마에大手前사거리에서 우에마치스지를 남하하면 오른쪽으로 오사카부청이 보인다. 왼쪽에는 오사카성이 보이고 그 옆의 녹지대에서는 나무들 사이로 내리쬐는 햇볕을 받으며 한 여성이 유모차를 밀고 있고, 젊은 남녀가 나무 그늘 아래에서 쉬고 있다. 67년 전을 상상도 할 수 없는 평온한 광경을 보면서 그는 조용히 그러나 분노가 담긴 목소리로 말했다. "조선인을 조선인으로서 기를 권리를 요구한 것뿐인데 그들은 폭도로 진압당했어요. 지도자는 통한의 심정으로 해산을 지시했으리라 생각합니다……." 그가 지사실에 들어간 날로부터 3일 뒤였던 26일, 경찰이 데모대에 실탄을 발사, 16세 소년이 사살당했다.

"소방차가 방수를 하는데요, 모여 있는 사람들 쪽에선 여성과 노인들 주위를 우리들 청년이 몸으로 둘러서서 막습니다. 항상 그런 건 아니지만 서 있기도 힘들 때가 있어요. 배에 맞으면 뒤로 홱 날아가 버리죠. 집으로 돌아와서 옷을 벗어보면 멍투성이고, 다음 날 아침에 일어나려 하면 몸이 움직여지지 않아요."

당시의 체험에 관해서는 지금도 이따금씩 꿈을 꾼다. "몸 상태가 나쁠 때는요, 자주 가위에 눌려서 아내가 나를 깨워 겨우 잠에서 깨곤 해요." 그는 몇 번이나 발길을 멈추었다. 당시 광경이 뇌리에 되살아난 걸까, 잠시 침묵한 뒤 중얼거렸다. "하지만 화가 치밀어 오르는 기억이에요……"

빼앗긴 민족성을 회복하는, 바꿔 말하면, 탈식민지, 반인종차별주의의 실천으로 탄생한 조선인학교에 대한 철저한 탄압은, 패전을 지나서도 자이니치에 대한 차별과 억압이 계속된다고 하는 일본 정부의 선언과도 같았다. 이 흐름은 1968년부터 72년까지의 외국인학교법안 문제 그리고 지금에 이른 조선학교의 고교무상화에서의 배제와도 통한다. 게다가 존엄을 요구하는 조선인들의 싸움을 '폭동'이라는 두 글자로 규정짓고 그들의 사고를 빈틈없이 칠해버린 것이 미디어였다. "조선인 폭도", "공산당의 선동", "일본 법률에 따라라." 점령군의 견해에 의거한 표제 대다수는 사건의 '과격함'만을 부각시켜간다. 9·11 이후 '테러'라는 언어로 부시 미국 대통령이 말한 "우리 편"에 머무르면서 억압당한 자들의 진실을 은폐하려고 한 것처럼. 아사히신문은 두 번의 호외를 만들어 "비상사태"를 부추기고 요미우리신문은 "조선인들의 반성을 바란다"라는 사설을 게재했다. 광범위한 반대 운동으로 이때의 탄압은 견뎌냈지만 이듬해 1949년 9월, 조련에 대해서는 단체 등 규정령에 기초한 해산명령이 내려져 자산을 몰수당했다. "아침에 신문을 보고 깜짝 놀랐었어요. 지부 사무소 코앞에 경찰이 있었고, 점심때를 지나서는 경찰관이 와서 모든 걸 몰수했어요. 아무것도 돌려주지 않았습니다."

후원을 받지 못한 전국의 조선인학교도 다음 달, 대부분 폐쇄로 내몰렸다.

정치범들의 신념

엄청난 좌절이었다. 민족조직을 잃어버린 좌파조선인 운동은 일본 공산당 방침에 기초해 지속하기로 했다. 11월경에는 일본 공산당을 중심으로 해서 조선인 당원을 지도하는 민족대책부(민대)가 마련되었고, 조직의 재건을 모색하게 된다. 일본 공산당 내부분열, 그리고 조선전쟁의 발발과 조국방위위원회에 의한 비공식적인 활동……. 격동 속에서 1951년 1월에 결성된 것이 재일조선통일민주전선(민전)이었다. 그 뒤 1955년 총련 발족까지 좌파조선인은 일본 공산당의 무장투쟁노선을 중핵으로 떠맡게 된다. 그것은 그에게 복잡한 생각을 불러일으킨다. "나, 후회는 하지 않습니다. 그래도 역사적 시각으로 본다면 그다지 의미가 있었다고는 생각지 않아요. 암울한 시대였어요."

이 시기, 박종명은 헌병에게 체포되었다. 조선전쟁에 반대하는 삐라 배포가 점령정책 위반으로 의심받았던 것이다. 취조실에 들어가자 커다란 책상 맞은편에 미국인 담당관이 앉아 있었다. 그 오른쪽에는 통역이 있었다. "점령정책 위반을 인정해라!" 위압적으로 큰소리치는 담당관에게서 그는 한걸음도 물러서지 않았다. "평화헌법이 있는 일본에서 조선으로 폭격기를 보내는 것은 모순이라고 말했을 뿐입니다. 점령정책을 위반한 것은 아닙니다!" 실랑이가 계속되자 책임자는 자리를 박차고 일어나 돌연 밖으로 나가버렸다. 대신에 들어온 이는 몹시 힘이 센 두 사람의 미국 병사였다. ""납죽 엎드려!" 하고 명령했습니다. 나도 "개가 아닙니다!" 하고 거절했어요. 그러자 한 사람이 나를 겨드랑이에 끼워 힘으로 눌러 제압했어요. 손발로 엎드린 상태가 되었어요." 다른 한 사람이 등 뒤로 돌아가 군화 끝으로 그의 항문을 겨냥해 차기 시작했다. 온몸을 꿰뚫는 듯한 극심한 통증에 전신이 마비되었다. 피가 흘러나온다는 걸 알아차렸다……

정신이 들어서 보니 침상 위에 누워있었다. "새하얀 침대였어요. 엉덩이 상처도 치료되어 있었어요. 옆에는 피투성이였을 내 옷이 말끔히 세탁되어 있었어요." 일주일도 안 되어 상처가 아물었다. 그러자 다시 그 담당관에게 호출당했다. '심문'은 아니었다. '점령정책 위반' 강요를 받아들일지 말지에 대한 고문이었다. 거부하면 또 항문을 걷어차였다. "서너 번은 반복되었습니다."라고 말했다. 지금도 서서 강연을 할 때, 한 시간에서 한 시간 반이면 장이 항문으로 튀어나온다고 한다. "지독하게 아파요, 강연이 끝나면 화장실로 가서 거둬 넣지 않으면 안 되는 거죠." 고문만 있었던 게 아니다. 한국으로 강제송환하겠다는 얘기도 여러 번 들었다. "그 무렵 '강제송환'은 협박과 다름없었어요. 당시 한국으로 돌려보내지는 것은 사실상 사형이었으니까요. 내 주변에서도 어느 날 갑자기 사라진 사람이 있었어요." 그래서 실제로 '전향'한 사람도 있었다.

그 시절을 버티게 해준 건 '동료'였다. "처음의 고독감은 말도 못 합니다. 그래도 밤에 자지도 않고 동료가 지원자를 모아 경찰에게도 항의하러 갔어요. 왜 반전 삐라를 뿌렸다는 이유로 체포하느냐고요. 이러한 수많은 동료들의 도움으로 나는 살았고, 앞으로도 살아간다고 생각하고 있습니다."

점령 당국의 요구를 끝까지 거부했던 그는 군사재판에 회부되었다. 그 고장에서는 유명한 혁신계 변호사가 붙었지만 군사재판에서 '피고'의 권리 따위는 전무한 것과 같았다. 무언가 말하면 책임자가 "발언 정지!" 하고 외쳤다. 판결은 점령정책 위반으로 중노동 1년을 받았다. 중노동이라고 말하면서도 실제로는 아무 일도 부과되지 않았고, 하루 30분의 운동 이외에는 그저 독방에 감금되어 있었다. 이것이 그에게 준 '형벌'이었다. "보잘것없는 체험이었어요. 그래도, 배운 게 많았어요."

지나칠 정도로 독서를 했다. "여태껏 그리 가까이하지 않았던 지적 분야의 책을 무진장 읽었어요." 성서, 철학서, 역사서……. 처음으로 체계적인 역사학을 배운 곳이 형무소였다. 다다미 두 장 반 크기의 독방에서 지혜의 문을 열었던 것이다. 특히 감명 받은 것은 나치스 점령기 프랑스의 레지스탕스들의 모습이었다. "붙잡히면 사형, 강제수용소, 가족들도 화를 입었죠. 그 속에서도 자신의 신념에 따라 저항을 계속했어요. 신념이란 내 방식으로 말하면, 정합적인 논리로 유지되는 강인한 자기주장입니다. 왜 그렇게 말하는가에 대해서 논리적인 정합성을 가지고 그것을 가슴속에 담아두는 것이 아닌, 인간이 존엄성을 갖는다고 한다면 이렇게 존재해야 한다고 강렬하게 어필하는 것이죠. 그것이 신념이라고 생각해요. 내가 거기까지 도달했다고 말할 수 있는지는 모르겠지만 그러한 삶의 방식에 근접했다고는 말할 수 있지 않을까 생각해요."

형무소의 정치범들에게서 본 것도 바로 이 '신념'이었다. "운동할 때에 방을 바라보면 번호표 위에 붉은 선이 그어져 있었어요. 정치범의 상징이죠." 옆방에서 운동하는 사람과 말을 주고받고 정보를 교환한다. "하루 몇 장 지급되는 화장지를 보관해두었다가, 거기에 작은 글씨로 빽빽이 뉴스를 적어 형무소지부 뉴스를 만들어서 정보를 돌려요. 이렇게 생각합니다. 강한 의지로 견디면서 어떤 일을 실현하는 방법론을 곰곰이 사고한다면 제약이 많다고 해도 일정 부분은 실현할 수 있는 것 같다고요."

무장투쟁노선에 대한 위화감

약 1년 후, 샌프란시스코 강화조약 발효에 따라 '특별 사면'의 형태로 형무소를 나왔다. 마중 나온 형과 집으로 돌아가자 기다리고 있던 어머니가 그를 끌어안고 눈물을 흘리시며, 손과 등을 몇 번이고 어루만지다 목이 멘 채로 반복해 말씀하셨다. "무사해서 다행이다, 무사해서 다행이야……." 영원한 이별도 각오했던 자식과의 재회였다. "어머니의 눈물은 불량한 생활을 청산한 후에 처음이었어요. 어머니를 울게 만든 건 그것이 마지막입니다."

곧바로 운동 현장에 복귀했다. 일본 공산당은 무장투쟁노선을 구체화하고 많은 부분에서 조선인이 최전선을 떠맡고 있었다. 그러나 그의 마음속에는 '일본 혁명'을 최우선으로 하고 민족적 과제를 부차적인 것으로 둔 방침에 대한 의문과 위화감이 있었다. 그것이 확신으로 바뀐 결정적 사건이 일어났다.

1952년 6월의 '히라카타枚方 사건'이 그것이다. 오바쿠黃檗(우지시宇治市)의 화약고와 오사카 포병공창 중간에 위치한 히라카타시는 청일전쟁기 이후 '군수품 마을'로 발전하고 중일전쟁기 전후에는 포병공창의 지점으로 가동되고 있었다. 패전 후에 대장성大藏省이 관리하고 있었으나 조선특수로 편승해 이는 고마쓰제작소로 매각을 결정, 미군용 포탄의 제조 재개를 꾀하고 있었다. 그것에 대한 항의 행동이었다.

현재 히라카타 공원 근처에서 반대 집회가 계획되었으나 그것은 표면상의 장소였다. 집회와 데모에 경관의 주의를 집중시킨 뒤 공장에 잠입한 행동대 4명(중 3명이 재일조선인)이 포탄 제조 펌프를 폭파한다. 그것이 극히 일부만이 아는 진짜 목적이었다. 그는 계획을 알지 못했다고 말하지만 지부 청년 동원을 요청해온 공산당 활동가에게서 불온한 공기를 읽어내, 청년들에게 철저히 주지시켰다. "'절대로 구호 이외는 말해선 안 된다. 그럴 리 없겠지만 화염병 등을 던져서는 안 돼.' 하고 말했죠."

계획도 날림의 극치였다. 집회와 데모 전날에 웬일인지 행동대가 공장에 침입했다(경찰이 알아차렸기 때문에 앞당겼다는 설이 있다). 폭탄 두 발을 장착했으나 미터글라스 1장이 깨졌을 뿐이고, 나머지 한 발은 불발되었다. 데모의 목표였던 '사장집'도 실제는 사장집이 아니라 포병공창 매각전과 관련된 다른 사람의 집이었다. 그 데모에서는 참가자 누군가가 화염병을 던져 작은 화재를 일으켜 형사

사건화되었다. 총 98명이 체포되었고 65명이 기소되었다.

'사전 주의사항'이 성공해 그 주위에서 기소자는 나오지 않았다. 그렇다 하더라도 젊은 사람 대부분이 청년 시절을 '피고' 혹은 '수인'으로 지내왔던 것이다. 공판기록을 검증했던 그는 분노를 숨기지 않았다. "말하지 않아도 되는 것까지 마구 지껄이고 사건과는 전혀 관계없는 10대 소년, 소녀까지 체포될 만한 진술을 한 사람도 있었어요. 대다수가 그런 멍청이였죠."

히라카타 사건이 일어난 그날에는 조선전쟁 반대를 내세운 일본인, 조선인 공산당원, 학생들이 무기 집적지였던 옛날 국유철도 차전조차장을 데모 행진하여 경찰대를 돌파해 300명 이상이 체포, 111명이 소요죄 등으로 기소된 '스이타吹田 사건'도 일어났다. 이 또한 히라카타 펌프 폭파의 양동작전이었다는 설도 있다.

"형님이 데모에 참가했었기 때문에 한번 물어보았지만 "더는 말하지 마! 그런 이야기 하지 마!"라는 대답만 들었어요. 동원된 자에게는 떠올리기도 싫은 경험이었던 겁니다."

이 시기 '소요 사건'으로 감옥에 갔던 조선인 중에는 가족들의 설득에 응해 한국적韓國籍으로 바꾼 뒤 출옥한 사람도 있었다. 한국으로의 강제송환을 면하기 위한 '전향'이었다.

당시 조직활동가로서는 드물게 그는 끝까지 공산당원이 되지 않고 당과는 계속해서 거리를 두었다. "전쟁이 있던 때부터 지금까지 정책적으로 일관된 정당은 공산당이라고 생각합니다." 그렇게 운을 뗀 뒤 박이 말한다. "그래도 가장 위험하고 가장 어렵고 가장 힘든 곳은 조선인이 담당했어요, 뭔가 불문율처럼 말이죠. 일본인은 배후에서 지시만 했죠. 말이 좀 고약하지만 우리들은 얼굴顔(가오)없는 숫자數(가즈)에 지나지 않았지요. 식민지시대부터 변하지 않은 거지요."

—— 식민지기부터라고요?

"예를 들면 나카노 시게하루中野重治를 봐주시죠."

나카노의 시 「비 내리는 시나가와品川역」을 보면, '조국'으로 돌아가는 신과 김, 이에게 불러준 이별의 노래는 다음과 같은 말로 끝난다.

일본 프롤레타리아트의 뒷방패 앞방패
잘 가라
보복의 환희에 울며 웃을 날까지

"나카노 시게하루만큼 감성이 풍부한 이조차 시 속에서, 조선인 당원을 향한 호소는 무엇이었을까를 생각합니다. 그는 내 마음에서는 공산당 양심의 정점입니다. 그런 사람도 이 정도예요."

그들은 언제나 '호소하는 쪽'임을 의심하지 않았다. 재일조선인을 일본 소수민족이라고 규정하고 일본 민주화야말로 자이니치의 상황을 개선하는 길이며 그것 없이는 자이니치의 힘은 결집할 수 없고, 조국에 대한 지원도 불가능했다. 그러므로 일본의 민주혁명이 최우선이라는 것이 공산당의 기본방침이었다. 그렇다면 '당원'인 조선인의 민족교육을 지키는 투쟁은 일본인 당원에게 얼마만큼 중대성을 가진 것으로 받아들여진 걸까. 조국을 향한 생각도 꾸지람의 대상이었다. 삼반三反투쟁(반미, 반요시다, 반재군비)의 슬로건에 '반이승만'을 넣자는 주장은 '민족적 편향'이라고 비판받았다. 일본인과 조선인 사이에는 '동일한 프롤레타리아트'로는 극복할 수 없는 역사적인 비대칭성이 있었다. 그것을 응시하지 않고 '민주혁명'을 앞장서서 외치는 점이 그에게는 공허하게 들렸다.

"일본 사람들은요, 단적으로 말하면 민족이라는 걸 전혀 자각하지 못하고 있어요. 일본 사람들은 있는 그대로 민족인 거죠. 다시 되물을 필요조차 없는 겁니다. 하지만 조선인은 그렇다고 할 수 없어요. 어째서 나는 조선 민족인 걸까. 조선 민족은 무엇일까. 그러한 조선 민족이 일본 공산당원이라고 말하는 건 왜일까…… 일본 사람들과는 다른 거죠. 일본 민족이라는 건, 이를 생각하는 것 자체가 이상하다 할 정도로 일본 민족인 겁니다."

민족주의자임을 자인하는 박종명의 원점은 이 시기에 배양되었을 것이다. 그는 계속해서 말한다. "우리들이 청춘이었을 때에는 민족도 국민도 인민도 뒤섞여 동일시되었어요. 잘 들어보면 모두 민족주의자에요. 물론 자이니치의 권리옹호운동에 뛰어들어 큰 희생을 치른 사람들은 공산주의자였기 때문에 공산주의자가 인기가 많았죠. 이투성이 형 같은 사람이요. 내 식으로 말하면, 그들도 모두 민족주의자였어요. 무엇이든지 우리 민족 만세와 같은 민족주의가 아니에요. 민족적으로 살아가려는 거죠. 이를 위해서 민족이 빛나는 나라, 자랑스러운 나라를 만들어 가자. 거기에 레닌과 마르크스를 입힌 것뿐이죠. 형식은 사회주의이고 내용은 민족주의인 거죠."

무장투쟁노선에의 시비는 민대파民對派와 민족적 과제 우선을 주장하는 민족파와의 대립으로 변질되어간다. 양쪽의 주도권 싸움은 DPRK 직결을 내걸었던 민족파가 민대파를 누르고 1955년 5월, 종래 노선을 부정한 조선총련 결성의 형태로 결말이 난다. 일본 공산당은 그 약 2개월 후, 당의 재통일을 꾀한 육전협으로 무장투쟁노선을 자기비판, 노선 전환을 표명하고 민대를 해체했다. 일본인은 그것으로 '결별'하고 재출발했을지도 모르나 조선인의 희생은 돌이킬 수 없었다. "공식적으로는 무엇도 말하지 않았어요. 전전부터 1955년까지는 재일조선인을 당원으로 받아들여 지시, 명령하고 어떤 행동을 하달하여 방대한 희생을 냈어요. 그리고 방침을 바꿨다면, 잘못을 깊이 반성하고 책임을 지지 않으면 안 되는 게 아닐까 합니다만……"

교원 생활

노선 전환 직전, 전환기가 찾아온다. 어떤 회합에서 청년들 앞에서 연설을 한 후였다. 가만히 듣고 있던 중년 남성인 동포가 중얼거렸다. "우리말도 못 하면서 '지도'를 해? 민족운동의 리더가 그래도 되나?"라고요. "충격이었어요. 일상회화는 가능했지만 내 생각을 상세히 말해야 할 때에는 일본어가 튀어나왔거든요. 신경은 쓰고 있었지만 그랬어요."

박종명은 아버지 친구가 교장으로 있었던 히가시고베東神戸 조선소학교를 찾아가 교원으로 채용해 달라고 신신당부했다. ""조선어도 못하는 사람이 어떻게 아이들을 가르칠 건가?"라는 말을 듣고 몇 번이나 문전박대당했어요. 하지만 저도 필사적이었죠." 교장이 그의 끈기에 진 건 이후의 일이다. "조선어를 확실히 배울 것." 이것이 채용조건이었다. "극히 불순한 동기로 나의 교사 생활이 시작되었던 거예요." 4학년 담임이란 걸 듣고 교실에 가보면 이미 한 사람, 담임이 있었다. "나는 사람 수로 헤아려지지 않았던 거예요. 우리말도 잘하고 가르치는 것도 능숙한, 상당히 우수한 여성 교사였어요. 더 필사적으로 공부했어요. 그리고 반년 정도가 지나서 수업과 지도가 가능할 정도로는 되었답니다."

그는 이즈음 초대 총련 의장, 한덕수를 처음 만났다. 일국일당 노선에 대한 불만과 반발을 규합해, DPRK의 위력을 무릅쓰고 강행한 노선 전환이다. '조국'이라 말하기 위해서는 따르는 수밖에 없었지만 구 민대파 내에는 납득하지 않는 자도 많았다. "전국에 선전을 하며 돌아다녔어요. 전 민대파가 주류인 시대였기 때문에 한덕수 주위에는 아무도 없었어요. 외따로이 앉아 있었던 거죠. 하는 수 없이 내가 가까이 가서 몇 가지 질문을 했고, 그가 정중히 대답해 주었습니다."

조직 내의 균열은 그 뒤에도 계속되었다. 오사카에서는 구 민대파가 '일월회日月會'라는 서클을 만들었고 "총련부 본부보다 이쪽이 더 권위가 있었다."고 한다.

후에 박종명이 오사카 총련 교육부서에 있었을 때의 일이다. 한덕수가 오사카에 와서 조선학교 운동회에 출석했다. 당시 교육부장은 구 민대파 간부였다. "교장 선생이 점심때 와서 인사했으나 며칠 전에 있었던 공화국 최고인민회의에 나오지 않았었어요. 그 일로 의장은 화를 냈어요. 교장이 안 되면 책임자인 교육부장을 불러와야 할 텐데, 점심식사라도 하러 간 건지 없었어요. 이 일로 의장은 더욱 격노했어요. 발끈한 채로 연단에 올라 연설했죠. "조국이 그대를 신뢰해서 취임시키고 맡긴 직무인데 그대는 뭘 하는가!"라며 맹렬히 비판했지요. 최고인민회의 내용을 대강 말한 뒤 "운동회 종료 후 즉각 오사카부 본부 활동가회의를 소집한다. 이건 의장명령이다!"라고 말했죠."

당시 쓰루하시에 있었던 총련부 본부에 지부부장 이상이 소집되었다. 면목이 없었던 교육부장은 거기에도 나오지 않았다. "나는 더 대단한 눈빛을 보았지요.(웃음) 의장이 활동가들에게 말했어요. "교육부장은 교장을 사전 지도해 최고인민회의 일을 말하지도 않는 무책임한 남자이며, 중요할 때에 자리를 비우고 이 자리에도 없어!" 하고 말했어요." 뒷일은 가히 짐작할 수 있다. "애초에 오사카는!"이라고 관련지은 뒤 일월회에 대한 비판이 이어졌다. "'반조국적, 반총련적, 반민족적이다.'라고까지 하는 겁니다. 더는 윤리도 무엇도 없는 감정이었죠. 순식간에 분위기가 싸늘해졌어요. 이런 일이 있고 난 뒤, 노선 전환 반대파는 질식하고 오사카도 변해버린 겁니다. 헤게모니 싸움이었어요. 슬프다고 해야 하나 뭐라고 해야 하나……" 총련 조직이 한덕수, 즉 민족파에게 평정되어가는 역사의 한 단면이다.

총련 결성 이듬해, 박종명은 오사카로 복귀했고, 니시이마자토 중학(히가시나리구東成區)으로의 부임을 명받았다. 이 학교는 강제폐쇄 후에도 조선인들이 끈질기게 운동한 결과 행정 당국을 움직여 개설한, 말하자면 '공립민족학교'였다. "교직원의 60% 정도는 민대파였어요. 요점은 불 속의 밤을 주우라*는 거였죠. "거기는 민대파가 강력하기 때문에 조심하시고 분발해주세요. 본부도 응원할게요."라고 했죠. 실제로는 어떤 지원도 없었지만요.(웃음)" 현장에서는 경계의 눈초리로 맞이해주었다. "연배가 있는 분들이 태반이었어요. "자네는 의장의 스파이잖아."라고 명확히 말하는 사람도 있었습니다. 곧 교무주임이 되었지만 '주임 앞에서는 본심을 말할 수 없다'는 분위기도 있었어요. 논의는 성립되지 않았지만, 어쨌든 나는 교원들에게 "민족주의로 가고 싶어요. 편협하게 굳어지는 것이 아니라 우리 민족이 어떻게 걸어왔는가, 어떻게 존재해야 하는가를 유연하게 가르칩시다."라고 말했어요."

일본인 교사도 있었다. "내 쪽에서 보자면, 3분의 2는 교육위원회와는 사고방식이 맞지 않는 사람, 나머지 3분의 1은 '잘못해서 교원이 된 사람'이었어요. 전자의 분들에게는 감사했어요. 조선인 민족교육은 조선인 교사가 정하고 실행할 원칙을 존중해주었어요. 결단을 잘해주었다고 생각합니다. 전인격적으로 달라붙는 것이 교육이지만 아이덴티티라는 중요한 부분을 의도적으로 세이브해주었기 때문입니다." 한편으로 귀국열이 높아지고 '그 전에 조국의 말과 문화를 배우고 싶다.'고 희망하는 보호자가 급증, 학생 수가

---

* 자신에게 이익이 되지 않는데도 타인을 위해 위험을 감수한다는 의미로 사용되었다.

불어나고 있었다. 학생은 1,000명을 넘어 교정에 조립식 건물을 지어서 수업했다.

민족학교라 하면 오사카시립을 의미한다. 일본 행정으로부터의 개입은 항상 존재한다. 의사결정에도 시간이 걸린다. 총련 전성기로 향해 가던 시기, 보다 더 본국 지향 교육을 하고 싶다는 생각도 있었다. 1961년 총련 중앙에서 자주학교화 방침을 내세웠다. 토지 건물의 사용문제, 보조금 지속, 일본인 교사의 배치 변경……. 이 모든 게 상당한 부담이었다는 것은 상상하기 어렵지 않다. 자주학교화와 동시에 교단을 떠나 총련부 본부 전임이 되었으나 행정 교섭에 대한 심려로 몇 년간 입원과 퇴원을 반복했다. 그 후로 재일본조선인사회과학자협회 오사카지부의 전임이 되어 역사학에 몰두했다. "교단에서 학문의 길로 전신轉身하신거군요." 말이 떨어지자마자 그는 이를 부정했다.

"아니, 나는 학문이라고 생각한 적은 한 번도 없어요. 수학여행을 이세신궁이라든가 기요미즈테라에 갔어요. 민족교육인데 이래서는 안 된다고 생각했어요. 조선과 관련이 있는 곳을 돌아다니자, 그러기 위해서는 연구해서 확정하지 않으면 안 되었지요." 실천적인 목적이었다. 긴키近畿지방을 중심으로 도래인 유적을 찾아다녔다. "일생을 연구해도 모두 다 연구할 수 없다고 생각했습니다." 검지로 관자놀이를 짚으며 말했다. "그 덕분에 일본열도의 도래인 관계 유적은 이제 대부분 여기에 들어가 있습니다." 고대 조선사 연구의 일인자인 이노우에 히데오井上秀雄와의 만남을 계기로 더욱 학식이 깊어졌다. 그는 『조선에서 온 이주민 유적』,『고대 오사카를 여행하다』, 『나라奈良 속의 조선』 등 다수의 저서로 결실을 맺었다.

자신의 살갗을 도려내는 고통

1970년대부터는 몇몇 대학에서 교편을 잡게 되었다. 강의는 세로축으로 놓인 역사에서 자이니치가 처한 현상을 관련지어 진행했다. 니시이마자토에서의 경험이었다. "인간이란 상당히 애처롭고 여려서 눈앞의 현실은 바로 볼 수 있는데, '왜 그런 것일까?' 하는 경과를 알지 못해요. 조선부락을 예로 들 수 있어요. 대개가 교통편이 어지러울 정도로 나쁘고 살기도 힘든 장소, 판잣집입니다. 그렇다면 인간은 왜 저런 곳에 사는 걸까. 경과는 볼 수 없다 해도 지금 거기에 살고 있는 건 잘 보이지요. 그렇게 눈앞에 보이는 것으로 바로 판단해버리죠. 실업 상태에 빠진 이가 많기 때문에 날품팔이도 많아집니다. 한낮에 젊은 사람들이 빈둥거리는 모습을 보면, 저놈들은 게으른 놈이라서 저런 지저분한 곳에 살 수밖에 없다고 말하죠. 이래선 안 됩니다. 역사와 현재를 근거로 해서 차별이 부당하다는 근거를 논리화하고 바꿔가려는 노력을 확대해가야 합니다. 그것이 중요합니다."

본격적으로 학문에 몰두해간 시기는 김일성이 절대적인 존재로 간주되던 시기였다. "나는요, 1950년대까지의 역사로 보자면 박헌영 숙청이라든가 하는 판단 오류도 있었지만 김일성은 지극히 뛰어난 정치지도자였다고 생각합니다. 하나는 우리 민족을 항상 따라다닌 사대주의를 부정한 것입니다. 자주성, 민족자결이지요. 게다가 해방 후 친일파 추방과 농지개혁 등, 언명했던 일을 수년간 실제로 행했기 때문입니다. 그런데 1960년대 이후엔, 역사를 공부하는 자로서는 따를 수 없는 부분이 생겨납니다."

1960년대 후반 이후, DPRK를 지지해왔던 몇 명의 작가와 연구자가 조직을 이탈했다. 교수자의 입장에 있는 그 자신 또한 예전의 제자에게 비판받은 적도 있다. "나는 솔직히 그때는 이러한 입장에서 이러한 주장을 했고, 학생들에게 피해를 준 점은 미안하게 여기고 있어요. 지금은 이런 식으로 생각하고 있어요. 이것이 옳다면 앞으로도 기탄없이 서로 이야기하자고 말이죠. 부끄러움을 드러내고 사죄하고 용서해줄지 여부를 물어볼 정도는 해야 하지 않겠냐는 거죠." 1960년대 이후의 변화와 자신의 생각과의 괴리도 솔직하게 이야기해왔다. 한편으로는 일일이 스스로를 총괄해서 표현하는 자세를 '처세가 서툰 사람'이라고 '간언'하는 젊은 사람도 있다. "그래도 아닌 건 아닌 거죠." 조직 운동에 뛰어든 뒤, 그 내력을 소홀히 하고 마치 피해자인 양 행동하는 사람들을 꽤나 봐왔기 때문이다.

"인간에게는 연약한 부분이 있고, 그래서 어떻게든 자신을 정당화하려고 해요. 특히 사상은 눈에 보이지 않기 때문에 더더욱 그렇죠. 그러면 그럴수록 나는 이렇게 생각합니다. 생각하는 방식을 바꾼다는 것은 자신의 살갗을 도려내는 고통을 수반하는 일이라고 생각합니다. 매일 옷을 갈아입는 것과는 달라요. 곰곰이 생각하고 결심해서 변하기 전의 자신을 냉철하게 응시하고, 정확히 표현해야 하죠. 나 자신이 그렇게 깨끗하고 훌륭한 인간은 아니지만 적어도 생각해야 할 것은 제대로 생각하는 존재가 되고 싶어요. 그 폭이 흔들리거나 불어나거나 줄어들거나 해도 말이죠."

민족과 조국

어머니는 일본에서 돌아가셨고, 아버지는 DPRK에 '귀국'했다. 사실 박종명은 조선에 있는 두 개의 주권국가 그 어느 쪽에도 발을 들여놓은 적이 없다. "지금도 갈 생각이 없어요. 한국은 죽기 전에 한번 가서 선조께 성묘를 해야 하지 않나 하고 생각은 해요." 그러나 조선적으로는 어려운 일이다.

그리고 험상궂은 표정으로 말을 이었다. "나는, 북에 대해서는 여러 가지 생각을 해요. 보고 있으면 폭발해버리지 않을까 하는 예감이 강하게 들어요. 이동을 한다거나 일을 선택한다거나 주장을 하거나 하겠죠. 인간에게 일상의 존재 방식이 완벽에 가까운 형태로 보장되어 있으면 있을수록 내 마음속에서는 그것이 사회주의에 가까워요. 문자로 표현된 이념이 숭고한 만큼, 현실과의 낙차는 나에게 견디기 어려운 일이죠."

―― 그렇다면 조국이란?

"나는 민족이 제일 우선입니다. 남인가 북인가, 총련인가 민단인가가 아니라 민족으로서 어떻게 존재해야 하는가를 생각해주기를 바란다고 젊은 사람들에게도 말해왔어요. 그 민족이 더 나은 상태로 살아가기 위해서 나라를 형성하고, 그 이념을 실제로 운영,

전개하기 위해 정부가 있지요. 가령 대한민국이라는 국가가 있죠. 아직도 반공이 국시이고, 이념으로 표현되고 있는 부분은 문제가 있어요. 실제로 군사독재 정권이 이어졌지만 청년들이 엄청난 양의 피를 흘리고 그 몇만의 희생 위에 민중의 힘이, 한국을 기본적으로 민주주의 국가로 정착시켰지요. 요컨대, 한국에 있는 우리 민족의 상당 부분의 사람이 한국이란 어떤 나라이어야 하는가를 한 점으로, 민중의 생각을 실현할 수 있는 나라로 끌어올렸던 거예요. 이 사실이 대단하지요. 지금 정부는 비판하지만요."

―― 지금도 조선적인 이유는?

"조선적인가 한국적인가 선택을 강요받는 국면이 되면 생각해야 하는 거겠죠. 예를 들어 한일조약이 발효되어 협정영주권 문제가 있었고, 한국적으로 바꾸면 영주권이 주어져 안정적으로 재류할 수 있다고 했죠……. 그게 3분의 2 정도는 거짓말이지만요. 그때 조선 반도 전체의 남쪽에만 해당하는 범위에서의 한국을 선택할까요. 반쪽짜리 북쪽의 공화국을 선택할까요. 내가 살아 왔던 조선이란 무엇인가? 고조선부터 현재에 이르는 통일체로서의 조선이죠. 지역의 통일성, 언어의 통일성, 경제의 통일성, 문화의 통일성. 그 일체로서의 존재입니다. 그와 같은 존재로서의 조선이야말로 조선 반도 전체를 역사적으로 표현하고 고려시대부터라 해도 천년 가까이 통일적 지역으로서 존속해왔어요. 그런 의미에서의 조선이 존재하며, 나는 조선인으로서 살아왔고, 조선인으로서 살아가고 있고, 내 식대로 표현하자면 조선인으로서 죽어 가고 싶어요. 내면이 바뀌는 형태로 살아가고 싶다고는 생각하지 않아요."

그리고 책상 위 컵을 가리키며 말을 이어갔다. ""(국적이란) 부호와 같은 것입니까?" 하고 물어본 학생도 있었으나 그것과는 다르다고 생각합니다. '커피잔'이 이것의 부호이죠. 유리컵을 커피잔이라고 말하지 않고, 하물며 테이블과 의자를 그렇게 칭하지도 않죠. 부호가 다르다는 건 실태가 다르다는 의미이죠. 부호뿐만 아니라 실태가 변하는 겁니다. 그게 싫으면 이러한 이유로 유리컵으로 변했다고 말해도 돼요. 커피잔으로 있고 싶다면 커피잔인 상태를 유지하면 되는 거죠. 그게 아니라면 커피잔은 상태가 별로라 유리컵처럼 세련되지 않으면 안 된다고 생각해도 괜찮아요. "커피잔을 소중히 다뤄주세요"라고 말했어도 생각이 바뀌어, "여러분 미안해요."라고 말해도 좋아요. 청년이 "선생님 그렇게 막무가내로 생각하시면 안 됩니다."라고 말하겠지만 나는 대답합니다. "그대들은 완강하다고 여길지도 모르겠지만 나는 그것이 나 자신이 우선시하는 유연한 삶의 방식이라고 생각한다."고 말이죠."

3

『진달래』의 마지막 잔당

정 인

이류란 말이죠.

지배적 위치에 놓이지 않는다는 겁니다.

권력자가 되지 않는 거지요.

그것이 생리입니다.

오사카시 히가시스미요시구東住吉區 자택에서. 2015년 3월 31일.

정인鄭仁

1931년 오사카구 이카이노에서 태어났다. 시인, 김시종과의 만남을 거쳐 김시종이 창설한 잡지 『진달래ヂンダレ』에 참가해, 기타조노 가쓰에北園克衛 등 모더니즘 시인의 영향을 받은 작품으로 새로운 바람을 불어넣었다. 중반 이후에는 편집장, 발행인으로도 활약해 전설적인 시집의 최전성기를 만들었다. 조선총련과의 알력으로 『진달래』를 꾸려갈 수 없게 된 뒤에는 김시종, 양석일과 함께 후속지 『가리온カリオン』을 창간했다. 시집으로 『감상주파感傷周波』가 있다.

· · ·

오사카시 히가시스미요시구에 있는 선생의 자택 거실에서 좌식 탁자를 사이에 두고 마주 앉았다. 얼굴을 들자마자 그가 기습적으로 물었다.

"그런데, 이 책 제목은 뭐로 갈 건가요?"

"'사상으로서의 조선적'입니다."라고 대답하니, "그래, 분명 조선총련 활동가도 아닌데 조선적은 요즘 드물긴 하지요." 하며 웃고는 말을 이어갔다.

"그래도 나는 '사상'이라기보다는 바꿀 이유를 느끼지 못했던 것뿐이에요. 일본에서 태어나서 자랐고 일본어밖에 못 했으니까. 일본이 싫기도 하지만 좋기도 하고. 여기까지만 말하면 세계적으로 봐도 살고 있는 나라, 일본 국적을 가지는 것이 일반적이라고 생각하겠지만, 달라요. 식민지 지배가 있었기 때문이지요. 전시에 조선인은 일본인이었죠. 1952년에는 외국인으로 간주되었어요. 그리고 일본으로 돌아오는 것은 심리적으로 저항이 있었고요. 게다가 자이니치의 국적란은 본래 외국인등록 때의 '조선적'이었습니다. '한국'은 50년대부터, 법적으로는 1965년 국교수립부터였어요. 반쪽으로 분단된 한국적으로 바꿀 필요도 못 느꼈고요. 지금 나는 조선적이라서 한국에는 들여보내주지 않는 듯하지만, (한국은) '자이니

치는 자국민'이라고 말하는데 참 이상합니다. 사실은 일본과 조선
(여기서는 DPRK를 가리킴)과 한국, 세 개의 국적을 갖고 싶어요. 한국
을 가든 북조선을 가든 기본적으로는 신청, 약속한 곳밖에 못 가기
때문에 자유로워지고 싶습니다."

정인. 김시종 시인과의 만남을 계기로 재일조선인 문학의 한 원
류이며 전설적 잡지인 『진달래』(1953년 2월 창간)에 참가, 중반부터
는 편집장과 발행인으로 일했다. 조직과의 충돌로 어쩔 수 없이
1958년에 폐간한 후에는 김시종, 양석일과 후속지 『가리온』을 창
간했다.

『진달래』가 탄생하고 사라진 1950년대는 자이니치에게 곤란한
시대였다. 조선전쟁의 비극은 남북 분단을 결정지었고 그것은 자
이니치도 규정했다. 일본은 샌프란시스코 강화조약 발효와 동시에
재일조선인의 일본 국적을 상실시켜버렸고, 외국인등록과 출입국
관리라는 두 개의 법에 의한 관리·감시, 추방의 대상이 되었다.
한편으로 주권 회복 후에는 차례로 성립된 전후보상법과 사회보장
법의 거의 모든 부분에서 외국적이라는 이유로 배제되는 등, 자이
니치는 일본국 헌법에 명기된 기본적 인권의 예외적 존재로 간주
되었다. 식민지시기부터 작동한 인종차별주의가 국적을 축으로 재
편되었던 것이다.

인간으로서의 권리를 빼앗긴 재일조선인들은 일본 공산당 지도
하에서의 투쟁으로 현상 타개의 실마리를 찾고자 했다. 하지만 '일
본 혁명'을 최우선으로 하는 방침에 대한 불만은 민대파(일본 공산당
민족대책부 계열)와 DPRK의 '해외공민'으로서의 운동을 주장하는 민

족파와의 논쟁으로 첨예화되었다. 이 대립은 조국의 위세를 배경으로 한 민족파가 민대파를 밀어붙여, 1955년 노선 전환의 형태로 조선총련이 결성되었고 조직 내에서의 민대파 소탕을 도모해간다.

어제의 '정통'이 오늘의 '이단'이 되어 지탄받는다. 냉엄한 선택을 강요받았던 시대를 문화 운동의 장으로 해서 살아온 자가 정인이다. 때로는 난파하면서도 '정치의 계절'을 항해해온 정인은 여전히, 지금도 어떤 나라의 여권도 갖고 있지 않고 무국적으로서의 조선적으로 살아가는 사람 중 한 명이기도 하다. 그 사상의 고향을 방문해보자고 하니 연고지로 안내해주겠다고 했다.

이카이노 골목

택시가 다다른 곳은 전국 최대의 자이니치 집단주거지역, 구 이카이노의 한 모퉁이, 그가 유소년기부터 30대까지를 보낸 모모다니桃谷 일대였다. 전쟁 중 공습을 면한 오래된 가옥이 산재한 곳下町이다. "이야, 어렸을 때는 더 넓은 길이라 여겼는데, 좁기만 하네."

내려진 셔터에 먼지가 쌓인 찻집을 가리키며 말한다. "여기서는 늘 외상으로 마시고 먹었어요. 1만 엔쯤, 지금으로 치면 10만 엔 정도 될 거에요.(웃음) 내가 갚지 못할 거란 걸 알고 있었어요. 경영자는 "아이 가정교사를 해서 돌려받으면 돼."라고 말해줬습니다. 지금은 없어졌지만 이 부근에 있던 서예교실에 가기도 했고……."

무질서하게 뻗은 골목길을 돌아다닌다. 자주 다녔던 목욕탕 앞을 지나 몇 번이나 모퉁이를 돌자 시야가 트였다. 오른쪽에 정인의 모교 '히가시모모다니 소학교'가 있고, 그 맞은편 왼쪽에는 한때 그가 다녔던 조선인학교가 있었다. 그 100미터 정도 앞에는 이쿠노 경찰서가 우뚝 솟아 있다. 건물을 올려다보며 그가 나직이 중얼거린다. "신원 보증으로 자주 왔었어요." 전후의 혼란기, 허기진 7명의 자식들을 굶기지 않기 위해 닥치는 대로 일했던 어머니와 아버지, 그것이 '위법'이 되어 때때로 어머니는 경찰에 체포당했다. "아버지도 지금의 오사카역 건물 주변에 자리를 펴거나 했었지요. 좌우간 두 사람이서, 특히 어머니는 생활력이 강했어요, 행상을 하기도 했으니까. 그러지 않으면 살아갈 수 없었고, 밥을 먹지도 못했을 겁니다. 일본 사회는 그렇게 소수자에게 매정해요."

근접한 히가시나리서東成署에 어머니를 모시러 갔을 때는 경관에게 욕을 먹기도 했다. "아주 상스러운 말이라……." 구체적인 문구를 묻자 정인은 그 순간 머뭇거렸으나 당시의 분노가 되살아난 것일까, 얼굴을 붉히며 중얼거렸다. ""뭐 하러 왔어! 조선 돼지!"라고 했어요." 이성을 잃고 경관에게 마구 고함을 질러댔다. 살의마저 품었으나 실행할 기술이 없었다. 분노를 못 이겨 마시지도 못하는 위스키를 들이킬 수밖에 없었다. 권력, 그중에서도 경찰에 대한 생리적 반발을 길렀던 곳이 바로 이 장소였다.

큰길을 사이에 두고 경찰서와 서로 마주 보고 있는 건물은 이쿠노구 구청이다. "최초로 외국인등록증명서外登證를 건네받은 곳이 저기에요. 난, 일본인으로 태어났는데, 어느샌가 "넌 조선인이야." 하는 거예요. 납득할 수 없었습니다. 정확히 1947년이었어요. 어떻게 된 건지 생각할 새도 없이 달랑 종이 한 장으로 이미 끝난 일이

오사카시 이쿠노구, 모모다니 일대를 걷다. 2015년 3월 31일.

었어요. 항상 소지하지 않으면 안 되었기 때문에 여기(허리춤)에 넣고 다녔고요, 이쿠노에서는 경찰이 걸핏하면 불심검문을 하고 "외등증 꺼내 봐!"라고 했어요. 이 녀석 어떻게 내가 조선인인 걸 알고 있던 건지.(웃음) 한번은 "나는 일본인이야! 그런 거 없어!" 하며 버텨보았지만 소지품을 확인할 때에 외등증이 팔랑거리며 떨어지기도 했어요."

이카이노의 골목을 걷는다. 유소년기에 앓았던 관절염의 후유증으로 정인의 오른쪽 다리 무릎 아래가 말을 잘 듣지 않는다. 양쪽 겨드랑이에 낀 목발을 아스팔트에 딛고 왼발로 지면을 차서 원심력에 몸을 맡긴다. 초여름이다. 때로 반사하는 지면은 거품을 뿜

어내는 시커먼 운하처럼 보였다. 어린 시절, 불법점거였던 친척의 판잣집 창문으로 본 강이 생각났다. 콜타르 위에 쓰레기를 묻힌 것 같은 강이었다. 일정한 리듬으로 길 위를 전진하는 그의 모습은 검은 운하에서 두 개의 노를 저어 나아가는 작은 배 같았다.

삼거리 한쪽에 자리한 민가 앞에 멈춰 선다. "여기 전신주가 있었던 게 분명한데…… 틀림없이 여기예요. 현관 앞에 우물이 있었고요." 이 80㎡가 채 안 되는 집에서 정인은 유소년기부터 20대 중반까지를 보냈다. 『진달래』의 거점이 되기도 했던 장소다.

"노선 전환의 시기였지요. 괴로웠지만 역시 『진달래』가 내 일생을 결정했습니다. 그렇지 않았으면 시 같은 건 쓰지 않았을 거예요. 인간관계도 일도 거기서부터 넓혀나갔어요. 『진달래』는 공과 죄가 많아요.(웃음)"

마지막 한마디를 비틀어서 내뱉는 것도 정인의 스타일이다.

원류로서의 빈곤과 차별

1931년, 정인은 현재 오사카시 이쿠노구에서 태어났다. 양친은 조선·제주도 태생이다. 동향 커뮤니티를 믿고 오사카와 제주도를 잇는 직항편 '기미가요마루君が代丸'를 타고 도일했다. 그는 7형제의 장남이었다.

철이 들었을 때의 기억은 빈곤이다. "여기저기 옮겨 다녔어요. 그것도 '내 집'이 아니라 셋방살이. 집 한 채에 세 가구 정도가 살았고, 이불 한 장에 3명이 발을 밀어 넣고 잔다든가 했어요." 다리에 장애가 있어서 1년 늦게 들어간 소학교에서는 이지메의 표적이 되었다. 민족 차별이라기보다는 장애인 차별이었다. 동급생에게만 공격당한 것이 아니었다. 교사들의 불공정, 불공평한 학급 운영에 따라 정인은 "넌 대등하지 않아."라는 메시지를 감지했다.

"학급 성적은 좋은 편이었는데 급장이나 위원이 된 적은 없었어요. 분명히 나보다 성적이 나쁜데 걔가 위원이 되었어요. 어린 마음에 '왜'라든가 '이상하지 않은가'라고 여겼죠." 같은 인간으로 간주되지 않는 공간에서의 생활을 감수할 필요는 없었다. 그는 점점 학교에 나가지 않았다. 안타까운 저항이었다. "소학교 3학년 정도까지는 '등교 거부'였어요. 총 100일, 한 학기분 정도예요. 겨우 졸업이 가능했다고 생각합니다."

다시 등교하기 시작한 건 4학년이 되었을 때부터였다. 얼마 안 있어 공습이 시작됐다. 잇따라 소개되어가는 동급생을 보며 전황 악화를 알아차렸다. "하급생은 집단소개로, 상급생은 연고소개였어요. 학교에 남겨진 아이들은 갈 곳 없는 가난한 부모의 자식들뿐이었고요. 소학교도 텅 빈 교실투성이었고 한 학급으로 통합되었어요. 나를 포함해서 형편이 어려운 학생들만 남았기 때문에 멀리 있는 화장실에 가는 게 귀찮아서 비어 있는 교실에 '쏴' 하고 갈기기도 했어요.(웃음) 그 때문에 공동책임을 지게 된 겁니다. 나는 다리가 불편했기 때문에 반론의 여지도 없이 복도로 불려 나가 팔굽혀펴기를 하고 죽도로 맞았어요."

항상 냉철하게 사물과 거리를 두고 전체를 파악한다. 이후의 편집장 시절을 살아온 그 감성은 이 시기에 길러진 모양이다. 학교

교육의 본질이란 '건전한 국민 육성'이다. 더욱이 전시하, 인권과 배리어프리barrier free와는 대척점이었던 군인 육성기관에서의 생활은 정인의 마음에 '장애인'이라는 것의 의미를 새겨주었다. "다리가 불편하니까 운동회에도 참가한 적이 없었어요. 작은 학교라 운동장도 좁아서 학부형들과 2층에서 운동회를 구경했어요. 거기에 섞여서 동급생이 달리기하는 것을 꼼짝 않고 보고 있었던 것이 왠지 모르지만 엄청 선명한 이미지로 남아있어요. 내 부모님? 쉴 새 없이 일했기 때문에 온 적이 없었어요. 게다가 소풍에도 간 적이 없어요. 요약하면 집단 속에서 무언가를 해본 경험이 없었어요. 늘 방관자였던 거죠. 습관이 본성이 되는 것처럼요. 때문에 조직, 집단에 대한 일종의 공포를 갖고 있습니다."

본인은 겸손하게 말했지만 주요 다섯 과목을 비롯해 성적은 좋았던 듯하다. 특히 가장 자신 있었던 게 습자였다. 학교의 1층 현관과 근처의 전신주에는 정인의 글씨가 내걸렸다. "'적을 쳐부수고 전쟁을 끝내자'라든가 '귀축미영鬼畜米英'과 같은 전쟁표어였어요. 황국소년은 아니었지만 불응하지 않을 수 없었어요." 전쟁 말기가 됨에 따라 학교에서는 군사훈련도 실시했다. 운동회와 소풍에 참가하지 않았던 그도 참가를 거부하는 게 불가능했다. "운동장에 줄지어 세웠어요. 포복 전진을 했고요. 애당초 무엇을 위한 훈련인지를 몰랐어요. 달아나기 위한 것이었으려나……."

1945년에 소학교를 졸업했다. 전쟁 말기라 시험은 없었다. 학교 추천장이 있으면 부내의 중학에 입학할 수 있었으나 교사가 추천장을 써주지 않았다. 아버지가 와서 머리를 조아려 간청한 결과 교사는 마지못해 조토공업학교城東工業學校(현재 조토공과고등학교)에 추천장을 써주었다. 그러나 아버지와 함께 찾아간 그 실업학교에서 문전박대를 당했다. "조선인이라는 이유도 있었겠지만 장애 때문이었죠. 당시는 군사교련이 있었어요. 요컨대 장애인이라는 사실은 국가로부터 그리 환영받지 못해요. 어디라도 그럴걸. 건물에는 '인권'이라고 내걸어도 실제로는 부담이 되는 거죠." 돌아오는 길에 나란히 걷던 아버지의 눈에서 눈물이 흘러내리던 모습을 그는 기억하고 있다.

어쩔 수 없이 고등소학교에 입학, 곧바로 어머니의 친척에게 의지해 미에현의 온센정三重縣溫泉町으로 소개됐다. "그때는 좋은 선생님을 만났어요. 내 글씨를 반 친구들에게 돌리면서 "글자는 이렇게 써야 해요"라고 하셨죠. 역시 칭찬받는 일이 없으면 안 되는 거예요. 그 여선생님은 지금도 좋은 인상으로 남아 있어요." 일본의 패전, 조선의 해방은 거기서 맞이했다. "근처 이웃집의 일본인 아주머니가 "다행이네."라고 말해주었어요. 지금 돌이켜보면 해방보다도 '종전'으로 오사카로 갈 수 있다는 의미였던 것 같아요." 8·15의 의미가 달랐던 것이다.

오사카에 돌아갔지만 학교 결석은 잦았다. 변함없이 장애로 놀림당하는 일도 많았다. 목발을 내동댕이치고 옷이 너덜너덜해질 때까지 드잡이하는 큰 싸움을 한 적도 있다.

"집에서 뒹굴뒹굴하던 때, 근처에 우리중등학원(조선인학교)이 생겼던 겁니다. 그래서 어머니가 "놀지만 말고 학교에라도 가 봐."라고 하셨어요." 들여다보니 100명은 족히 넘는 학생들이 있었다.

한국병합의 1910년을 기점을 하더라도 식민지 지배는 36년에 이른다. 귀향을 목표로, 빼앗긴 민족성을 회복하고자 한 절실한 마음은 폭넓은 층이 서로 나누어 가지고 있었다. 아동, 학생 연대는 제각각이고 학력 격차도 커졌다. 역시나 '마음'만으로는 운영이 불가능했다. 1학기를 마치고 1년 차를 수료, 선발로 진급반을 결정한 뒤 그다음 1·2학기를 끝내면 3년 차만 3학기 내내 수업을 받았다. 정인은 총 2년 만에 중학교를 졸업한 셈이 되었다.

그 후에 민족단체와 운동과의 직접적 관계는 끊어졌지만 '그 2년'의 의미는 어마어마하게 크다. "그 2년이 없었더라면 '귀화'했을지도 모르지요. 동족의 친화력은 달랐어요. 역시 집단의 기억이란 게 있기 때문에 만났다는 것만으로도 곧 친구가 되는 거지요. 일본학교에 다닐 때에도 서로의 집을 오가는 친구는 한 명밖에 없었어요. 말하기가 어려운데, 뭐랄까 뿌리 깊은 멸시감이 있다고 생각해요. 같은 공간에 있어도 말하기 곤란한, 무언가 막膜 비슷한 것이 있는 거예요."

졸업 후는 오사카부립 고즈고등학교高津高等學校에 진학, 당시 시행되고 있었던 학생교류로 시미즈다니고교清水谷高校로 옮겨가 축구부와 문예부에 들었다. "축구는 선수는 아니었고 응원대장과 예산 획득, 문예부는 음, 폼 잡으려고요.(웃음)" 신체적 조건 때문에 들어가서 달리 활동할 만한 부가 없었을 것이다. 최초의 시작詩作 경험은 그 무렵이었다. "소설을 좀 읽었을 뿐"이라고 말하지만 당시 가깝게 지낸 시인의 이름을 대보면, 니시와키 준자부로西脇順三郎, 기타조노 가쓰에 등의 모더니즘 시인을 들 수 있다. "의미는 이해하기 어려웠지만 언어와 언어의 관계성이 세련됐었어요."

시인, 정인의 원류다.

취직 활동

조선 반도는 이미 동아시아 동서 대립의 최전선이었다. 1948년 4월 3일에는 미군 주도의 남조선 단독선거에 반대한 제주도 주민들의 무장봉기가 있었다. '제주 4·3사건'이다. 이들을 진압하기 위해 본토에서 투입된 우익과 군경이 주민 대학살을 감행해 당시 인구 약 28만 명인 섬에서 3만 명 이상의 사람들이 살해되었다.

이카이노의 제주도 커뮤니티에서 성장한 정인은 사람들이 낮은 목소리로 소곤거리는 것으로 사건을 기억한다. "집에서는 아무개가 산에 갔다(게릴라가 되었다)라든가 하는 말을 했어요. 거리에서 큰소리로 서로 이야기하지 않았고, 동향 어른들이 길에서 만나면 목소리를 낮추고 뭔가를 소곤소곤 서로 속삭였어요."

그로부터 4개월 뒤 남측에는 '대한민국'이 건국되었고, 다수의 조선 인민이 갈망한 '조국 실현'의 염원은 짓밟혔다. 9월에는 DPRK가 건국되었고, 자이니치 다수는 압도적으로 북측을 지지했다. 애초 식민지시대, 사회운동을 떠맡았던 사람은 모두 코뮤니스트이다. 게다가 DPRK에서는 토지개혁과 친일파 일소를 도모해간다. 한편, 한국에서는 이승만이 독재 기반을 굳히고 친일파가 복권해간 것이다. '민심'에 부응하는 태도를 취한 건 분명 북측이었다. 당시 정치에 무관심한nonpolitical 고등학생이었던 정인조차 DPRK의

건국에 박수를 보냈다.

같은 시기, 일본에서는 조선인학교 폐쇄를 강행했다. 1948년 4월 26일 오사카부청 앞을 가득 채웠던 데모대 속에 정인도 있었다. 기억하고 있는 건 "좌우간 엄청난 인파가 있었다는 것과 소방차 방수에 맞아 나가떨어지는 사람들의 모습"이다. 그 다음 해인 1949년에는 조선인학교를 통괄하고 있었던 재일본조선인연맹(조련)을 단체 등 규정령에 따라 해산시켜버렸고 재산은 몰수당했다.

정치의 계절 속에서 그 공기를 마시면서도 당시 정인의 과제는 '먹고 사는 일'이었다. 고교는 진학을 위한 학교여서, 정인 이외의 학우는 대학 진학을 목표로 했으나 그는 취직을 희망했다. "대학은 애초에 무리라고 생각하고 있었어요."라고 그는 말한다. 가난했던 것은 물론이고 몇 번이나 학교로부터 거부당했던 경험이 미래에의 전망을 빼앗았던 것이다.

그렇지만 취직 활동의 결과 역시 참담했다. 괘선지에 붓으로 쓴 30통 정도의 이력서는 헛수고로 끝났다. 본적란에 '제주도'라고 기입하면 응답조차 없었다. 본적란을 소개지였던 '미에'라고 쓰니 몇 차례 호출이 왔다. 하나는 기타하마北浜의 증권거래소였다. 달필의 이력서가 면접관의 눈에 들었던 모양이었다. 첫 질문이 "당신이 직접 썼습니까?"였다. 최종 면접에서 가장 긴 시간이 걸린 사람이 정인이었다. '드디어' 하고 기대했으나 결국 소식은 없었다. 다른 면접에서는 장애에 관한 질문을 받았고 모두 떨어졌다. 인생의 한 고비 고비에서 마이너리티는 자신을 에워싼 차별 상황을 통감하게 된다.

"역시 '장애인'이라는 게 나의 성격과 감성 형성에 큰 영향을 끼쳤어요. 이데올로기와 달라서 장애는 절대적으로 소수자고 마이너입니다. 가령 공산주의는 다수로 변할 가능성을 갖고 있지만 장애는 절대로 메이저리티가 될 수 없어요. 학대받은 마이너의 상태로 줄곧 살아온 인간은요, 독특한 감성을 갖고 있어요. '상승 지향'에 대한 기피감이라고 할까. 다수인 경우로 계속 살아온 사람은 상승 지향을 지녀서 수를 빠르게 읽고 시대의 흐름에 가장 유리한 곳에 몸을 맡기거나 하는 거지요. 하지만 나는 그런 약삭빠른 건 절대로 불가능해요. 좀 더 말하면, 생리적인 혐오감을 갖고 있어요. '하강 감각' 없는 상승 지향은 소용없다고 생각합니다. 나는 그런 사람이 아닙니다. 지금도 조선적인 것도 그들 언저리에서 관계를 맺고 있어서입니다. 모두가 본래 조선적이야, 그것밖에 없어요. 한국적이 아니라면 들여보내주지 않는다고 하는데, 그래? 그렇담 가지 않아도 돼, 라고 하고 말아요. 내 경우엔 그렇습니다!"

취직 활동은 전패였다. 일본기업에 취직하는 것이 매우 어려웠던 건 주변의 동포들도 마찬가지였지만 정인의 경우 "그렇다면 육체노동으로"라는 게 불가능했다. 몹시 괴로워하는 정인에게 어머니는 딱 잘라 말했다. "이젠 취직 활동을 하지 않아도 돼! 내가 살아 있는 동안 너 하나 정도는 먹여 살릴 수 있어." 정인이 지닌 인간에 대한 다정함은 이러한 애정으로부터 길러진 것이리라.

그래도 먹고 살지 않으면 안 되었다. 처음 수입을 얻은 일은 "위험한 일"이었다. 부府의 직업훈련소에 다니면서 시계 수리기술도 배웠다. 가정교사도 하고, 파친코 바람잡이도 했다. 잠깐이긴 해도 고교 시절 유일한 일본인 친구의 가업이었던 목재상에 들어가 경리를 담당하기도 했다.

『진달래』와의 만남

'먹고 살기' 위한 나날 속에서 동포였던 친구들과 독서 서클 '수요회'를 창설했다. "고교 동급생, 민족학교 동급생, 오사카로 떠났던 친구와 나, 이렇게 네 명이 만나 술을 마시거나 요란하게 떠들거나 한 것이 시작입니다. 자신의 타락 욕망을 알고 있었고 떠들어댈수록 철저하게 저속해질 뿐이었어요. 하다못해 독서회라도 해보자는 심산이었습니다. 책을 읽은 후에는 산에 가서 놀기도 했고요."

이윽고 '수요회'는 이카이노 일대의 젊은이들이 모인, 유력한 사회과학계 서클이 되어간다. 모임 장소는 정인의 집이었다. "우리 부모님은 내 친구들을 상당히 정성껏 대해 주셨어요. 아무리 많은 사람이 드나들어도 대환영이었습니다. 한밤중인 2시, 3시도 보통이었어요.(웃음)" 부모님은 장애가 있는 제게 유대야말로 중요한 재산이며, 자신들이 죽고 없을 때의 담보라고 생각하고 있었다.

나중에 저명인사가 된 사람도 드나들고 있었다. 동물 생김새 모사와 한 편의 영화를 혼자서 죄다 이야기하는 만담話藝 '스크린 없는 영화관' 등으로 알려진 자이니치 2세 보드빌 배우vaudevillian, 고故 마르세 타로マルセ太郎도 그중 한 명이었다. "당시엔 아직 생김새 모사는 하지 않았던 것 같지만 어쨌든 화술이 상당히 좋았어요. 누이들은 "김뽀(마르세의 민족명은 김균봉金均淕) 오빠", "김뽀 오빠 웃

겨!"라고 했어요. 생각해보면 적잖이 누이들을 웃게 해줬어요."

그 후로 소식은 없었으나 수십 년 후 어느 날, 누이가 놀란 목소리로 전화를 걸어왔다. "큰오빠! 김뽀 오빠가 TV에서 원숭이 흉내를 내고 있어!"

단련과 깊은 사색으로 뒷받침된 진짜 기예藝와 "기억은 약자에게 있다."는 말로 대표되는 날카로운 통찰과 발언이 '마르세 중독'이라고 일컬어진 열광적 팬들을 탄생시켰다. 당시 그는 미디어 노출을 늘려나가기 시작하고 있었다. "서로 연락을 취해 오사카에서 공연이 있을 때는 가게 되었습니다. 한번은 주최 측 뒤풀이를 몰래 빠져나가서 몇 사람이서 스낵바에 가서 마시고 놀았어요. '기미가요'에 대한 만담이라든가, 말하자면 독연회였던 거지요. 정말 재밌었어요."

이 서클이 그의 인생을 새롭게 열어준다. 멤버 중 한 명은 좌파 활동가였다. "진달래라는 시인 모임이 있어. 너도 들어와."

1953년 12월, 진달래의 설립자이며 이미 시인으로 커리어를 쌓아가고 있던 김시종을 만났다. 장소는 민족학교 폐쇄령으로 폐교되어 있던 나카가와조선소학교中川朝鮮小學校가 있던 자리였다. 당시는 조련의 후속 조직, 재일조선통일민주전선(민전)의 임시사무소였다.

정인은 회고한다. "학교 교실에 쇠양동이가 놓여 있었고 거기서 장작을 지펴 불을 때고 몸을 녹였어요. 청년들이 주위를 둘러싸고 있었어요. 시종이는 지금이랑 똑같았습니다. 쓱 하고 다가와서 손을 꽉 잡으며 악수를 청했어요. "잘 왔네! 합평회에도 와야 해!"라고 했어요. 멋있었어요. 헌팅캡을 쓰고 헤링본 무늬의 외투를 걸친, 말랐지만 세련된 모습이었어요. 지금은 배가 좀 나왔지만요.(웃음) 여성들에게도 멋져보였을 거예요. 그는 말이에요, 우선 달변이었습니다. 문장도 잘 썼고. 나중에 알았지만, 그랬어요." 그는 오른손 주먹을 꽉 쥐고 앞으로 내밀곤 웃으며 말했다. "솜씨도 좋았어요. 조선에 있었을 때 "식민지 남자들은 싸울 때 강하지 않으면 감당하지 못했지."라든가 하는 말을 학교 선생님에게 들었던 것 같아요."

지금으로는 상상하기 어렵지만 당시의 김시종은 여차하면 실력행사도 마다하지 않을 각오로 준비하고 있었던 듯하다. 비동인이『진달래』에 보내온 투고에도, 조선인이 경영하는 병원에 난입한 폭한을 김시종이 내쫓았던 장면에 대한 목격담이 있다. 혼란기의 전임활동가에게는 필요한 요소였을지도 모른다. 정인에게는 관념으로밖에 없었던 '조선'을 김시종에게서 본 것일까. 정인은 이후 김시종과의 우의를 돈독히 만들어나간다. '생애, 잊을 수 없는 계절'의 시작이었다.

『진달래』의 동포들

1954년 봄, 정인은『진달래』6호 합평회에 나갔다. "당장이라도 기울어질 듯한 다세대주택 2층의, 갈색으로 바랜 다다미가 여기저기 말려 올려간 방에 사람이 꽉 차 있었어요. 동인들이 서로의 시에 대해 자유롭게 이야기를 주고받았어요." 그날의 정인을 김시종은 선명히 기억하고 있었다. "좁은 계단을 외발로 뜀뛰기를 해서 뛰어 올라왔었지요. 조국애와 민족, 주체성이라는 '운동에 닳고 닳은' 말들이 난비하는 가운데 모더니스트 시에 친숙해 있었던 정인의 발언은 신선했어요."

그렇지만 정인의 인상은 또 달랐다. "모두 '진지'했어요. 그게 견디기 힘들었지만 말이에요(웃음). 정치적인 발언이라든가 슬로건이 많았습니다. 나도 정치적인 감각, 바꿔 말하면 약자에 대한 감수성은 있어요. 그런데 뭔가 달랐어요. 과잉된 정의감이 넘쳐흐르는 것 같은 분위기는 그다지 좋아하지 않았거든요. 요약하면, '놀이'가 없었던 거지요. 그게 거북했어요." 한편으로 민족학교에 다닐 때에 체감했던 안도감이 그를 붙들었다. "그래도 동포라는 게 좋았습니다. 모르는 사람들뿐이었지만 비슷한 사람이 모여 있다는 느낌인 거지요. 일본학교에서는 긴장감을 놓지 않았거든요. 일본인에게 지고 싶지 않았다고 할까, 그런 게 없는 공간이었습니다."

'진지'한 건 당연했다. 진달래는 문학을 원하는 젊은이들이 자발적으로 모였던 장이었을 뿐만 아니라 정치적인 요청으로 창설되었다. 실제 내용은 조선과 중국이 미국과 교전하고 있었던 조선전쟁을 배경으로 민대는 DPRK의 정당성과 정의를 발신하는 자이니치 문화인의 획득, 육성을 방침으로 내걸었다. 일본 공산당의 방침이 근본이었다. 무장투쟁노선으로 대중적 지지를 잃었던 공산당은 1952년 선거에서 전원 낙선의 쓰라림을 맞보고 문화노선을 모색하고 있었다.

그 기반을 다지는 데에 임명된 김시종은 대략 50여 개의 문화

서클을 설립했다. 그 가운데 하나가 1953년 2월에 결성된 『진달래』
였다. 수상쩍게 여길지도 모르겠으나 정치조직이라면 당연한 당
세력 확대 활동이었다. '조선 시인 집단'은 조직이 명명, 집단명 『진
달래』는 김시종에 의해 이름 붙여졌다.

그러니까 진달래는 '오합지졸' 집단이었다. 제1호(1953년 2월 16
일) 편집후기에서 김시종은 다음과 같이 쓰고 있다. "진정한 의미에
서 이 시지詩誌만큼 신인들이 많은 모임은 드물 것이다." 설립 당초
부터 참가했던 7명 중 시작 경력이 있었던 이는 2명에 불과했다.
김시종은 원고용지를 쓰는 법과 비유, 수사를 가르치고 완성된 시
의 퇴고까지 맡은 '선생 역할'을 했다. 정인도 말한다. "처음에는
모두가 시종이의 에피고넨이었습니다. 고교에서는 문예서클에 들
었었지만 시는 내가 도저히 쓸 수 없다고 생각하고 있었어요. 그런
데, 가서 들어보면 모두들 나랑 오십보백보로구나 하고 생각했지
요.(웃음) 내가 계속 나가봐도 되겠다고 생각했어요."

당시 애초부터 『조선평론』(1951년 창간) 등에 시를 발표하고 있었
던 김시종은 『진달래』를 "작품 발표의 장이라고 인식하지 않았다."
고 말한다. 무엇보다도 그 근저에는 "창작이 조직 운동이 되는 것
에 대한 석연치 않은 마음이 있었다." 합평회에는 확실히 이질적인
공기를 감돌게 하는 자가 있었다. '프락치fraction'였다. '파편'이라는
의미이지만 이 경우는 조직에서 보낸 활동가를 가리킨다. 그들이
내세운 '정치적 정당함'을 기준으로 작품을 비판받고, 두 번 다시
오지 않게 된 신입도 있었다고 한다.

그것은 시의 내용에도 반영되고 있었다. 생활이 짙게 밴 정경묘

사로 일상을 새긴 생활시도 있었으나(3호에서는 '생활 노래 특집'을 편성하고 있다.) 초기의 시는 대개 용맹스러운 투쟁시가 두드러진다. '조국', '인민군 병사', '전쟁', '만세!', '피' 등의 문자가 여기저기 박혀있고 행간에도 삼반투쟁의 이데올로기가 배어있다. 조선전쟁 반대의 실력 행사였던 스이타 사건과 히라카타 사건으로 포박되었던 인물로부터의 옥중 메시지도 게재되어 있다.

그 다음 달에 간행된 2호(1953년 3월 31일)에는 이달의 스탈린 사망을 "별이 떨어졌다."고 애도한 시도 있다. 4호에서는 DPRK의 남조선노동당 유력자, 이승엽과 임화의 처형을 "전면적으로 지지한다."라고 한, "반도叛徒라고 이름 붙은 모든 것은 말살된다."라는 주장까지 게재되고 있다.

모여든 사람 수는 점차 늘어났다. 발족 당시에는 10명이 되지 않았던 서클은 여성 동인의 작품 특집이 실린 5호(1953년 12월 1일)에서 40명을 넘었다. 그러나 발족 동기인 조선전쟁은 4호(1953년 9월 5일) 전 단계에서 휴전된 상태였다(이 '휴전'은 현재까지 계속되고 있다). 그것은 용맹스러운 슬로건 시가 근거를 잃고 매너리즘에 빠진 정체기로 변화한 것과도 이어지고 있었다. 결성 1주년이 된 6호(1954년 2월 28일)에는 김시종이 "올바른 이해를 위하여"라고 이름 붙인 권두 논고에서 다음과 같이 서술하고 있다.

"조국을 너무 의식한 나머지 모든 관점을 여기에 연결시키고, 평화와 승리를 절규하여 그 작품을 완성시키려는 공공연한 사고, 아니 그렇게 의식하려고 노력한 관점, 게다가 대부분 낯선 조국을 모티브로 삼았기 때문에 자칫하면 작품은 관념적으로 되기 쉽고,

격한 분노를 담은 작품이라도 그 절규는 허공에 울려 퍼졌다." 전제를 잃어버리고 투쟁시를 적지 않을 수 없었던 자, 실감 없는 언어를 쓰지 않을 수 없었던 자. 동인들은 고민하고 모색하고 있었다.

바야흐로 정인이 방문했던 때는 그 6호 합평회였다. 고교 문예부, 수요회와 시작 경험이 있었다고는 해도 빨라야 7호(1954년 4월 30일)에 처음으로 시를 기고하고 있다. ""부끄럽기 때문에 필명으로 내보려고"라고 시종이에게 말하자 그가 정인이라는 이름을 지어줬죠." 철학과 철리哲理를 나타내는 '인'. 일언거사一言居士*였던 정인에게 딱 들어맞는 이름이었다.

첫 번째 작품의 제목은 「어느 견습생 친구에게」. 목재상에서 경리를 하고 있었던 시대, 더부살이 소년노동자와의 만남으로부터 탄생한 작품이었다. 다음달에는 「파친코점」을 발표한다. 그렇다 하더라도 이 무렵 정인의 스타일은 확립되지 않았다. 단적으로 말하면 알기 쉬웠다. 설명적이기조차 했다. 이미 시인, 오노 도자부로小野十三郎의 작풍에 감화되어 있었던 그였지만 자신의 창작 면에서는 충분치 않았다. 8호 단계에서는 발행소가 그의 자택으로 되어 있다. 당시, 정인의 자택에는 '수요회'와 '진달래발행소', 이 두 개의 표찰이 걸려 있었다. 정인의 자택이 회합의 장소가 되어 30~40명이 항상 드나들고 있었다. 사람이 너무 많이 모여서 계단 층계참이 빠진 적도 있다.

* 무슨 일이든 한마디씩 거드는 사람.

‘진달래’가 단순한 문화서클이 아니었다는 사실은 곧 알아차렸다고 한다. “작품을 한 편도 쓰지 않으면서 매번 오는 사람이 있었던 겁니다. 감찰관이었어요. 그래서 합평회나 모임을 시작하기 전에 말이에요, 시종이가 옆방에서 누군가에게 불만을 털어놓기도 했어요.”

“프락치가 몇 명 배치되어 있네.”

“오늘의 진행 방식은.”

“평양에서 발언자는 지도하고 있는 건가.”

감시당하는 쪽이었던 김시종은 말했다. “정치 집회가 아니기 때문에 그럴 필요는 없어. 나 자신이 넌더리가 났거든. 정인 군은 들리지 않는 척을 해주었다고 생각하네.”

정인은 회고한다. “‘아, 진행 방식이나 지시가 나왔구나.’ 하고 추측했죠. 그런 얘기를 한다고 생각하면서도 썩 유쾌한 기분은 아니었어요. 일찍 와서 다른 곳에서 얘길 하면 좋을 텐데, 하필 내 집에서 얘길 하다니.(웃음) 당시는 역시 조직의 영향력이 강했습니다. 지금처럼 낡은 것이 되어 비판받으면 옹호하고 싶어져요.”

편집장으로서의 수완

편집장이 된 것은 10호부터다. 정인에게 인계한 김시종은 말한다. “그는 좌담의 명수였어요. 강요하는 듯한 태도가 전혀 없었고 상대의 의견을 존중하면서도 자신의 의견을 확실하게 말했어요. 한쪽 다리로 살아가는 고통을 겪어왔기 때문일 테지만 그와 얘길 나누면 마음이 편안해졌어요. 당시의 동인 중에는 그를 만나고 싶어서 왔다는 사람이 대부분이었다고 생각합니다."

지면의 변화도 현저했다. 생활시는 초기부터 있었으나 여성의 투고가 늘어났다. "아버지의 파쇼"라는 제목을 붙여 자이니치 사회의 남존여비와 가부장제를 경묘하게 지탄하는 에세이도 있다. 생활의 장에서 나온 시는 정치주의의 공허를 폭로한다. 겹겹의 질곡 속에서 살아온 자들이 속마음을 토로하고 쓸 수 있는 장이기도 했던 것이다. "합평회에서 모두가 낸 의견으로 결정했기 때문에 내 특성이 아니에요."라고 정인은 말하지만 모두의 생각을 끄집어내는 일은 틀림없이 그의 특기였다. 광고가 증가한 것도 이 시기였다. 절반 이상은 그가 직접 따왔다. "구매는 박리다매가 가능한 이곳에서", "든든히 배를 채우는 건 이 가게에서", "일본의 가장 작은 찻집", "책방에서 책을 사지 않는 사람도 들르는 곳", "근대화된 호루몬ホルモン요리"…… 캐치프레이즈도 대개 정인이 적었다.

"제대로 써주어야지, 아니면 정 군이 압력을 가하거든."(김시종) 김시종이 『진달래』에 힘을 쏟아부은 작품을 투고하기 시작한 시기도 이 무렵이다. ""진심으로 쓰지 않은 것처럼 보인다."라고 넌지시 속내를 내비쳤을 뿐"이라고 정인은 말하지만 그의 마음은 충분히 전해졌다. 15호(1956년 5월 15일)부터는 양석일(당시는 양정웅)도 참가, '진달래'는 재일조선시인집단으로서 전성기를 맞이해간다. 양석일은 작품 수준이 높아진 요소 중 하나로 등사판에서 활판으로의, 하드 면의 진화를 들었다. "자신의 작품이 말끔하게 인쇄된 것을 보면 의식이 변했어요." 하부구조가 상부구조를 규정한다는 생각이다.

그렇다 하더라도 당시 대부분의 자이니치의 과제는 "그날 먹고 사는 일"이었다. 여하튼 직장이 없었다. 1954~5년 시점에서 재일 조선인의 생활보호 수급률은 20%가 좀 넘었다(전체 평균의 약 10배). 한편으로 탁주 밀조 등, 일거리가 없어서 발생한 경제활동에 대한 단속은 격화되고 있었다. 이에 병행해서 사회보장에서의 배제 또한 이루어졌고, 56년에는 조선인을 대상으로 한 생활보호 중단이 대폭적으로 강행되었다. '귀국 사업'으로 이어진 사실상의 추방정책이었다. 객관적으로 보면, 시나 읊고 있을 상황이 아니었다. 그러나 역설적으로 바로 그러한 연유로 약자들은 시에 끌렸고, 합평회로 발걸음을 옮겼던 것이다. 금속가공과 주물, 고무 제품의 영세공장과 일용 토목작업으로 녹초가 될 때까지 일하고, 일이 끝나면 앞다퉈 달려오는 동인, 비동인의 젊은 친구들. 인간을 매일 먹고 자는 존재로 폄하하려 하고, 이를 강요당하고 있었기 때문에 사람들은 시를 필요로 했던 것이다. "굶주려 왔던 자의 '마지막 밥'"(창간의 말)이 시였다. 시란 그와 그녀들을 위해서 존재한다. 아니 그와 그녀들이 자아낸 것이야말로 시인 것이라고 생각한다.

합평회에 참가한 비동인이 12호(1955년 7월 1일)에 보낸 투고글에서도 당시의 모습이 엿보인다. 오후 7시 정각이 조금 넘으면 사회가 개시를 선언한다. 그때부터 일을 끝낸 청년들이 차례로 도착해 여덟 장의 다다미는 어느덧 만원이 되었다. 누군가가 새로 들어오면 사람들은 허리를 움직여 '다음 한 사람'이 들어올 자리를 만든다.

"이 시는 지나치게 자신을 가둔 채로 지었기 때문에 약간의 설명을 하지 않으면 알 수 없어." "시가 그렇게 어려운 것일까?" "우리의 생활을 더욱 솔직하게 응시해서 솔직하게 노래하자." "하지만 평화는 잠들어 있으면 쟁취할 수 없다고 나는 말하고 싶었던 거야." "이카이노는 우리들의 제2의 고향이지, 그것을 아름답게 하나의 작품으로 쓸 수 없다면 그건 틀린 거야." 일각의 공백을 소중히 여기고 차례로 의견을 말하고 그것을 다음의 언어로 연결시켜 나간다. 누구든 '시인'이라는 공기가 거기에는 존재했던 것이다.

시는 무엇인가

이 시기, 중기부터 후기에 걸쳐서 정인은 자신의 스타일을 확립하게 된다.

어렵게 시간을 낸
일요일.
익숙한 모습으로
미지의 찻집에
잠입했다.
숲은 좀처럼 저물지 않고
습지대는 태곳적 그대로.
나는 뜻밖에
기억 속 음색을
들었다.
낯선 작은 새 한 마리.

나를

바라보고 있다.

—「거리」, 18호

영화에서 영감을 받은 시와 이따금 들렀던 찻집에서 번뜩 떠올린 이미지……. 선별한 언어를 엉뚱한 조합으로 맞춰서 불꽃과 같은 이미지를 환기시킨다.

"추상적인 생각을 시에 얹는 건 말이죠, 진부하고 무언가 거짓말 같아요. '누구나 자기의 생각을 갖고 있지 않나.' 하고 여겼어요. 누구든 지니고 있는 걸 새삼스레 시라고 할 수 있을까? 이렇게 생각하니 제동이 걸렸습니다. 뭐랄까 빌린 것 같았던 거지요. 언어 그 자체가 누군가의 것을 차용하는 것일 뿐이지만요." 합평회에서도 정인의 시에는 '난해'하다는 평가가 항상 따라다녔다. 그러나 그는 말한다. "굳이 말하자면 글을 쓴 본인에게 있어서 읽는 이가 자신의 시를 이해하는지 하지 못하는지는 관계가 없어요. 내게는 오히려 '몰라도 괜찮지 않나' 하는 생각이 있었어요. 그래도 뭔가를 느낀다면 좋겠다고 여기지만요. '모른다'는 일반적인 세간의 논리로는 '그래서는 안 된다.'는 것일 뿐이지, '모른다'는 사실을 그대로 인정하는 것은 아니죠, 그건 민주적이지 않은 거예요. 대개 자신이 잘 모르는 것에는 배타적이잖아요. 일단 서로를 인정해보자고. 나, 정말 괜찮지 않나요.(웃음)"

게다가 이데올로기의 냄새가 안 나는 작풍은 '진달래'에서는 이질적인 것이었다. "그건 어쩔 수 없었어요. 나 역시 다른 이들처럼 시를 쓰고 싶었지만 그렇게 쓸 수 없었습니다. 스스로에게 거짓말을 할 순 없었어요. 관심 없는 일은 쓸 수 없었거든요." 철저하게 자신의 실감을 통과한 표현에 대한 지향성은 '시의 존재 방식'을 둘러싼 '아다치시인足立詩人 집단'과의 논의(13호)에서도 명시되어 있다. 덧붙여 정인은 이 '집단'이 지금도 몇 명인지는 모른다. 당시에는 면식이 없는 자와 논쟁하는 일이 드물지는 않았던 모양이다. 어떤 의미에서 '진달래'의 존재감을 드러내고 있었다.

그 '논쟁'이란 시는 "대중을 설득하는 중요한 무기"라고 정의하고 "혁명적 시인(우리들은 항상 쓰고 있기 때문에 노력하고 있습니다만)은 개인의 입장에서만 시를 쓰는 것이 아닌, 조직원으로서, 활동가로서 늘 투쟁의 주인공, 사건 속의 주인공으로서의 입장으로 정밀하게 관찰하고 이론적인 무기를 강화해 시를 창작해야 한다는 점을 전합니다."라고 한, 사회주의 리얼리즘의 틀에 박힌 구절을 따르는 아다치시인 집단에 대해, 정인은 이렇게 반론한다.

"시가 혁명 이론이 아닌 예술인 한, 작자作者인 개인을 빼버리고서는 말할 수 없습니다." "구체적으로 어떤 대상을 묘사할 경우, 그것을 자기 자신의 문제로서 실감하고 그것과 대결해서 그 대상을 감성의 가장 깊은 곳에서 포착한 결과가 아니라면 진정한 시는 태어나지 않아요." "이것은 사회과학적 사고와는 다른, 독자적으로 시가 지닌 사고라고 생각합니다." 그리고 정인은 딱 잘라 이렇게 말하는 것이다. "감성을 간과한 마르크스주의가 궁지에 몰려 곤란할 때에는 아무짝에도 쓸모없는 것이 되어버리지요."

볼을 샐쭉거리는 상대의 모습이 떠오르는 듯하다. 게다가 그는 쐐기를 박는다. "두뇌 그것만으로는 시가 탄생하지 않습니다. 단순한 논리를 만들어낸 것에 불과할 뿐이죠. 우리들이 현실을 직시한 경우, 다양한 모순과 마주합니다. 노동자, 농민 등을 힘찬 모습으로 묘사한 그 미래에 광명을 부여하는 것도 틀림없이 중요하지만 현재 일본의 사회적 조건에서 우리들의 현실을 둘러싼 곳의 모순과 눈속임을 철저하게 폭로하고 그것을 끝까지 노래하는 편이 보다 더 강조되어야 하지 않겠습니까?"

시인, 호소미 가즈유키細見和之가 지적한 것처럼 이 논의는 이후에 진행된 '진달래 논쟁'의 복선이었다. 정인은 말한다. "표현은 어디까지나 개인에게만 있을 수밖에 없습니다. 일본에서 태어나고 자랐기 때문에 일본어만을 말할 수 있어요. 조국이라 해도 관념일 뿐이에요. 민족이라 해도 내게는 '부모'일 뿐입니다. 생리적이지 않은 것을 쓴다는 건 불가능해요. 그것은 적어도 시가 아닙니다."

유민의 기억

조직과의 알력은 노선 전환과 동시에 진행되었다. "그로부터 기묘한 민족주의가 나왔어요. 민족주의는 대개 배외주의지요. 사이가 좋았던 사람이 어느 사이엔가 사라져버리거나 해도 별다르게 의식하지 않았어요. 나는 거대 서사와는 관계가 없다고 생각했으니까요."라고 말하지만 거대 서사는 사람을 휘말리게 한다. 시작詩作에 대한 개입이 있었다. 민전 시대의 문화서클이 1955년경에 사라져가는 일들 속에서 '진달래'는 '전 시대'의 상징이 되고 있었다.

예술은 정치에 종속되는 것이며 창작은 정치 방침과 목적에 부합하는 형태로 이루어져야 한다. 이에 의문을 품은 자들의 개입은 민전 시대부터 있었다고 말하지만 노선 전환 이후 그 압력이 더욱 강해졌다. 하나는 '조선어로의 시작'이었다. 12호부터는 '국어 작품'란이 생겨서 지금까지는 거의 없었던 조선어로 쓴 시가 매호 게재된다. 조선인이 조선어로 표현한다. 그것만 보면 당연한 소리지만 주 멤버는 자이니치 2세였다. 정인은 이를 거부했다. "그것은 물리적으로 불가능하다고 나는 말했어요. 단숨에 배웠다고 해서 쓸 수 있는 게 아닙니다. 산문은 쓸 수 있을지도 모르지만 시는 쓸 수 없어요. 언어에는 생활의 때라든가 역사의 더께가 들러붙어 있습니다. 기호가 아니라 다른 무언가가 있기 때문에 쓸 수 없는 겁니다. 쓸 수 없는 것을 강제해선 안 되는 거지요. 누군가 쓸 수 있는 인간에게 말해보는 게 어떻겠냐 했지요. 시는 언어라는 의미만 있는 게 아닙니다. 의미만으로 이루어졌다면 전혀 재미없는 것이지요."

폭력으로 위협받으며 강요당했던 언어가 일본어였다. 그렇다 하더라도 대다수의 2세에게는 모어mother tongue였다. 그리고 그들을 인간으로 존재하게 한 모어는 조선인을 멸시하는 언어를 다수 내포한 일본어이기도 했다. 애증이 뒤섞인 '모어'를 파고들어서 자이니치 2세인 자신의 실존을 자아내간다. 그것이 정인의 창작이며 자기해방이었다.

『진달래』는 주체성을 둘러싼 논쟁의 최전선으로 변한다. 그리고 15호, 김시종의 시집 『지평선』을 계기로 "유민의 기억' 논쟁'이 일어난다. 발단은 동인, 홍윤표의 비평이었다. 그는 '자이니치'로서의 현실을 궁구하려고 한 김시종의 자세를, 그것을 그냥 지나쳐 '조국'을 노래한 허남기의 '가벼움'과 대비하여 평가한다. 더욱이 그는 이미 '조국'이 탄생한 지금 부르주아적인 '유민 의식'은 '치열한 자기 내부 투쟁'으로 일소되어야 함에도 김시종의 시는 유민적 서정을 지닌 채로 '자기 변혁의 과정'이 없다고 비판했던 것이다. 김시종의 시를 비꼬아서 말하면 "네가 서 있는 그 지점이 지평이다."가 아니라 "저쪽에 있는 것이 지평이다."라는 것이다. '자이니치'를 둘러싼 물음은 내부에서도 첨예화되었다. 정인은 한 달 후 다른 시지에 게재한 「조선인이 일본어로 시를 쓰고 있는 것에 대하여─ '진달래' 창작상의 문제」에서 이를 재비판하면서 논의에 개입했다. 긴 글이지만 인용한다.

오늘날 재일조선인의 정신적 상황은 일본 제국주의 시대의 유민의 기억과는 확실히 이질적이다. 이미 우리들의 의식과 상관없이 넓고 커진 조국이 존재하고 있다. 그럼에도 불구하고 홍윤표가 최초로 제기했던 명제는 앞으로 계속되지 않으면 안 된다. 요컨대 이념으로서는 조국을 가지고 있는데도 생리화된 실체로서는 감지 불가능한 정신 상황(문자 그대로 유민적인 것)의 근원을 찾아 그것을 극복해가는 과정을 빼고서는 우리들의 창작은 있을 수 없다. 과거의 유민의 기억으로 인해 조국을 실체로서 받아들일 수 없는 것이 아니라, 그 정신적 근원이 일본의 상황에서 우리들의 마음속에 도사리고 있는 곳의 일본인적 정서이며 자본주의적 감성이다. 우리들은 유소년기에 조선인 부모의 영향하에 성장했다. 그러나 우리들의 정신 형성에 가장 중요했던 시기, 학창시절을 통해, 그리고 그 후에 사회생활 속에서 일본인의 심리를 체득해왔다. 오히려 생활의 필요에서 체득해온 것일지도 모른다. 우리들의 고립된 반항은 우리들의 정신적 콤플렉스를 위장한 것 이외에 아무것도 아니었다. 이러한 상황 속에서 우리들은 완전히 민족문화의 전통을 상실했던 것이다. 그런데도 여전히 우리들은 조선인이다. 완전한 조선 민족의 일원이기를 원하고 있다. 그리고 일본어로 시를 써왔으며 쓰고 있다. 그렇다면 그 일본어로 쓴 우리들의 시적 현실은 어떨까? 15호가 축적되는 와중에 어느새 생활을 베끼게 된 것처럼 소박한 감정 토로의 시로는 만족하지 못하게 되었다. 그럼에도 불구하고 우리들의 시적 주제는 얼마만큼 깊어질 수 있었던 것일까? 반전 평화를 희구하고 그것을 시적 주제로서 노래해왔다. 그것은 그 나름대로는 옳다. 하지만 반전 평화를 어떠한 주체적 입장에서 노래해왔을까? 조선 민족의 주체성을 기초로 해서 노래해왔던 것일까? 오히려 조선인도 아닌 일본인도 아닌 한 사람의 선한 인간으로서 노래해왔다고 말하는 게 타당할 듯하다. 물론 우리들은 특수성을 지니고 있지만 그것은 어디까지 특수성이며 주체성과는 다르다. "재일조선인의 생활을 그저 하나의 문학적 소재로밖에 취급하지 않는다……"(《가이호신문解放新聞》 6월 9일자)라는 지적은 우리들에게 내포한 코스모폴리탄적인 것과 관련해 상당히 중요한 의미를 갖고 있다. 이러한 곳에 지금의 유민적인 것의 본질이 있으며, 진달래 창작상의 가장 기본적 과제가 있다. 우리들 시의 발상은 모두 일본어이며 일본어에 의해 이미지가 구축된다. 게다가 조선인인 것을 뚜렷이 자각한 경우 작품을 쓰기가 상당히 힘들어진다. 이것은 나에게만 해당되는 것일지도 모른다.

우리들이 계승하고 있는 문학은 조선 고유의 문학이 아닌 일본문학
이며 일본의 근대시 이후의 여러 가지 성과이다. 이 일본문학의 흐름
속에서 우리들은 어떠한 주체적 변혁을 이룩해낼 것인가? 이념적인 조
국을 어떻게 생리적인 조국으로 변화시킬까? (중략) 그래도 여전히 일본
어로 시를 쓰고 있다. 오히려 현대 일본문학 속에서 한 위치를 차지하고
싶다고도 생각하고 있으며 그것을 위해서 노력도 하고 있다. 이는 반드
시 틀렸다고 생각하지 않는다. (중략) 나는 모든 문제를 이것으로 해소
하려고 여기지 않으며 조선인으로서의 주체성을 일본문학 속에 매몰시
켜야 한다고도 생각하지 않는다. 오히려 전적으로 주체성이 넓고 커지
는 것을 지향하고 그것 없이는 일본문학을 조선인의 입장에서 성과로서
받아들일 수 없게 된다.

유민의 기억을 관념으로 극복하는 것이 아니라 땅바닥에서 고
통스럽게 몸부림치면서 되묻고 극복해가야 할 것이라는 선언이다.
한편으로 그 논지는 "조선어를 배우지 않으면"이라는 가슴에 차오
른 생각으로 동요된다. 그는 다음과 같이 말한다. "이해할 뿐만 아
니라 체득하지 않으면 안 된다. 이것 없이는 진정한 의미의 문학적
인 주체성을 확립할 수가 없으며 유민적인 것을 일소에 얻을 수
없다고 생각한다." 당시 진달래 멤버인 오노 도자부로의 자택을 방
문했을 때에도 정인과 동인들은 "우리들의 가장 큰 고민"으로 모국
어로 창작을 할 수 없다는 점을 토로하고 있다.

'정치와 문학'을 둘러싼 논쟁은 조직의 정치주의와의 대립으로 이어지고 있었다. 애초에 김시종의 노선 전환에 대한 인식은 "대중 토의도 거치지 않은 중앙의 쿠데타"였다. 기세 좋은 언동은 조직과의 알력을 낳았고, 이윽고 그것이 공공연해진다.

코스모폴리탄, 주체성 상실……. "혼의 기사"(스탈린) 육성을 위해 설립된 서클은 어느샌가 조직의 공격 대상이 되었다. 동인의 분노도 격화된다. "세 명만 모이면 총련 비판"(정인)이라고 말한 동인들의 초조함은 18호에서 터져 나온다. 「일 년의 집약」에서 정인은 이렇게 쓰고 있다. "우리들은 자이니치라는 상황 속에서의 인간의 비뚤어짐을 무시할 수 없게 되고, 그 기세로 지금까지 우리들이 써왔던 시에 대한 재검토가 필요해졌다. 프로파간다 시가 지녀왔던 상식적인 설치법, 이미지의 상식성을 이제는 따를 수 없는 것이다. 예를 들면 평화를 노래하고 원수폭금지原水爆禁止[*]를 노래하면 그것으로 괜찮다고 생각하고 그 자신은 결코 틀린 것이 아닌데도, 평화하면 비둘기이며, 원수폭금지 하면 미국이 튀어나오지 않으면 시가 되지 않는다고 생각하는 그런 종류의 관념성은 참을 수가 없다. 평화도 원수폭금지도 우리들에게는 하나의 오브제 이외의 무엇도 아닌 것이다. 연쇄 반응을 몇 행의 문자로 바꿔 쓰고 거기에 시라는 명칭을 부여해, 이미 우리들은 시가 지닌 독자의 세계를

---

[*] 원자폭탄과 수소폭탄 금지.

인식하기 시작했다."

 '진달래 논쟁'은 항상 김시종의 격렬한 조직 비판으로 이야기된다. '김시종이라는 난파선'에 함께 탔기 때문에 움트기 시작했던 싹이 꺾여 버렸다고 김시종 자신은 통절하게 말하지만 오히려 나는 시를 바라는 동인들의 열의가 조직활동가였던 김시종의 리미터 limiter를 파괴했다고 생각한다. "자유로워지려 한 자유"(다케나카 로 竹中勞)의 발로인 시를 만나버렸던 자들의 반짝임은 시지 곳곳에 새겨져 있다. "현실에 연소할 수 없는 이데아만으로는 시를 쓸 수 없다.", "망명 의식에서 온 노스탤지어의 변형에 지나지 않는 과도한 신비화가 대상의 리얼리티를 없애버린다.", "조선을 주제로 하려 한 작품의 질이 떨어진다." 등이 그 지면에 드러난 다수의 언어 표현들이다. "자유로워지려 한 자유"는 클리셰를 거부한다. 그것은 '본국'과 연결되는 것을 민족적 주체의 확립이라고 한 발상과는 양립하지 않는다.

 오히려 이 계절이 있었기 때문에 김시종은 계속해서 시인으로 존재할 수 있었던 게 아닐까. 김시종은 이번 호에서 총련의 관료주의를 야유한 시「오사카 총련」과 조직이 요청한 체제 찬미의 시는 시인에게는 "의식의 정형화"에 지나지 않는다고 비판한 에세이「맹인과 뱀의 입씨름」을 발표한다. 주목해야 할 사항은 이 과격한 시와 논평을 다수의 동인이 지지했다는 점이다.

 조직으로부터의 비판이 격화되었다. '수정주의', '민족 허무주의', '민족 반역자.' 대부분은 김시종에 대한 정치적 규탄이라고 말하지만 사실상『진달래』를 가리키는 것이기도 했다. 동인은 점차 떠나고 1958년 8월, 총련의 기관지《조선민보朝鮮民報》에 대대적으로 김시종 비판이 실렸다. 직후에는 재일조선문학회 중앙상임위원회(위원장은 허남기)가 열린다. 김시종의 이름을 내놓고 규탄하는 회의였다. 19호부터 20호 간행까지는 일 년이라는 시간이 걸렸다. "한 호를 제작하면 30% 정도는 다음으로 비축되었는데, 작품이 모이지 않았어요." 그래도 김시종, 정인, 양석일 세 사람은 전투적이었다. "시종이와 석일, 나 세 사람이 "반론을 쓰자."고 말했지만 "당신들과 같은 사민주의자에게 지면을 허락할 수는 없지." 하는 말을 듣거나 거절당하기 일쑤였습니다."

결국 DPRK가 움직였다. "조국으로부터의 비판"으로 인해, 정인이 편집후기에서 언급한 20호에서 끝내『진달래』는 무너졌다. 글을 쓸 수 있는 장을 잃어버린 동인들 대부분은 문학을 포기하고 산산이 흩어지고 사라졌다. 후에 순환선環狀線에 뛰어들었다는 자, 행방을 알 수 없게 된 자, 조직에 김시종 비판문을 제출하거나 조선어로 시를 쓰거나, 후에 DPRK로 '귀국'한 자도 있었다.

『가리온』의 싸움

세 사람만이 남았다. 가끔 도쿄에 함께 가서 일본 공산당에 속해 있던 현대 시인들과 교류했다. 양석일은 술회한다. "구로다 기오黑田喜夫라든가 세키네 히로시關根弘라든가『렛토列島』파 시인들이었어요. 당의 방침에 반발하는 그들의 자세가 도움이 되었고, 우리들을 투영할 수 있었습니다."

　약 1년 후, 세 사람은 후속지 『가리온』을 간행했다. "『진달래』에서 끝났던 게 억울했어요. '왜 문학을 그만두지 않으면 안 되는 건가, 비판받더라도 해보자, 뭐든 상관없어.' 하는 마음이 있었습니다."라고 정인은 회고한다. 그 패기는 『가리온』의 「창간에 즈음하여」에 나타나 있다. "문학의 창조라는 과제를 통해 정신 형성의 도상에 있는 새로운 발언 등을 '주체성 상실'이라는 한마디 말로, 그것이 마치 반조국적 언동이라도 되는 듯이 잘라버리고 돌이켜보지 않는 정치주의자들과 우리들은 끝까지 대립한다."

　계속해서 '축 귀국선 출항'을 표지에 새긴 2호에서는 양석일이 「방법 이전의 서정」이라고 이름 붙인 허남기에 대한 비판을 발표했다. 자이니치 시인의 창시자이며 후에 총련 부의장이 된 허남기의 시를 다루면서 "(작품에 현저한) 조선 민족의 비애, 통곡, 분노 등은 허남기 한 사람의 심정의 표현이 아닌 그와 세대를 전후한 조선 지식층의 소박한 전형이며, 보수적인 조선 역사의 카테고리에 속박되어 탈피할 수 없는 향수임에 틀림없다."라고 논하고, "시대착오 이외에 무엇도 아니다.", "심경의 허세가 코를 찔러 견딜 수가 없다.", "자기의 무력함을 내세우고 있다.", "장황하고 산만하다." 등의 노골적인 필치로 비판했다. 『진달래』 잔당의 분노와 반발은 그만큼 격렬했다. 정인도 말한다. "'민족 반역자'라니, 도둑질하려든가 무언가 하려든가 민족은 민족이죠. 비판하려 해도 상대를 납득시킬 수 있는 비판을 하지 않으면 안 돼요. 그런 방식으로 말하는 건 용납할 수 없어요."

　3호의 특집은 "미국". 한일교섭에 대한 반대 운동이 강해지는 와중에 그 배후인 '미국'을 공격할 의도였다. 같은 호에서는 '니이가타新潟'로 가서 귀국선에 올라탄 사람들의 모습을 묘사한 르포르타주도 있다. 총련 조직만이 아니라 당시, 절대적인 정의였던 DPRK로부터도 비판받게 된 자들이, 그러함에도 재일조선인으로 살아간다는 것은 어떤 의미일까. 지면에는 고뇌가 배어 있다. 거기서 정인은 한일교섭을 비판하고 "진짜 적은 미국"이라고 지탄하는 논고 「적의 이미지」를 발표한다. 조직으로부터도 DPRK으로부터도 비판받았으나 그럼에도 여전히 이를 멈출 근거를 찾으려 하는 통절함이 감돈다. 이 시기에 정인이 쓴 시는 어떤 의미에서 '이해하기 쉽다.'

예를 들면
도시의 틈새로
익숙한 언덕길이 있다.
냉이가 나고
니조二條의 철로는 녹슨 집념으로
땅위를 기고 있다
언덕길을 굴러 내려오면
크레인의 울림도 중유의 냄새도 나지 않는
물론 노동자도 없는
하얀 항구가 나온다.
완전히 빈손으로 혼자 슬며시.
치욕투성이가 된 실종하기에 적당한 장소.
환영의 항구를

고르는 것은 먼 옛날

모체 속에서 항구를 잃어버렸기 때문이다.

(중략)

예를 들면

식지 않는

일본열도의 틈새에서 몹시 싸우는

이민의 시장이 있다.

사랑이나 미움

비밀스러운 우정이 넘쳐나는 속에서

비닐봉지 속 유아의 몸체는

무방비다.

신사복을 입히고 넥타이를 매서

쾌활한 웃음으로 무장할 때

할아버지와 조금도 다르지 않은 젊고 다부진

조선인이 태어난다.

그렇지만 비닐봉지 속은 아무도 모른다

마른 바다는

유랑과 같이 흔들리는 것이다.

─「그림자 무대」, 2호

『가리온』도 결국, 3호를 끝으로 사라지게 된다. 사람이 부족했던 것이다.

의지할 곳

"그즈음의 시종이는 황폐해졌어요."라고 정인은 말한다. 김시종이 제주도에서 일본으로 도망쳤던 것은 재일하기 위함이 아니었다. 일본을 경유해 DPRK로 건너가려고 생각했기 때문이다. 지금의 스탠스로는 상상할 수 없으나 당시 김시종에게 DPRK는 희망이며 살아갈 방법이었다. 김시종이 조직 내의 불온분자로 간주된 결정적 이유는『김일성 선집』첫 페이지에 있었던 백마에 올라탄 김일성의 사진이 천황 히로히토의 '자태英姿'를 빼닮았다고 한 일을, "김일성 장군에 대한 모독"이라며 분노해 오사카 총련에 건의서를 제출한 일이라고 전해진다. 그로 인해 그가 상상했던 조국으로의 '귀국'이 불가능해졌던 것이다. "매일 위스키를 한숨에 들이켰어요, 마지막에는 병나발. 난폭한 행동은 없었지만 엄청 말이 많아졌어요. 석일이는 "아재 자살해버리지 않을까?" 하며 걱정했었어요." 정인과 양석일은 항상 김시종에게 딱 달라붙어 있었다.

조직에서『가리온』에 대한 노골적인 압력은 없었다고 한다. 그럼에도 불구하고 사람들이 모여들지 않았던 것은 그만큼 좌파조선인에게 DPRK와 총련은 의지할 곳이었기 때문이었다. "역시 인간에게 기댈 곳은 중요하다고 생각해요. 시종이는 아쉬움이 남아 그 자리를 떠날 수 없는 기분으로 그만뒀어요. 절대적인 존재에게 상처를 받는다는 건 그만큼 묵직한 일이라 생각합니다. 인간의 속마음이라는 건 말이에요, 비판받았기 때문이라고 해도 '확 그만둬버리자!'라는 식으로는 되지 않아요. 심리적으로는 구속되어 있는 부분이 있지요. 사회에서도 인간관계에서도. 다른 사람도 비판받으면 역시 두려웠겠지요. 비판받으면 시종이가 있던 장소에서는 나가지 않을 수 없는 무언가가 있습니다. 역시 일종의 속박이 뒤따랐다고 생각합니다."

── 그건 무엇이었을까요?

"머릿속에서는 절반 정도는 이거 이상한데 하고 생각하면서 권위에 대한 속박이 있지 않았을까요. 일본 사회에도 있지 않나요? 조금 이상하다고 여기면서도 자신이 기댈 곳으로서 여기가 괜찮다고 여기는 것처럼 말이에요. 그리고 역시나 그러한 세계에 있으면 동료가 있지요. 그러한 장소로부터 배제당하고 싶지 않다는 마음도 있지 않았을까요. 나와 석일은 전혀, "응? 뭘 말하려는 거지?" 하는 감각이었어요. 진짜 정치에 무관심한 사람처럼 행동했기 때문이지요. 대답하지 않아서 남았던 것이려나…, 어느 쪽이든 간에 그때 세 사람의 밀도는 사람들에게 전달하기 어려워요. 그 이후의 삶의 방식을 어떻게든 움켜쥐고 빠져나가기 어렵게 다루고 있었어요."

양석일도 말한다. "나에게도 특별한 시기였어요. 그 장에서 시, 문학에 대한 생각을 길렀습니다. 그게 있었기 때문에 사업에 실패해서 방랑한 뒤에도 다시 소설을 썼다고 생각합니다."

한편으로 정인은 그즈음에 총련 산하 단체인 조선상공회에서 녹을 받고 있었다. 『가리온』 창간호의 논고는 일근(전임활동가)으로서 한일회담을 반대하는 삐라 뿌리기를 하고 있던 때의 에피소드로부터 출발하고 있다. "정치조직으로서의 강제력은 아래로까지 완벽히 관철되진 않았습니다. 게다가 제법 유연한 곳도 있었고요.

정색하고 말하면 살아 있다는 것 자체가 중요했어요. 사람에게 폐를 끼치지 않고 먹고산다는 게 대단한 거였어요.”

몇 사람으로부터 내가 들은 것은 정인이 ‘논쟁’이 한창일 때에도 조직활동가로 있을 수 있었던 이유는 그와 같은 뛰어난 사무능력 때문이었다고 한다. 그 이야기로 끌고 가보니 웃음을 띤 채로 말했다. “그건 모르겠지만 그 조직에는, 허풍을 떠는 사람은 많이 있었지만 말을 아끼는 사람이 없었을 뿐이에요.(웃음) 나는 말을 아끼는 게 전문이었습니다. 그래서 희소가치가 있었던 것일지도 모르지요.”

전임활동가는 결혼을 계기로 그만두게 된다. 싸운 채로 헤어졌어도 축출당했던 것은 아니다. 집안 살림을 유지할 수 있는 수입이 없었다. 이후로는 찻집의 주임으로 일하며 세 명의 자식들을 길러냈다. 1963년을 필두로 2세라는 이름을 부여받은 세 사람을 모두 초급에서 고급까지 조선학교에 보냈다.

이유는 언어이다. “지금도 조선어를 할 수 없는 것은 내 콤플렉스입니다. 조선인인 이상 지녀야 할 요소지요. 민족학교를 2년 다녔음에도 안 돼요. 먹고 사는 일에 바빴어요. 역시 태어났을 때부터 일본어만 사용해왔기 때문이에요. 제주도 방언은 어떻게든 회화는 가능하지만 쓰는 것은 어려워요. 발음의 미묘한 차이를 모르기 때문에 얘기를 듣고 바로 쓰는 게 불가능합니다. 본래는 내가 말이라도 익히지 않으면 안 되었는데 일이 있어서 그럴 수 없었죠. 집안사람들은 일본인이라 가정 내에서의 교육은 어려웠어요.”

세 명의 아이들이 학교에 다닌 것은 1970년대부터 80년에 걸쳐서였다. 귀국 전제의 국민교육이라는 색채가 강했던 시대였다. "우리집 장남이 제일 처음, 우리학교인 소학교에 다녀와서는 느닷없이 말했습니다. "아버지보다 훌륭한 사람이 있어!"라고요.(웃음) 김일성을 의미했습니다. 아니, 그 당시는 깜짝 놀랐어요.(웃음) 그래도 특별히 불안했다든가 하진 않았어요. 나는 생각했죠. 사람은 어떤 교육을 받아도 그 사람의 자질 같은 게 있다고요. 예를 들면, 아무리 황민화교육을 받았어도 그 틀에서 비어져 나오는 인간이 있어요. 내가 그랬거든요. 성적은 상당히 좋았지만 수신만은 허사였어요.(웃음) 내 경우엔 소학교 때에 등교 거부도 했고, 지금도 그런 일은 있을 수 있어요. 대개 학교라는 제도는 권력에 순종적인 국민을 교육하는 것이 기본이지 않나요. 그것이 국민교육이죠. 조선학교와 북조선에 관해서만 말하는 것은 공평하지 않아요. 일본의 교육 역시 원전사고가 일어나도 자민당에 들어가게 할 인간을 만들기 위해 열심히 하고 있잖아요. 같은 학교라도, 문학학교에서 시와 소설을 써서 사회를 바라보는 관점을 바꾸어가는 것과는 완전히 다릅니다."

정인은 '공평함'이라는 언어를 자주 사용한다. 계속해서 불공평한 대우를 받아왔던 그에게 있어서 현상을 간파하는 미력하지만 몇 안 되는 기반 중 하나가 '공평함'이었을 것이다. "신체에 장애가 있는 자로 살아오면서 좋은 면도 있다고 생각해요. 장애가 없는 자와 비교해 보면 공평하게 사람을 보는 사람이 많다고 생각합니다. 물론 모든 사람이 그런 것은 아니지만 장애가 있는 사람 중에는 '공평한' 사람이 많다고 생각해요."

동요하는 고향

지금까지 어느 나라의 여권도 갖지 않고 '무국적'을 살아온 정인이지만 1980년대 중반 이후 재입국허가증을 손에 들고 조선 반도의 남과 북에 있는 주권국가 양쪽을 모두 방문했다.

최초는 DPRK였다. 1980년대 중반 즈음, 어머니와 함께 니이가타에서 만경봉호를 타고 갔다. 귀국한 동생을 찾아갔다. 조직에 대한 변함없는 지조를 증명하기 위해 김시종을 비판하고 귀국한 동인과도 만났다. 체재 중인 호텔을 찾아온 전 동인과 만나고, 방에서 나와 안마당에서 '그 후'를 이야기했다. "이대로 헤어져서는 안 된다."라고 말하고, 니이가타에서 김시종에게 "생활에 대한 걱정이 없는 곳에서 창작에 매진하고 싶다."라고 적은 뒤 귀국한 그였으나 문학은 이제 그만둔 상태였다.

한국은 김대중 정권 시대와 노무현 시대에 2번 방문했는데 가장 먼저 간 곳은 제주도였다. "김대중이 되어서요, 시종이와 모두가 함께 갔지만 나만 가지 않았기 때문에 "같이 가자."고 말해주었어요. 영사에서 도항증명서가 나왔죠. 백문이 불여일견이었어요. 무엇보다 음식이 잘 맞았어요. 좋았어요. 두 번째는 제주도에서 서울로 갔었죠. 공항에서는 내가 가장 시간이 오래 걸렸습니다. 인천공항에서는 "도항증명서를 쓰"라는 말을 들었어요. (DPRK에 들어가기 위해) 중국에 가면 "이건 여권과 다르다."라든가 하는 말을 들었지요. 그래도 고향이라고 하면 이카이노려나. 거기서 태어나서 자라고 일본어밖에 말할 수 없는 것. 뭐 아버지와 어머니의 고향은 제주도이고, 내 호적도 제주도이지만요. 뭐 그런 의미에서 고향은 제주도가 되는 거죠. 미묘하지만 그래요. 두 번밖에 가지 못했잖아요. 조선적인 자는 대단한 자가 아닌 한 들여보내주지 않는 거예요. 남과 북을 합쳐서 총 다섯 번 갔지만 결국은 여행이었어요, 여행.”

지금도 고향은 계속해서 흔들리고 있다. 몇 번째인지 확실치는 않지만 인터뷰에서 찻집 의자에 앉은 채로 그는 말했다. “요전에 고향은? 하고 물었을 때 이카이노라고 즉시 답했지만 어떻게 말할까, 고향은…… 미묘해요.”

―― 그렇다면, 정인 선생님에게 조국은?

“역시 일단은 통일된 조국이에요. 어쨌든 직접적으로 말하면 지금의 북조선의 정권에도 박근혜 정권에도 나는, 귀속감이 없어요. 그래도 출신은 조선인이죠, 그건 틀림없습니다. 그러한 출신에 대한 사랑은 있어요. 그렇지만 국가 권력에 대한 귀속감은 없어요. 구태여 말하면 자기 자신에게 귀속되어 있다고 말할 수밖에 달리 도리가 없지 않을까요. 조선적인 것도 그렇고요.”

가리온 이후 생활에 쫓겨 시작詩作으로부터는 멀어져 버렸지만 때로는 요청을 받고 썼다. 1981년 12월, 계속 써왔던 시가 『감상주파』로 결실을 맺었다. 역시나 그 전 해에는 문학으로부터 멀어져 있었던 양석일이 시집 『악몽의 저편으로』를 간행했다. 원래 『가리온』 마지막 호에는 세 사람의 시집 광고가 실려 있었지만 조직과의 알력으로 출판사가 빼버렸던 것이다. 짓밟힌 진달래가 19년 가까운 세월을 경과해 꽃을 피우게 된 것이다. 김시종이 후기를 붙였다. “이것으로 가까스로 ‘진달래 잔당’이라고 불린 최후의 세 사람이 모두 시집을 냈다. 과장이 아니라 용케 살아남은 20여 년이었다.” 만남부터 논쟁까지를 회고한 뒤 김시종은 정인을 이렇게 평했다. “알고도 지는 쪽에 붙는 남자”라고 말이다.

자택의 거실, 좌식탁자 맞은편의 정인에게 가져간 『감상주파』를 보여주니 감개무량한 표정으로 말했다.

“아니, 지는 쪽에 붙는다는 것보다 소수라는 말이 옳다는 확신이 나에게는 있습니다. 말하는 방식을 바꾸면 문학이라 해도 이류가 좋은 거지요. 톨스토이를 한번 독파하려고 생각했지만 어려워요. 항상 같은 부분에서 멈춰 버리거든요. 『전쟁과 평화』는 등장인물이 너무 많아요.(웃음) 그것은 ‘하강 감각’과도 연결됩니다. 이론이 아니고, 퇴폐와 저변에 끌리는 거지요. 그렇기 때문에 사카구치 안고坂口安吾의 『타락론』을 읽지도 않았지만 ‘이건 좋은 책이야! 틀림없어’ 하고 생각했지요.(웃음) 뭐라 말하면 좋을까요, 이류란 말이죠. 지배적 위치에 놓이지 않는다는 겁니다. 권력자가 되지 않는 거지요. 그것이 생리입니다. 역시, 조선적으로 있는 것도 그 언저리라고 생각합니다.”

——왜 퇴폐와 저변에 끌리는 것일까요?

“왜일까, 나는 말이에요, 그것이 인간 본연의 모습이 아닐까 하고 생각합니다. 세계를 보면 부조리한 죽음이 얼마나 많아요. 가난한 국가에서 굶어 죽거나 내전과 분쟁으로도 그런 일이 생깁니다. 이번 쓰나미로 인해 많은 이들이 죽었지만 내가 그 부조리한 죽음에 편승해 생활하고 있다고 하는 의식이 강하게 들어요. 시민운동도 아무것도 하지 않으면서 말이죠. 그렇기 때문에 내가 건강하다면 확 돌려버리고 싶어요. 하지만 불가능한 일이기 때문에 상상만

할 뿐이지만요."

책상에는 아이들 부부와 손자들의 사진이 놓여 있다. 자식들은 모두 한국적으로 바꾸었다. "내가 반대할 거라고 생각했던 모양이지만 다 큰 성인의 판단이기 때문에 그러진 않았어요. 업무상으로도 불편한 게 있을 거예요. 국적은 일본이 아니지만 소속되어 있는 국가의 국적법이지 않습니까. 북도 남도 자이니치는 자국민이라고 말하기 때문에 나도 잠재적으로는 이중국적이라고 생각하지만 ……. 뭐 어쨌든 일본은 북조선과 국교 정상화를 해야 해요. 왕래가 불가능한 것은 이상한 겁니다. 식민지 지배를 했던 국가에서 지배를 당했던 국가와 국교를 맺지 않는 건 일본뿐이지 않나요? 북조선의 '좋고 나쁨'은 그 이전의 일이라고 생각합니다. 우선 국교를 수립하고 나서 의견 교환을 하지 않으면 안 되는 거지요."

현재는 실현 가능성이 불투명하지만 DPRK와의 국교가 정상화되면 조선적은 실재하는 국가의 국적으로 변경될 것이다. 그때, 정인은 어떻게 할 것인가?

"그때는 한국적을 취득할 거예요. 호적이 제주도에 있으니 소극적인 선택으로서 그렇게 되지 않을까요. 북에는 연고가 없거든요. 동생이 있지만 가고 나서 호적을 만들었기 때문에 기댈 곳이 없어요. 귀국사업 당시 제각각 꼬임을 당했지만 가지 않았던 것은 그 점 때문입니다. 살아갈 장소가 없다는 것. 어느 쪽이냐고 묻는다면 필시 한국적이 될 거라 생각해요. 나는 굳이 무국적을 선택할 이론적 근거가 없어요. 나는 그 정도로 강하지 않아요."

4

아이들에게 민족의 마음을

박 정 혜

사람은 사람과의 만남에 의해
변할 수 있습니다.
내가 아이들에게 전하고 싶은 것은
바로 그것입니다.

오사카시 이쿠노구生野區의 자택에서. 2015년 12월 22일.

박정혜朴正惠

1942년 조선인 아버지와 일본인 어머니 사이에서 일본 국적자로 태어났다. 조선대학교 시절에 조선적 취득을 결의, 일본 국적을 포기한다. 조선학교 교사로 6년을 보낸 뒤, 1972년에 민족강사가 되어 2008년 정년까지 민족학급에서 아이들에게 민족의 마음을 전했다. 민족강사의 처우 개선에 힘썼으며 현재도 오사카시 민족강사회大阪市民族講師會에서 상담을 도맡아 강사들이 의지할 수 있는 역할을 하고 있다. 저서로 『이 아이들에게 민족의 마음을この子らに民族の心を』이 있다.

· · ·

박정혜. 일본의 공립학교에 다니지만 조선에 뿌리를 가진 아이들이 과외로 조선의 언어와 문화를 배우고, 자존 감정을 교육받는 장場 '민족학급'에서 36년 동안 교단에 섰다. 정년퇴직 후에도 오사카시 민족강사회의 상담역을 맡고 있는 민족강사들의 정신적 지주이다.

오사카시 이쿠노구의 자택에서, 5년이 넘는 인터뷰를 마치고 녹음기를 껐다. 취재 도구 한 벌을 가방에 넣고 얼굴을 들어보니, 이제까지 본 적이 없는 편안한 표정의 그녀가 있었다. "이렇게 솔직하게 있는 그대로 이야기 할 수 있어서 기뻤습니다. 이런 것을 말할 수 없다고 생각했는데……. 일본적을 이탈하여 조선적이 되었던 것도, 조선대학교를 나왔던 것도, 조선학교에서 교사를 한 것도, 어머니가 일본인이었던 것도, 이것도 민족학급과의 만남, 아이들과의 만남, 보호자와의 만남이 있었던 덕분이에요. 수많은 만남이 내가 짊어지고 있던 짐을 내려놓을 수 있게 해주었습니다. 사람은 사람과의 만남에 의해 변할 수 있습니다. 내가 아이들에게 전하고 싶은 것은 바로 그것입니다."

자신이 회고하듯이 그녀는 오랫동안 자신의 내력에 대해 적극적으로 말해오지 않았다. 그것은 본질적으로 '건전한 일본인'을 육성하는 일본의 공립학교에서 마이너리티의 거처를 만들고, 유지하고, 발전시켜가는 투쟁 속에서 하는 수 없이 몸에 익힌 전술이다.

그러한 어려움은 민족학교에서는 없는 것이었다. 동시에 '민족교육의 장'에서는 있지만 민족학교와 민족학급과는 그 전제가 다르다. 총련, 민단계의 민족학교의 경우, 보호자는 학교가 놓인 위치를 알고 나서, '언어와 문화, 동포의 유대를 얻고 싶다.'라는 바람으로 아이를 학교에 보낸다. 한편, 민족학급은 교사가 조선에 뿌리를 가진 아이를 발견해 학급에 다닐 것을 권유하고, 보호자의 양해를 구하는 경우가 대부분이다. 경제 상황과 사상 신조, 게다가 일본에서 살아가는 데 있어서의 전망 등, 보호자가 일본의 공립학교에 아이를 보내는 이유는 다양하다. 일본에서 민족어와 문화를 배우는 것이 무의미하다고 간주하는 자도 많고, 차별사회에서 민족성에 구애되면 리스크를 감당할 수밖에 없다고 생각하는 자도 있다. 조선인으로서 자신이 받아 온 차별을 내면화한 듯한 자도 드물지 않고, 이른바 '북조선 혐오'를 표출하는 자도 적지 않다.

만약 자기소개에서 '조선대학교 출신'이라고 말하면, 그것만으로 보호자가 학급에 다니는 것을 거부할 우려도 있다. 더구나 조선적이다. 그녀는 오랫동안 보호자들이 국적을 물으면, "민족적입니다."라고 대답하고, 고향이 화제가 되면 "남편은 제주도입니다."라고 대답해왔다. 거짓말은 아니다. 몇 번이나 만나서 대화를 거듭하고, 일단은 자신의 사람 됨됨이를 알아달라는 것을 우선시해왔다.

실제로, 민단과 한국영사관에서 방해를 해서 수업이 중지된 시기도 있다. 취재 초기, 그녀는 이 이야기를 언급하면 얼굴이 어두워졌다. 재연再燃을 염려했기 때문이다. '불필요한 분쟁'에 시간을 할애하는 것은 아이들이 민족에 접촉할 계기를 놓치는 것과도 직결된다. 때문에 자신의 상상 범위를 넘어서 유통되는 서적에 경력을 게재하는 일은 피해왔다. 학력과 직업 이력은 66세에 출판한 저서『이 아이들에게 민족의 마음을』(新幹社, 2008)의 판권에 처음으로 공개했다. 바로 몇 년 전까지는 몇 번인가 의뢰가 있었던 인생사에 관한 취재도 거절해왔다.

그렇지만 과묵과는 정반대의 사람이다. 인터뷰는 언제나 3시간, 때로는 4시간 가까이 이른다(그 후 술을 마시게 되면 2회전이 되기도 한다). 아담한 신체에 가득 찬 생각이 솟구쳐 나와 멈추지 않는다. 나의 사고가 좇아갈 수 없을 정도로 줄기차게 말을 이어나가는 것이다. 소·중학생을 마주해온 것과 운동을 견인해온 영향 때문인지 지금 말해야 할 것을 모두 다 말하려 한다. "내가 수다쟁이라서, 하하하."라고 쾌활하게 웃은 뒤에 "이것은…… 어디에 나오나요……?" 하고 매번 불안한 듯이 묻는다. 당시는 매체가 정해져 있지 않아서 "지금은 목적이 없습니다. 무단으로 공표는 하지 않으니 염려마세요."라고 대답하면, "아아, 안심되네요." 하며 안도하는 표정을 지었다. 그녀의 태도가 변했던 것은 2015년에 들어 입원과 퇴원을 하면서부터다. "'다른 사람에게 폐를 끼치지 않는 범위에서 여러 가지 일을 남기지 않으면' 안 된다는 생각이 들었습니다. 사람과의 만남에서 배워 왔던 일은, 역시 다른 사람에게 전해 주고 싶다는 생각입니다. 나는 아이들에게 전하고 싶은 것이 있기 때문입니다."

기지 마을

1942년, 교토에서 태어났다. 아버지는 사회운동으로 여러 차례 투옥 경험이 있는 산이치쇼보三一書房 설립자 중 한 사람이기도 한 작가 박원준朴元俊이다. 교토에서 일본인 데라이 가즈코寺井和子와 만나 두 사람 모두 본가로부터 절연을 당한 뒤에 결혼, 셀 수 없이 거처를 옮겨 다녔다. 부모는 사실혼인데 그것을 인지받지 못했던 그녀는 어머니의 일본 국적을 이어받았다. 어린 그녀의 기억에는 없지만 고서점 뒤의 자택은 1945년 9월 미군 상륙 후, 좌파에 대한 탄압이 격화된 남측으로부터 도망쳐 온 '망명자'들이 임시로 머무는 장소가 되었다고 한다.

그녀가 5세 때, 일가는 조련의 지시로 요코스카 미카사橫須賀三笠의 조선인 마을로 이주했다. "바닷가에 있는 미군의 무기 창고였던 판잣집에서는 바다 맞은편에 군함이 보였습니다. 일고여덟 동이었던 창고를 베니어합판으로 칸막이를 해서 살았습니다. 합판이 한 장이라서 동거 생활 같았어요. 이웃이 무엇을 하고 있는지가 훤히 다 보여서, 구멍을 뚫어서 이웃 아이와 놀거나 했어요."

박정혜는 요코하마橫浜로 이사하기 전까지 약 7년 동안을 거기서 지냈다. 유소년기의 기억에는 동포 모두가 가난해서 서로 돕고 살아가는 모습이 남아있다. "어쨌든 가난했기 때문에 모두 바다에 가서 조개를 모아서요, 냉장고 따위는 없으니까 건조식품을 만들거나 했어요. 마을 바로 앞에 청과시장과 부두가 있어서, 시장에서 손을 거들어 주고요, 장사가 끝난 후에는 땅에 떨어지거나 팔고 남은 배추라든가 양배추라든가 무를 얻어서, 다 같이 김치를 만들거나 했어요. 사과를 한가득 손에 넣으면, 다 함께 잼을 만들기도 했어요. 시장에서 손을 거들어주고 수박을 받아서 다 같이 먹었던 일도 기억이 납니다. 그리고 작은 배가 고기를 잡아 오면요, 그 시간에 모두 양동이를 들고 안벽에 가서, 뱃짐을 부릴 때에 떨어지는 생선을 주워와서 함께 요리를 해서 먹었어요. 먹을 수 있을 때는 함께 먹고, 먹지 못할 때도 모두 함께 굶었던 생활이 인상에 강렬하게 남아있습니다.”

청과시장과 부두 맞은편에는 미군기지가 있고, 그 앞에는 미군용 주택이 줄지어 있었다. 전승국의 거점은, 마을의 조선인에게 있어서는 ‘보물이 많은 산’이었다. 해가 기울면 여성들은 부지 내에 몰래 들어가 ‘쓰레기’를 가지고 돌아왔다. 요긴한 것은 물자 운반용 나무 상자이다. “못이라든가 쇠 장식은 녹이거나 부수어서 팔고, 남은 것은 집수리에 사용합니다. 그걸로 ‘집’을 지었던 사람도 있었습니다.” 가계를 돕기 위해, 어린 그녀도 청과시장에서 손을 거들거나 어른들 틈에서 함께 떨어진 생선을 주웠다. 부정 유출된 미군 물자의 매매도 중요한 생계 수단이었다. “아키하바라秋葉原에 그것을 매입하는 가게가 있었어요. 암시장입니다. 나도 소풍 가듯이 냅색knapsack을 메고, 그 속에 위스키나 치즈를 넣었어요. 어머니에게 “만일 붙잡히면 모르는 아주머니에게 받았다고 말해야 돼!”라고 거듭 다짐받았어요.(웃음) 단속이 심해져서 그만두었지만 일이 없었기 때문에, 일반적이지 않은 일이라도 하지 않으면 먹고 살 수 없었던 것이, 어린아이였지만 생각이 복잡했어요…….”

기지에는 ‘위안소’가 딸려 있다. 그녀는 미군이 몸치장을 한 여성들을 데리고 다니는 광경을 기억하고 있다. "환락가에도 '백인거리'와 '흑인거리'가 있었는데요, 잘못 들어갔던 건지 흑인이 피투성이로 쓰러져 있던 것을 기억하고 있습니다. 같은 군대에서도 흑인에 대한 차별이 있었어요. 어렸지만 나름대로 느끼는 게 있었습니다. 구두닦이를 하는 아이가 있었는데 추잉껌을 씹던 미군이 건방진 태도로 탁하고 발을 올려놓는 거예요. 그 일로 나는 지금도 껌을 씹고 있는 사람은 안 될 사람으로 여겨요. 해서는 알 될 말이지만, 우리들은 미군이 길을 지나면 '미국놈'이라고 말했었어요." 조국을 빼앗고, 이름과 문화를 짓밟고, 전쟁에까지 동원했던 일본인들을 '왜나라 놈들', 다시 말해 왜놈이라 불렀던 것을, 새로운 지배자 '미국'에 적용시킨 것이다.

"일하는 여성에 대한 차별도 있었어요. 카바레에서 일하고 있던 사람은 가난한 지역에서 온 일본인 여성으로, 미군을 상대로 몸을 팔아서 가족을 부양했어요. 미군의 아이를 낳았던 사람도 많았지만 경멸하는 시선이 있었습니다. 나는 어린아이였음에도 저 사람들도 열심히 살아가고 있다고 생각해서 오히려 응원했어요. 우리 마을에서도 여성들이 필사적으로 해냈어요. 파친코 경품 구매로 붙잡히기도 했어요. 일본인이든 조선인이든 배우자를 험담하거나 폭력을 휘두르는 남자가 있거든요, 이 사회에서는 여성이 존중받지 못한다고 생각했습니다."

지역에는 미군과 일본인 사이에 태어난 아이도 있었다. 기지 마을의 필연이다. 오키나와에서 뿌리 깊은 아메라시안Amerasian에 대한 차별이 있는 것처럼, 지배자에 대한 반발은 자칫하면 아이들에게로 향한다.

"혼혈아에 대한 차별은 일본인과 조선인을 불문하고 심했어요. 길을 지나갈 때 지역의 개구쟁이(악동)들이 '잡종', '혼혈'이라 놀리거나 돌을 던지고, 괴롭히고 넘어뜨렸습니다. 나 자신이 혼혈아지 않습니까. 몸이 움츠러들고 화가 났어요. 더욱이 아이들은 같은 혼혈아일지라도 흑인과의 사이에서 태어난 아이를 괴롭혔습니다. '깜둥이'라고 말하면서."

'미국놈'에 대한 반발은 강했다. 그렇다고 하더라도 즐거운 추억도 있다. 크리스마스에는 지역의 모든 아이들이 군함에서의 파티에 초대받아서 박정혜도 몇 번인가 참가했다. "아이들 무리가요, 맛있는 걸 배불리 먹고 좋아하는 걸 가지고 돌아가면 날아갈 듯 기분이 좋아졌어요. 이게 기뻤어요. 아니, 이러니저러니 해도 어린 아이예요.(웃음)"

관헌의 탄압 아래에서

마을 한복판에는 동포들의 기반인 '요코스카 조선초등학원橫須賀朝鮮初等學院'이 있었다. 조선인학교이다. 1949년 봄에 그녀도 입학했는데 그때 데라이 아키코寺井章子라는 이름을 박정혜로 바꿨다. 하지만 동포들에게 둘러싸인 편안하고 한가로운 학교생활은 반년밖에 지속되지 않았다. 같은 해 11월 어느 아침, 수업 중에 몇 대나 되는 트럭이 학교 부지 안으로 진입해 들어왔다. 강제 폐쇄였다. 박정혜가 기억하고 있는 것은 신체를 에는 듯한 사이렌

소리와 몸통을 뒤흔드는 엔진의 웅웅거리는 소리, 책상을 붙들고 있는 어른들을 무장 경찰이 한 사람씩 끌어내고, 목덜미가 붙잡힌 학우들이 마치 고양이와 개처럼 방출되는 모습, 그리고 학교의 문과 창문에 차례로 판자를 박아버리고 간 광경이다.

"간토 대지진에서의 조선인 학살의 이미지로 봤습니다. 물론 경찰 중에도 좋은 사람은 있겠지만 그때의 기억 때문인지 나는 경찰은 정말 싫습니다. 동요 중에 〈강아지 경찰 아저씨犬のお巡りさん〉라고 있잖아요. 그거 아이에게 절대로 부르지 못하게 했어요. "강아지 경찰 아저씨라니 말도 안 돼요, 그런 노래 부르면 안 되죠!!" (웃음) 어렸을 때에 저런 일이 있었기 때문에 나는요, 경찰에 대해 나쁜 인상이 너무 강하거든요."

사건을 보도한 《가나가와신문神奈川新聞》의 표제는 "현하 조선인학교 폐쇄 완료". 5일 후의 속보續報는 각 학교에 대한 '수용' 상황이다. 그 이후에는 "교내에서 방가 난무 요코스카시 조선인 학동에게 애먹다", "우왕좌왕하며 망연, 수업은 중지 상태 조선 학동 데모 점점 가열되다" 등의 표제가 붙는다. 이것이 다수파의 인식이었다. 재일조선인에 대한 탄압은 가열되고, 박정혜의 마을에서도 권력과의 대립은 첨예화된다. 아버지는 그 선두에 있었다. 집으로 돌아와서 도청기를 찾는 것은 일상의 풍경, 아버지가 길에 구멍을 파서 어떤 서류를 묻고 있는 모습도 선명하다고 한다. 극비 회의에도 자주 데려가고, 회의 중에는 회의가 열리는 집 앞에서 깔개를 펼치고 소꿉놀이를 했다. 공사가 다망한 활동가였던 탓에, 조금이라도 함께 있어 주려고 한 부모의 마음이었을지도 모르지만, 그녀에게도 '임무'는 있었다. 관헌의 움직임을 알리는 '파수꾼'이다. 쓸모가 있다.

"그때는 회합에도 들어갔던 것 같아요. 내가 기억하고 있는 것이요, 어린 동지들과 소꿉놀이할 때에도, 내가 "그러면 회의를 시작합니다. 진행은 내가 합니다." 하고 말했던 것 같아요.(웃음)" 어머니도 열렬한 활동가였다. "몸에 조선전쟁 반대 전단을 감고 옷을 입어서 숨기고 미군기지로 뿌리러 갔어요. "부두에 다녀올게."라고 말해서 알았어요. "시간이 지나도 돌아오지 않으면 사진관에 가서 엄마가 돌아오지 않았다고 말해라."고 했어요. 공산당 위원장이 사진관을 하고 있었거든요. 그래서 그리로 가라고 한 거예요."

'가택 수색'의 횟수도 늘었다. 검정 일색의 경찰대가 마을을 포위하고 신발을 신은 채로 집 안으로 들어왔다. 어린 마음에 느꼈을 공포는 충분히 헤아리고도 남는다. 마을의 여성들은 온 힘을 다해 관헌에 맞섰다. "경찰이 다가오는 것이 보이잖아요, 그러면 "네놈들 따위에게 줄까!"라고 고함을 치고 잇달아서 막걸리 독을 뒤집어 엎는 어머니도 있었고, "가져가!"라고 외치는 어머니도 있었어요……." 마루와 벽이 떼이고, 그렇지 않아도 변변치 않은 판잣집이 순식간에 본래의 형태를 잃는다. 필사적으로 쌓은 생활의 기반이 잡초가 잘려 나가듯이 붕괴되는 것이다. 목적은 좌파 세력의 정보 수집, 그리고 자이니치가 살아갈 전망을 무너뜨리는 데에 있었다.

"마을에는 막걸리 냄새가 진동하고요, 집은 이제 기둥의 골조만 남았어요. 길에는 판자가 어질러져 있고…… 무서웠어요, 조선인은 인간 취급을 받지 못하구나 하고 생각했어요. 요즘 TV의 형사 드라마에서 영장을 가지고 가택수색을 하려고 들어가는 장면이 있잖아요. 그러면 나는 '가소롭군.' 하고 생각합니다. 조선인에게는 전혀 저렇게 하지 않았기 때문에……."

그렇다고 해도 먹지 않을 수는 없다. 사람들은 번화가의 잔반을 모아서 돼지를 기르고 술을 제조하고, 넝마나 고철을 모아서 돈으로 바꾸었다. 금지 제품을 매매하는 사람도 있었다. 그녀도 가계를 도왔다. "나도 뭔가 해야 한다고 생각해서 허리에 자석을 끈으로 묶고 여기저기 돌아다니면서요, 달라붙는 고철을 모았어요. 그걸 비싸게 팔 수 있었지만요.…… 그 배경을 성장해가면서 알게 된 겁니다."

철의 가격이 상승했던 것은 조선전쟁의 영향 때문이었다. "내가 하루 종일 모은 철이 아마 동포를 죽이는 무기가 되었던 거겠죠. 스스로를 질책해도 소용이 없었지만요. 이 근처에서 낫토, 먹는 낫토가 아니에요. 너트nut를 만들었어요. 그것이 무기가 되었단 걸 생각하면 괴롭고 화가 납니다. 우리들은 그런 일을 하지 않으면 밥을 굶어야 하는 상황이었는데, 그걸로 일본은 부흥해갔어요. 그 후에 만난 일본인들은 괜찮았기 때문에 "일본인은!"이라고 싸잡아서 비난하지는 않지만요." 가난한 가정에서 태어나서 고생하는 부모를 도와서 고철을 모았다. '그리운 추억'이 되는 이런 류의 행위가 성장해감에 따라 그녀를 괴롭히고 있는 것이다.

한편, 동포들의 필사적인 노력으로 '배움'은 계속되었다. 때로는 야외 수업으로 학업을 유지하고 행정 당국과 교섭한 결과, 조선학교는 요코스카 시립 스와소학교諏訪小學校 분교의 자격을 부여받아 재개했다. "선생님들은 헌신적이었습니다. 무보수였기 때문에 각 가정에서 차례대로 돌아가면서 식사를 제공하고, 저녁에 가정 방문을 오는 게 즐거움이었습니다." 법적 지위를 부여받은 일본 공립 학교이다. 민족 과목 이외에는 일본인 교원이 수업을 했다. "조선으로 돌아가라."고 공언하는 일본인 교사가 있는 한편, "조선은 하늘과 강이 아름답고, 인정이 넘치는 멋진 곳이다."라고 설명하는 교사도 있었다.

'같은' 일본인의 입에서 나온 '긍정'이 어린 마음에 큰 힘이 되었을 것이다. 박정혜가 매우 좋아하는 〈고향의 봄〉을 가르쳐준 사람도 그런 일본인 교사이다. 교사는 조선의 자연 풍경을 설명하면서 노래의 세계로 그녀를 이끌었다. 이때 떠오른 사람이 아버지였다. "아버지와 이야기했던 기억은 거의 없지만, 한번은 고향의 농촌 지대에 관해 말해준 적이 있었어요. "정혜야, 조선의 하늘이 얼마나 푸른지 아니? 일본인은 저고리가 화려하다고 말하지만, 저 푸른 하늘에 초록과 빨강, 노란색이 말이지, 빛나는 거야."라고요." 이 노래는 그녀를 아버지의 고향으로 데려가는 동시에 일본 사회에서 살아갈 전망을 이어간 그때의 기쁨도 환기시킨다. 이것이 이후에 일본인 교사에 대해 민족 강사들이 품고 있는 경계심과 반발을 설복시키고, 일본인과 함께 일하면서 민족교육운동을 추진하는 박정혜의 원체험이다.

활동가의 가정

　박정혜는 중학교, 고등학교와 민족학교에 다녔지만 당시에는 교사를 목표로 하지 않았었다. "처음에는 간호사나 영양사 같은 기술직을 생각하고 있었습니다. 자립하여 다른 사람에게 좌우되지 않는 인생을 보내고 싶었거든요." 이는 아버지라는 존재의 영향력 때문이다. 확고한 신념을 지닌 민족활동가로서 알려져 있던 아버지는 박정혜의 눈에는 가정을 일절 돌보지 않는 '폭군'으로 비쳤다.

　"좀처럼 집에 안 계셨어요. 어디에 갔는지도 모르고 며칠이 지나도 돌아오지 않아요. 어머니가 일하러 나갔기 때문에 식사 준비는 소학교 때부터 내가 했습니다. 일본인인 어머니가 상당히 노력해서 근처에 있는 사람들에게 조선 요리를 배워서요, 정성스레 만들었는데도, "(자신의) 어머니의 손맛은 이렇지 않아."라고 아무렇지 않게 말해요. 어째서 "맛있게 만들었군."이라는 말 한마디도 하지 않을까 하고 생각했어요. 경제적으로도 어머니에게 고생만 시키고요. 폭력은 전혀 휘두르지 않았지만 활동가만큼 가정 내에서 봉건적인 사람도 없다고 여겼어요. 다 같이 저녁 식사하면서 즐거웠던 기억이 없습니다. 아버지는 귀가가 늦었지만, 당시에는 가난하기도 했고 다시 데울 수도 없었기 때문에 식사에 모포를 감아서 식지 않도록 해서 기다렸던 겁니다. 그걸 보니 더 화가 났어요. 때문에 나는 활동가가 매우 싫었습니다. 그야, 운동이 없으면 앞으로 나아갈 수 없지만, 자칫하면 활동가는 가족을 희생시키잖아요. 결국은 나 자신도 활동가가 되었지만요.(웃음)" 그 세대에서는 드문 이러한 젠더 감수성은 아버지를 반면교사로 하여 형성되었던 것이다.

DPRK를 살아갈 방편으로, '민족을 위함'을 모든 것의 기준으로 삼았던 아버지는, 일본 공산당 지도 시대의 '일국일당 노선'에서 '조국 직결'로의 노선 전환에 순응하지 않아서 조직으로부터 비판을 받고, 실의에 빠진 뒤 병을 얻어 젊은 나이에 돌아가셨다. 박정혜가 그 존재를 대면한 것은 그 이후의 일이다.

자립을 목표로 삼은 그녀는 추천 범위에 있던 일본의 대학을 지망하고 있었다. "하지만 담임이 안 좋은 사람이라(웃음), 조선대학교의 마감 직전에 내밀하게 어머니와 상담했던 거예요.(웃음)" 설득이 시작되었다. "'나는 일본인이라서 너에게 조선인으로서 배워야 할 것을 아무것도 가르쳐줄 수 없었어. 대학은 인간이 어떻게 살아가야 하는가를 배우는 곳이니까, 조선대학교에서 조선인과 친구가 되어 다양한 것을 배웠으면 좋겠어.'라는 말을 들었습니다." 어머니는 집요했다. "부모도 가족으로부터 의절을 당해서 친척과의 왕래가 없잖아요. 어머니는 나의 아이덴티티가 불안정해질까봐 걱정했던 모양이에요. 어머니가 아무리 열심히 해도 조선인 가정에서 태어나 교육받지 않으면 알 수 없는 습관 같은 게 있잖아요. 가령 요코하마에 살았을 때, 이웃집에서 제사를 지낼 때 과일 윗부분을 잘라서 올리는 거예요. 다음날에 나눠줘서 받았지만 모두 쥐가 갉아먹은 것 같아요. "이왕이면 조금 더 조심하면 좋겠다."고 두 사람이서 말했더니, "이거, 쥐가 한 게 아니라 하늘에서 내려오신 선조께서 잡수시게 하기 위해 깎지 않으면 안 되는 거야."라고 하는 거예요. 나는 그 사실을 결혼하고 나서 알았어요.(웃음)"

결국, 조선대학교 문학부에 진학했다. 조선문학을 전공하고 독서에 몰두했다. "고전에서의 조선의 여성상을 탐구하려고 했어요. 자이니치 사회에서도 남녀차별이 심한 것을 봐왔기 때문에 이를 극복하려고 맞선, 자립한 여성상을 동경했어요. 조선만이 아니라, 중국 문학도 많이 읽었습니다." 동 세대 동포와도 종종 이야기했다. 화제는 자연히 각자의 내력에 다다른다. 박정혜는 그때까지 자신의 내력을 거의 말하지 않았다. "학교나 마을의 바깥에서는 왠지 모르게 내가 '혼혈'이라는 걸 말하기 어려웠어요. 친구에게 학교에서 어머니와 할머니의 이야기를 들으면 부러웠습니다. 어째서 아버지는 일본인과 결혼했을까, 왜 어머니는 조선인과 결혼했을까 하고 생각했습니다. 학교에서는 아버지의 이야기만 했기 때문에 '편부 가정'이라고 여겨졌을 거예요. 미안한 마음이 들었지만 어머니에 관한 것은 말하기 어려웠어요. 일본인 사이에서는 어머니 이야기만 해서요, '편모 가정'이라고 여겼을 거예요." 당시의 박정혜에게 자신의 출신은 아이덴티티의 불안정함이자 기댈 수 있는 유일한 거처였다.

과감하게 목 안에서 말을 밀어올렸다. "'나, 실은 어머니가 일본인이고, 일본 국적이야.'라고 말했어요. 그랬더니 당시에도 사실 일본 국적인 아이가 네댓 명이나 있었던 겁니다." 친구가 생겼다. 그녀는 부모의 판단에 따라서 일본 국적을 취득했지만, 민족 단체와의 만남으로 뿌리에 대한 생각이 움텄고, '더욱 민족적인 사람이 되고 싶다.'는 바람으로 조선대학교에 진학했던 것이다.

국적 이탈

일본 국적 이탈을 결심한 전환의 시기가 왔다. 한일조약이다. 유상무상의 경제 지원과 맞바꿔, 한국은 '대일청구권'을 포기하고 국교를 정상화한다. 미국의 동아시아 전략을 담당한 두 나라에 의한 '해결'은, 지금에 이르러서도 화근이 되고 있는 하나의 '원점'이다. 당사자 부재의 '보스 교섭ボス交渉'*으로 피해자가 더욱더 상처를 입는 상황은 지금도 변하지 않았다. 2015년 말, "위안부" 문제'를 둘러싸고 강행된 파렴치한 두 국가 간의 '담합'이 바로 그 전형이다.

1962년 가을, 그 이전 해의 군사 쿠데타로 사실상의 독재체제를 확립한 박정희의 오른팔 김종필이 바로 그 '청구권' 교섭으로 일본에 왔다는 보도로 인해, 조선대학교 학생들은 격분했다. 그녀와 친구도 전세 버스에 올라타고 항의하러 갔다. 정신을 차려 보니 경계 검문소가 있었다. "경찰관이 와서요, "전원, 내려서 외국인등록증을 제시해. 가지고 있지 않은 자는 연행한다!"라고 건방지게 말하는 겁니다. 나와 친구는 일본 국적이기 때문에 외국인등록증을 가지고 있지 않았습니다. 둘이서 서로 얼굴을 마주 보고 "어떻게 하지…… 우리는 가지고 있지 않은데……"라고 했어요. 학생들이 격하게 항의해서 결국 외국인등록증은 제시하지 않고 끝났지만, 그건 내가 국적을 의식한 최초의 체험이었어요. 어렸죠. 일본 국적으

* 대중들 없이 대표들이 사안을 결정하는 것을 의미한다.

로 민족학교에 다니고 있었는데도 그때까지 생각한 적이 없었으니까요. 그건 그렇다 치더라도 또 경찰인거죠.(웃음)"

나는 왜 일본 국적인 것일까. 왜 등록증이 없는 것일까. 일종의 결핍감은 국적 변경에 대한 마음으로 변해갔다. "젊어서 단순했습니다. 완전한 조선인이 되고 싶었기 때문에 등록증이 있으면 된다고 생각했어요. 내가 조선적이 되려고 한 이유는 그것뿐입니다." 박정혜는 쾌활하게 웃었다. 친구와 둘이서, 조선적으로의 변경을 결심하고 그녀는 부모님에게 알렸다. "동포 사회에 기반을 두고 살기 위해 일본적을 이탈하고 싶어요."

"어머니는 전면적으로 찬성해주었어요. 아버지는 가만히 내 얼굴을 보고 "정말로 그럴 생각인 거야?"라고 묻고는 그걸로 끝이었어요." 어머니의 호적을 가져와 국적 이탈의 이유를 기입하고, 보증인을 구한 뒤, 방대한 서류를 혼자서 다 썼다. "엄청난 양이었어요. 1972년에 아버지가 돌아가셨을 때, 정신이 없어서 외국인등록의 갱신이 늦어져서요, 니시나리西成 경찰서에 불려가서 조서를 썼던 적도 있었고, 그때 당시 서류 뭉치를 눈앞에 내려놓았는데, 이 정도 있었어요." 그렇게 말하며 그녀가 들어 올린 손바닥과 책상 사이 간격은 20cm 정도였다.

덧붙여 말하자면 이 '조사'로 그녀는 한층 더 경찰을 싫어하게 되었다. "가족 관계라든가 일이라든가 관계없는 것만 질문해서요, 화가 나서 대답하지 않았더니 "아니, 박 씨가 말하지 않아도 다른 조선 사람이 말해주기 때문에 알고 있어요."라고 해요. "그렇다면 왜 묻는 거예요!"라고 응수했어요. 그러자 "그렇다면 뭡니까? 벌금

이든 뭐든 할게요."라고 화를 냈더니, "또 집에 들르겠습니다." 하고 말하는 겁니다. 농담이 아니에요. 그래서 "오지 않아도 됩니다. 등록 교환이 늦었지만 이유가 있지 않나요! 아버지가 돌아가셔서 분주했기 때문이에요."라고 했어요. 집에 돌아와서도 분을 삭히기 어려웠어요."

요코하마 구청에서 일본 국적을 이탈하고, 그 증명서를 손에 넣음으로써 외국인등록을 끝마쳤다. 담당관의 태도를 떠올리면 지금도 분통이 터져요. ""정말 괜찮겠습니까?"라고 몇 번이나 반복해서 물었습니다. "조선인은 모두 일본인이 되고 싶어 하는데, 어째서 당신은 조선인이 되고 싶은 겁니까?"라고 의아하다는 듯이 묻는 겁니다. 속으로 얼마나 고민하고 친구와도 같이 이야기했는지 알기나 할까 하고 생각했어요. 애초에 우리들 자이니치의 국적란을 복잡하고 까다롭게 만든 것은 일본 정부인데. 지금도 그 담당자의 얼굴은 확실히 기억합니다. 정말 화가 많이 났었어요."

어떻든 간에 박정혜는 인생의 재출발을 할 수 있었지만, 친구는 문전박대를 당했다. ""일본인이 되고 싶어서 '귀화'한 사람이 국적을 이탈하는 것은 있을 수 없다."는 말을 들었다고 해요. 그녀의 의지가 아니었는데⋯⋯." 아버지로부터 인지받지 못했던 박정혜의 경우, 새로운 인지 수속을 한 뒤 6개월 이내에 한해, 당시의 한국 국적법(조선적자에게도 일률적으로 통용되었다.)을 근거로 한 일본 국적 이탈과 외국인등록이 가능했다. 그러나 한 집안이 모두 '일본 국민'이 되었던 친구의 경우에는 거기서 빠져나올 길이 없었던 것이다.

사실 친구가 조선적 취득을 결심한 이유는 조선대학교에서 만난 연인이 있었기 때문이다. 친구는 조선적을 취득해서 연인과 함께 DPRK로 귀국하려 했다. 꿈은 제도라는 벽에 막히고, 그 연인은 결국 그녀를 남겨두고 귀국했다. 이후에 만난 새로운 연인도 귀국을 희망해서 다시 신청했지만 그것도 거부당했고, 연인은 또 그녀를 일본에 남겨둔 채 바다를 건너갔다. '일본인 부인'의 자격으로 귀국도 가능했지만 학생끼리의 결혼은 논외였다. 그녀는 두 차례 자살 미수를 일으켰다. 이후 직장에서 알게 된 일본인 남성에게 프로포즈를 받았다. 결혼하는 조건은 '아이를 낳지 않는 것'이었다.

"왜 그런 조건으로 결혼했던 것인지를 물었더니, "내가 겪은 고뇌, 괴로움을 체험할 아이를 낳고 싶지 않아서……"라고 말하는 겁니다. 그 후, 그녀는 결국 이혼해버리고 말았습니다. 부모가 '귀화'한 아이는 가엾습니다. 자신이 선택할 수 없는 거니까요. 나중에 민족학급에서 몇 번이나 논의되었지만 괴로웠어요. 할 말이 없었어요. "국적으로 인격이 규정되는 것은 아니야. 조선적, 한국적, 일본적이라고 정치적으로 규정내려졌던 거지 민족은 하나니까, 어떻게 자기 자신답게 살아가는가가 문제이지 않아?"라고 말은 했지만, 내 생각은 달랐어요. 거기에 구애되어 있는 것은 일본 사회의 억압입니다. 뿌리를 자각하여 자신이 희망한 경우에는 국적을 되돌릴 수 있는 제도를 만들어야 한다고 생각합니다."

동포 사회에 뿌리를 내리고 살아가겠다는 결의는, 대학의 실습으로 방문했던 각지의 동포 커뮤니티에서 더 확고해졌다. 어떤 문맹 퇴치 교실에서의 실습 체험은 지금도 선명하다. "숫자 공부를 하고 있을 때, 어떤 할머니가 '5'라고 하면서 종이에 박정혜의 '정正'

자를 한 면에 빼곡하게 쓰고 있는 거예요. 문자를 쓸 수 없는 겁니다. 그런 사람이 많았어요. 내가 조선대학교를 졸업하고 동포 사회에서 뭔가 할 수 있지 않을까 하고 생각했습니다."두 명의 동생은 DPRK로 귀국하고, 아버지는 그녀에게도 귀국할 것을 촉구했지만 "재일 동포에게 공헌하고 싶다."라고 하며 거절했다. 졸업 후에는 민족학교 교사가 되어서 근거지인 요코하마에서 경험을 쌓았다. 사생활도 덧붙이자면 제주도 출신 1세 남성과 결혼했다.

민족학급

결혼을 계기로 오사카 조선학교로 전근, 출산휴가였던 1972년 10월에 오사카시 니시나리구에 있던 박정혜의 집에, 아버지의 동지이자 조선장학회(소속단체와 사상 신조를 불문하고 자이니치학생에 대한 장학지원을 행하는 중립단체) 이사인 이은직李殷直이 찾아왔다. 그는 대면하자마자 곧바로 말했다. "이번에 나가하시소학교長橋小學校에 민족학급을 만드는 데 관여해보지 않을래?"

'민족학급'. 그 연원은 1948년 봄, GHQ와 일본 정부의 지시를 받아 지방 군정부와 도도부현이 강행했던 조선인학교 폐쇄조치에 있다. 필사적인 저항운동과 교섭의 결과로 오사카에서는 조선인 측과 행정 당국 간에 이른바 '6·4각서'를 맺고, 공립학교에서도 과외로 주당 몇 시간이나마 조선어와 역사, 문화의 학습을 인정했다. 이것이 '각서 민족학급'의 기원이다. 조선인에 의한 투쟁의 '성과'였으나 견해를 달리해보면, 그것은 잇단 항의를 수습하기 위해 당국이 제시한 '타협안'에 다름 아니었다. 당초 오사카에는 조선인학교가 전국에서 가장 많은 33개교가 있었지만 당국과 현장의 몰이해로 인해 점점 줄어들었고, 그 당시에는 3분의 1로까지 쇠퇴해가고 있었다. 당국의 자세가 드러나는 대목임을 알 수 있다.

박정혜는 곤혹스러웠다. "주 2시간을 과외로 하는 것보다 하루 종일 공부하는 민족학교에 가는 게 목적의식을 달성하는 데 수월하잖아요. 얼른 이해가 안 되는 게 솔직한 심정이었어요. 민족학교로 전교해서 하루 종일 학습하는 쪽이 효과가 있을 텐데, 어째서 민족학급인걸까 하고 생각했죠." 당시는 일본교직원조합日教組도 조선인 아이들에게 민족학교로의 전교를 권유하는 것을 방침으로 삼았다.

그러자 이은직은 일본학교에 다니는 조선인 아이들의 상황을 설명하기 시작했다.

"정혜는 이해하기 어려울지도 모르지만 일본학교에 다니고 있는 아이는 먼저 출신을 숨겨. 알려져 있는 아이에 대한 차별이 장난이 아니야. "저쪽으로 꺼져."라는 말을 듣기도 하고 목소리조차 내지 못하는 아이도 있어. 그러한 아이들은 급기야 아버지와 어머니를 부정하게 돼. 조선학교에 가는 아이만이 동포와의 유대를 지니고 가슴을 펴고 살아가는 것이 아니라 지역의 아이 모두가 자신감을 갖고 살아가지 않으면 안 되겠지? 이 아이들에게 민족교육이 필요하지 않겠니?"

그들 만남의 '결정타'였다. "그런 말을 들으니 거절할 수 없었어요. 나중에 엄청난 일을 당했지만요.(웃음) 무엇보다 그때는 곤혹감이 컸어요. 공립학교에 가는 아이의 실태를 몰랐어요. 나는 조선인 마을에 살았고 조선학교에 다녔기 때문에 일본 애들과 문제가 생기면 친구랑 같이 싸워서 혼내줬죠. 차별을 견디고 참는다는 경험이 없었습니다. 뭐 어쨌든 일 년 정도는 하고 생각했죠.”

쇠퇴 경향에 놓여 있던 민족학급을 다시 고양시킨 것은 나가하시소학교에서의 민족학급 개설 운동이었다. 그것은 여러 생각과 사건, 요행이 교착된 지점에서 발생했다. 하나는, 1960년대 이후로 본격화한 동화대책사업의 흐름이다. 나가하시소학교는 통학구역에 거대한 피차별마을을 가지고 있었다. 해방운동의 결과, 1969년에는 일정액의 학용품 지급과 학력 보충수업을 쟁취했지만 그것은 어디까지나 동화대책사업으로 재학생 20%를 차지하는 재일조선인 아동은 배제되었다. 다른 것도 아닌 차별제정조치가 낳은 피차별자 간의 ‘격차’로 인해 조선인 아동으로부터 분노의 목소리가 높아졌다. 당시 나가하시소학교 교원, 오타 도시노부太田利信는 다음과 같이 말했다. “최초의 불만은 학력 보장이 아닌 ‘간식’이었어요. 오후 3시에 시작되었기 때문에 보충학급에서는 쿠페빵과 흰우유가 아닌 후르츠우유와 롤빵이 간식으로 나왔습니다.” 민족교육사상, 운동은 ‘먹는 것’으로부터 시작되었다.

보호자의 불만도 잇따랐다. “우리들의 아이에게도 학력 보장을 해주세요!” “나가하시는 “차별을 없앴다.”고 하지만 이것은 차별이 아닌가!” ““보충에 들어가고 싶어!”라고 아이들이 울며 매달립니다.” “집단등교를 시키고 있는데 왜 하교는 제각각 하는가!”

오타의 마음은 복잡했다. “학력 보장은 필요하지만 현장에서 본 중요한 과제는 거의 대부분이 통명으로 통하는 민족성의 억압이었어요. 가능하면 민족학교에 다니고, 공립학교에 다니면 되도록 본명을 사용하고 가능한 한 가정 내에서 언어와 문화를 가르치길 원했죠. 그래도 가정방문에서 이를 말하면 "폐쇄령으로 일본학교에 가게 해놓고 이번엔 쫓아내는 건가.", "본명을 밝히게 해서 차별당하면 책임을 질 것인가.", "해방동맹과 교사가 차별하는 건가!", "말만 번지르르하게 하지 마!" 하고 야단맞았어요……." 실제로 그해의 자이니치보호자집회는 이들의 노호로 유회했다.

"감옥의 열쇠"로서의 언어

그러던 중 '사건'이 일어났다. 1971년 아동회 선거에 5학년생의 자이니치 학생, 남인南仁이 본명으로 입후보했던 것이다. "나가하시에서는 부락 차별에 대해서는 자주 말해지지만 조선인 차별은 잊고 있습니다. 나는 조선인 차별을 없애기 위해서 입후보했습니다!" 오후 3시 하교 지시를 철저히 거부하고 보충학급의 왜건 차량을 습격해서 '간식'을 탈취한 불량청소년이며 솔직한 성격의 남인은, 타고난 행동력으로 각 학년으로 지지를 넓혀 당당히 2위 당선을 달성했다.

그것과 병행하는 형태로 오사카시립중학교장회에서 작성한 소책자 『연구부의 행보』의 차별 기술문제가 표면화되었다. 책자에는 "외국인 자제 교육의 실태와 문제점"이라는 항목이 마련되어 "언어 사용, 복장은 조잡, 거짓말도 태연하게", "기본적 생활습관이 재수 없다", "비행 청소년들, 비행 학생이라고 하면 반드시 주역이 되어 그 역할을 다한다" 등, 사회, 역사적 배경에 대한 고찰을 결여한 온갖 욕설이 열거되어 있었다. 해방교육에 몰두한 교원들은 "차별문서다."라며 성난 목소리를 드높였고, 이것이 신문지상에 소동이 되었다. 이 문제를 추궁한 교사들은 '공립학교에 재적하는 재일조선인 아동·학생 교육을 생각하는 모임'을 결성, 해방교육을 주장하면서 조선인을 방치하고 있었던 자신들의 기만에 대해서도 들여다보기 시작했다. 오타도 그중 한 사람이었다. 이 움직임이 나가하시와 얽혀들어 간다.

다음 해 아동회 선거에는 남인에게서 촉발된 여러 명의 조선인 아동이 민족명으로 입후보, 당선됐다. 그들은 조선문제연구부를 결성, 이름과 문화, 역사를 배워가면서 자연스럽게 "조선인 선생님에게 배우고 싶다."는 목소리를 내게 되었다. 거기에는 어떤 우연이 겹쳐 있었다. 남인과 그 친구들이 배우는 6학년 '국어' 교과서에 알퐁스 도데의 「마지막 수업」이 실려 있었다. "덕목주의가 아닌 조선인 역사와 관련지어 가르치고, 마지막은 조선인 강사를 초빙해 강연회를 열자고 결정했습니다."(오타)

프로이센·프랑스전쟁에서 프랑스가 패하고 프로이센령이 된 알자스에서 최후의 프랑스어(국어) 수업을 하는 교사와 학생에 관한 이야기이다(애초에 알자스어라는 독일어 방언 중 하나를 모어로 하는 알자스의 아이들에게 프랑스어를 '국어'로 가르치고 있었다는 점을 자명하게 여긴 작품의 문제점은 이제야 지적되고 있지만 당시의 인식은 달랐다. '점령자'에게 '국어'를 빼앗긴 자들의 정신적 저항을 그린 감동의 이야기로 읽히고 있었다).

아이들이 받은 충격은 강렬했다. 작품 속에 나오는 '감옥의 열쇠'를 찾으려고 한 아동은 이런 감상문을 썼다. "조국에 관한 공부를 내일부터 할 수 없게 되었기 때문에 국어, 말하자면 '감옥의 열쇠'를 손에 쥐려고 하고, 언어를 기억하려고 했던 것이다. 지금 우리들은 그들과 마찬가지다. 그러나 지금의 우리들은 '감옥의 열쇠'를 갖지 못했기 때문에 감옥문을 열지 않으면 안 된다."

그리고 조선장학회 이사 조기형曺基亨의 강연회가 열렸다. 이것이 민족학급 개설의 승부수가 된다. 아동이 많은 강연은 2부 형식으로 진행됐다. 전반을 끝내고 교장실에서 휴식을 취하고 있는데 전화가 울렸다. 갖은 수를 써서 조기형이 있는 장소를 알아낸 교도통신共同通信 기자로부터 걸려온 담화 취재였다. "조기형은 풍채가 좋고 목소리도 타고날 때부터 큰 분이었으나 잠깐 사이에 목소리가 높아졌고 수화기를 쥔 손이 떨리고 있었습니다."(오타) 그날은 1972년 7월 4일이었다. 서로를 타도의 대상으로 삼아온 남북 정부가 협의를 거듭해 자주적인 평화통일을 향한 7원칙을 바탕으로 첫 합의에 이른 날이었다. '7·4공동성명'이 그것이다. 운명과도 같은 순간이었다. 그 흥분은 강연에서도 드러났다. "지금, 굉장한 전화를 받았습니다! 우리나라는 통일을 향한 첫걸음을 내딛었습니다!" 흘러넘친 기쁨과 한껏 고양된 모습이 아이들에게 전해져 '배움의 장'에 대한 희구가 단숨에 높아졌다.

"언어와 문화의 습득을 생각하면 민족학교로 옮기는 편이 낫지만 눈앞의 아이들을 방치해도 좋은가 하면 그것은 아니라 할 수 있어요. 그것이 원점이었어요."라고 오타는 말한다. 다음 8월에 조선인보호자집회를 지속하고 오타는 독자적인 대처로서 민족학급 개설을 제안했다. "종래의 집회는 학교에 대한 불만을 터뜨리는 장으로밖에 기능하지 않았지만 그때는 달랐어요. 언어로는 드러내지 못했지만 '선생님들이 그렇게까지 말하는데 한번 속는 셈 쳐볼까' 하는 분위기였습니다. '7·4성명'의 영향이었습니다."

그 장에서 운영 주체가 된 중재인회를 창설해 내용을 채웠다. 이른바 '7·4민족학급'이다. 조선장학회에서 조선적, 한국적의 강사를 한 사람씩 파견해준다는 형식이 결정되고, 전자는 동회의 간사이지부 김중배金仲培, 후자는 당시 오사카외국어대 강사였던 김동훈金東勳이 선발되었다. 시교위 예산조치가 결정되지 않은 상황에서 보호자들은 소액모금운동으로 개설자금을 모아 11월 21일에 민족학급 개설식을 강행했다. 민족에 대한 생각은 오타와 그 외 사람들의 예상을 훨씬 능가했고, 행사에는 246명의 대상 아동 중 151명이 참가했다. 당초에는 기존의 각서 민족학급에 따라 5학년생 이상을 대상으로 상정하고 있었으나, 개설 전에는 회의적이었던 보호자는 물론 부정적 언동을 보여주었던 사람까지도 "민족교육은 빨리 시작하는 게 좋지!"라며 추진파로 바뀌었고, 교사는 이를 강행할 수 있었던 것이다.

행사 현장은 11월 22일자 《아사히신문(오사카 본사판)》의 조간 3면에 게재되어 있다. 민족과의 만남에 대한 기대에 한껏 부풀어오른 아동들을 포착한 사진은, 자신이 자신으로 존재할 수 있는 기쁨을 손에 넣은 자들의 반짝거림으로 넘쳐나고 있다. 문제는 강사였다. 두 사람으로는 무리였다. 그래서 급하게 세 사람을 추가했다. 그중 한 사람이 다망한 김중배의 보조로 스카우트된 박정혜였다.

11월 29일에 개강, 방과 후 나가하시소학교 교실 안에서 민족강사를 따라 조선어를 발음하는 아이들의 목소리가 울려 퍼졌다. 불과 두 시간 만에 아이들은 극적으로 변화했다. 학급 칠판에 한글로 이름을 쓰고 자랑하는 아이와 민족명으로 불러 달라고 담임에게 호소하는 아이도 있었다. 자기 해방의 기쁨은 당시 작문에서도 엿볼 수 있다. "조선말과 내 이름은 무척 어렵지만 매우 즐겁다. 나는 적어도 조선인이라는 자신감이 생겼다."

선생님을 돌려줘!

그러나 자이니치 사회를 갈라놓은 남북 분단은 아이들의 마음까지 유린해나간다. "12월 5일, 세 번째 수업 전이었어요. 김중배 선생이 "아마 오늘로 민족학급은 중지될테니 오늘은 아이들에게 '통일' 이야기와 '임진강'을 가르쳐 주길 바란다."고 했어요." 수업이 끝난 뒤 조선장학회가 강사 철수를 통고해왔다. 한국 측으로부터의 항의가 원인이었다. 그녀와 같은 조선적 강사가 한국국민의 자식을 교육하는 것을 허용할 수 없다는 것이었다. 민족강사는 등교할 수 없게 되었고 일본인 교사에 의한 자주 수업이 이루어졌다. 학교 측은 오사카시 교육위원회 주도에서의 재개를 요구하고 철야 단체교섭을 거듭했으나 진척은 없었다.

12월 22일, 2학기 최후의 자주 수업에서는 '아이들의 생각을 들는다.'는 의미로 시교위 주사主事들이 학교에 방문했다. 왜 선생님이 오지 않는 걸까? 언제부터 재개할 수 있는 걸까? 하는 물음에 구체적인 회답을 피하고 때로는 침묵하는 담당자에게 결국 아이들의 분노가 폭발했다. "선생님을 돌려주세요." "'답변할 수 없습니다.'라고만 하면서 우리를 모욕하는 겁니까." "조선인 선생님은 "앞으로 세 번 더 공부하면 조선어 글씨를 대강이나마 쓸 수 있게 된다."라고 했어요. 앞으로 세 번이면 진짜 조선인이 될 수 있다고 생각했는데 그 선생님을 빼앗긴 우리들의 기분을 압니까." "차별을 뒤엎어버리려고 공부하고 있는데 어째서 알아주지 않는 거야!" "일본인은 우리들이 조선인다운 조선인이 되면 곤란한 겁니까."—

의견 청취는 오후 3시 반부터 5시까지 예정되어 있었으나 오후 7시가 넘어서도 아이들의 분노는 수그러들지 않았다. 보호자가 배달시켜준 우동을 급히 먹고 '단체교섭'이 이어졌다. 주사들을 향한 아이들의 언어는 사태를 타개할 수 없었던 교사들을 꿰뚫어버렸다. "교무주임이 통곡했어요, "이제 이런 인간(주사)에게 묻지 마라. 해고돼도 상관없어. 내가 전부 가르친 거야. 뭐 때문에 선생님이 없어진 거냐면 모두…"라고 소리쳤어요."

한국 측의 항의는 점차 확대되었다. 시교위는 3학기부터 수업 재개를 제안했으나 한국영사관과 민단의 항의로 중지되어버렸다. 다음 해 1월 23, 24일에는 통학구역의 조선인 아동의 집으로 민단부 본부 단장명의 삐라 "우리 자녀에게 침투한 공산 교육을 저지하자!"가 배포되었고, 25일에는 지단장명으로 회의가 소집되었으며 조선적 강사의 배제를 요구하는 연판장 작성도 도모되었다. 그럼에도 재개를 목표로 하자, 영사관 측은 민족학급의 운영주체 '민족교육을 지키는 모임'(구 중재인회)의 간부를 호출해 여권 몰수를 넌지시 언급하기도 했다.

국가를 배경으로 행동할 때 인간은 자칫하면 부끄러움을 잃어버린다. 그 어리석음은 지금도 변하지 않는다. 김대중, 노무현의 10년이 끝나고 한국 정치의 보수색이 짙어지자 오사카 조선고급학교생의 자택 등으로 DPRK로의 수학여행은 국가보안법에 저촉한다고 기술한 괴문서가 뿌려졌던 적도 있었다. 때문에 박정혜는 세심한 주의를 기울이면서 살아왔던 것이다.

테이프로 녹음된 조선어를 복창하는 나날이 계속되었다. "아이들이 일본인 선생에게 "왜 박 선생님은 오지 않는 거죠?" 하고 물어봤지만 이유는 말할 수 없었겠죠. 그러니 "박 선생님은 아이가 어려서."라고 답했겠지요. 그러자 아이들이 "우리가 돌볼 테니까 선생님 돌아와요."라든가 "이제 테이프는 싫어요, 진짜 선생님을 원해요."라고 편지를 써서 보내왔어요." 박정혜는 '자택 대기'를 강요받았던 당시의 고통을 말했다.

곤경에 빠진 상황을 볼 수 없었던 조선학교생들이 자주수업을 돕기 시작했다. 머지않아 여러 매체에서 이러한 불합리를 보도하고 점점 풍향이 바뀌기 시작했다. 결정타는 해방교육으로서 행해졌던 여름학교다. 부락해방동맹의 협력으로 조선인 아동을 위한 장이 마련되고, 아이들과 연령이 비슷한 조선고급학교 학생들이 2주간 아이들과 함께 시간을 보냈다. 롤모델을 본 아이들의 환희는 '어른의 사정'으로선 말릴 수 없는 격류에 휘말리게 되었고, 9월에 마침내 민족강사가 돌아왔다.

　박정혜는 아이들의 생각이 현상의 틈을 비집고 들어와 문을 열었다고 역설한다. "마을 주택개량운동을 해도 진입 단계에서는 배제되거나 학력보장에서도 조선인은 내쫓기거나 했어요. 아이들에게는 차별받고 있다는 의식이 있었던 거지요. 그래서 민족학급은 여태껏 차별받아온 것을 탈환하는 장이라는 사실을 학습한 겁니다. 그 뒤로는 민족학급 발표회를 할 때, 아이들이 극을 통해 호소하기도 했어요. "우리말을 돌려줘, 이름을 돌려줘!"라고요. 처음에는 "소학교 학생 주제에 왜 이런 강한 말을 사용하지."라고 생각했지만(웃음) 역시 아이들 생각답다고 여겼죠. 민족학급이 생긴 건 단순히 우리말이라든가, 역사, 문화를 배운다든가, 함께 있으면 즐겁다는 의미가 아니라, 부모와 조부모가 빼앗겨 온 민족의 마음을 자신들의 힘으로 되찾고 싶다는 생각이었던 거죠. 그 마음이 어른들을 움직인 거예요. 내가 지금 전하고 싶은 것은 바로 그 점이에요."

　그 일련의 경위를 남긴 책자『우리말을 돌려줘! 그 요구에 답하며』를 관통하는 것은, 투쟁을 조선인학교 폐쇄령에 대한 저항운동 '4·23'과의 역사적 연관 속에서 파악하는 자세이다. 선인들의 민족교육에 대한 마음과 '만남' 속에 물리적인 한계가 있기는 해도 공립학교에 민족학급을 설치한 의의가 사상적으로 벼려져 있다는 점이다. 그 마음은 "눈앞의 아이를 억압으로부터 해방하는 것"('생각하는 모임' 대표, 이나토미 스스무稲富進)이었다.

아이들과의 대화

'나가하시 교육투쟁'을 이겨내고 겨우 교육에 몰입할 수 있었으나 새로운 고생의 연속이었다. "처음 제의를 받았을 때, 이은직 선생에게 "제가 무엇을 가르칩니까?" 하고 물으니 "조선어지, 정혜는 문학부 졸업이니까 걱정 안 해도 돼."라고 했죠. 근데 속았던 거예요.(웃음) 노래라든가 무용이라든가 모두 내가 서툰 것뿐이었어요. 조선학교와 달라서 교재도 모두 제가 만들지 않으면 안 되었어요. 난 그림에 굉장히 소질이 없어요. 옆에서 본 동료가 "선생님, 그림은 더 이상 그리지 않는 게 좋겠어요."라며 자기가 대신 만들어 줄 정도였어요.(웃음)" 2년째에는 특히 더 힘들었다. "6학년을 담당했는데 아이들이 전혀 말을 듣지 않는 거예요. 아이들 앞에서 몇 번이나 울었어요. 수업도 서툴렀으니."

오리무중의 나날 속에서 유난히 떠들썩한 아이의 담임이었던 일본인 교사의 한마디가 빛이 되었다. ""교실에서 그 아이는 어른스러운 모범생입니다. 평상시에는 나설 수 없는 아이도 여기서는 나서도 괜찮다고 실감하는 거지요. 해방된 거예요."라고 말했어요." 발상의 전환이었다. 거친 아이라도 한 사람 한 사람과 마주보고 서로 이야기를 나누며 마음을 쓰자 관계성이 눈에 보일 정도로 변했다. 동시에 시 내외에는 차례로 민족학급이 개설되었고 복수의 학교를 분주하게 내왕하는 날들이 계속되었다. '위층에서 의자와 책상이 떨어질' 것 같이 교육이 곤란한 학교였지만 신뢰를 갖고 말하는 와중에 관계성을 구축해나갔다. 그 비결을 묻자 박정혜는 추억을 소중히 여기듯 먼 곳을 바라보면서 잠깐 틈을 두었다가 말을 이어갔다. "열심히 하면 당장에는 알지 못해도 의미는 통해요. 그리고 역시 야단치는 건 좋지 않습니다. 나도 큰소리를 낸 적이 있지만 그런 아이와는 졸업 후에 관계가 이어지지 않았어요."

아이들과의 대화는 자신의 내력을 응시하게도 해주었다. "하나는 '국적'입니다. 부모가 판단해서 가족 전원이 귀화한 아이는 민족의식이 고양되면 괴로워합니다." 구체적인 예를 묻자 이야기는 최고조에 이르러 아이들에 관한 일화가 봇물 터지듯 쏟아졌다. ""오늘부터 나는 일본인이니까 여기에 있으면 안 되나……." 하고 중얼거린 아이가 있었어요. 그날 신청이 끝난 아이였어요. 다른 아이는 "부모가 자신들의 뜻대로 귀화를 했는데 되돌릴 수는 없을까요?" 하고 상담을 받기도 했고요. 그 아이의 모습은 잊히지 않아요. 내 대학 시절이 떠올랐어요. "지금은 되돌리기 어렵지만 민족에 대한 것을 더 공부해서 당당해지면 괜찮아. 국적이 인격을 결정하는 것도 아니고"라고 말했지만요……. '국적은 편의상'이라고 말하는 사람도 있지만 그 아이에게는 다른 차원인 거죠. 일본 사회에는 억압이 존재하므로 구애될 수밖에 없으니, 그것을 해결하는 것이 중요하겠죠."

학급이 끝나자 당돌하게 "선생님의 남편은 조선인입니까?"라고 묻는 남자아이도 있었다. 그렇다고 대답하니 "그러면 싸우지 않아서 좋겠어요."라고 말했어요. "아니야, 우리도 싸운단다."라고 답하니 "그런 의미가 아닌데."라고 했죠." 가정방문을 해보니 조선인 아버지와 일본인 어머니를 둔 아이였다. 아버지는 일용노동자였고 생계를 어머니가 짊어지고 있었다. 평소에는 풀이 죽어 있는 아버지는 그에 대한 반동이었는지 술을 마셨다 하면 난폭해졌다. 자식의 눈에는 '칠칠치 못한 모습'으로만 비쳤고, 그는 아버지에게서 조선의 열성을 보고 있었다. 박정혜가 부임한 단계에서도 이미 네 명의 '혼혈' 아동이 있었다.

가정방문을 거듭할수록 부모의 고민과도 마주하게 된다. 많은 경우 부부의 속성 차이에 기인하고 있었다. "민족학급에서 활기찬 모습으로 돌아와서 (조선인) 아버지와의 대화는 순조로운 반면, 나는 외롭다는 생각이 들었어요."라고 푸념하는 일본인 어머니도 있었다. 학교에서 저고리를 완강히 거부하는 여자아이의 집에 가보니 모친이 일본인이었다. 그 아이는 어머니의 '홀로 버려지는 느낌'을 생각한 나머지 착용을 거부했던 것이다. "그래서 부모의 소외감을 막고, 민족학급의 실천을 알려주기 위해 보호자들로부터 희망사항이나 요청사항을 모았더니, '한글을 가르쳐 달라.'라든가 '아이들이 배워오는 것을 알고 싶다.' 등이 있었어요. 보호자회에서 학습을 진행했어요." 직접 부딪쳐나갈 수밖에 없었다. "한번은 "아이가 때에 따라 말을 달리한다."고 일본인 어머니가 항의하러 왔어요. "민족학급에서 조선인과 말해도 지역에서는 일본인이 되는 거죠. 상황에 따라 다르게 말하는 아이를 원해서 민족학급에 보낸 게 아니다."라고 했어요. 아, 나도 그렇게 해왔나 하고 생각했어요. 조선인 속에서는 어머니에 관해 말한 적이 없었어요. 그때는 말할 수 없었지만 말이에요."

자신의 내력을 말하지 않으면 안 된다는 생각이 커져갔다. 그런 때였다. 교실 앞을 서성이던 중학생이 "저, 여기에 있어도 괜찮아요?"라고 물었다. "왜 그러냐고 물었더니 "난 조선적이에요…… 모두가 한국적인데."라고 했어요. 조선적도 한국적도 정치적인 것. 민족은 하나이기 때문에 괜찮다고 말했어요. 학급의 아이에게도 물었더니 "그런 건 걱정하지 마."라고 모두가 말해 주었어요." 수업이 끝난 후, 다른 학생들 앞에서 그녀는 이 학생에게 자신의 미묘한 입장을 설명한 뒤에 말했다. "선생님도 조선적이에요. 근데 어머니는 일본인이죠. 중요한 것은 '어떻게 살아갈 것인가?' 하는 것이니까 함께 힘내요." 아이들의 얼굴이 한순간 밝아졌다. "이전에도 개인적으로는 간혹 말했지만 그 무렵부터 출신을 입 밖으로 내기 시작했어요. 변함없이 노력하고 있는 아이들에게 '삶의 방식'을 이야기하는 것이므로, 대립이 심각했던 시대였지만 아무래도 숨기기가 어려웠어요." 그때까지 존재 기반의 불안정함이라고 여겨왔던 자신의 내력은 차츰 다양한 아이들과 보호자와 마주하는 힘으로 변해감을 느꼈다. "조선인 아동, 학생의 자존감정은 동일한 처지에 놓인 사람과의 만남, 그 사람 속에도 자신과 비슷한 '흔들림'과 '방황', '고민'이 있다는 것을 알게 되고, 그것을 통해 길러지는 경우가 많아요." 자신의 저서에 기록한 박정혜의 확신이기도 하다. "모든 아이들, 보호자들, 민족강사들과의 연계 속에서 배웠다는 점. 감사드릴 수밖에 없어요. 아이들에게 고맙고 보호자에게도 감사드리고요. 일본 교사들에게는 조금 더 힘내라고 말하고 싶습니다.(웃음)"

말할 수 없었던 어머니의 마음

몸과 마음을 다 바쳐서 민족교육에 온 힘을 쏟는 날들 속에서 자주 머리에 떠올랐던 것은, 조선인 사회에 뛰어들어 뿌리를 내리려고 노력한 어머니의 말할 수 없었던 '마음'이었다. 불고기가게를 운영하면서 생활과 남편의 활동을 지원하는 한편으로, 가무단 공연이나 영화 상영이 있으면 반드시 박정혜를 데려가서 '민족'에 접촉시켰다. 자식 두 명을 그들의 희망대로 DPRK로 보낸 후에는 활동에 박차를 가했다. ""머지않아 공화국으로 돌아가면 가족 모두가 설날을 맞이하자."고 하는 꿈같은 일을 진심으로 말하고요, 매일 아침부터 밤까지 일만 했어요. 때때로 아버지가 찾아와서 활동자금을 가지고 가, 조직을 위해 사용했어요. 불평 한마디 없는 것이 불만이라서, 동생이 왜 희생만 하냐고 헤어지라고 말한 적도 있어요." 어느 때인가 어머니가 문득 입 밖으로 내뱉었던 한마디를 그녀는 잊지 못한다. "옛날에 점쟁이에게 점을 봤는데, 나는 만났던 소중한 사람이 모두 떠나가는 운세라고 해. 그러니까 정혜도 돌아가고 싶으면 돌아가도 괜찮아."

아버지가 막대한 빚을 남기고 돌아가셨을 때, 나쁘게 말하는 그녀를 나무랐던 이도 어머니였다. "그렇게 말해도 너도 여러 가지 받았잖니. 그런 식으로 말하면 안 돼." 빚을 모두 갚은 후 어머니는 끝내 쓰러졌다. 일본에서의 피붙이는 그녀 한 명뿐이라 모셔야 할지 말아야 할지 망설였다. "아직 내가 혼혈인 것을 정리할 수 없었기 때문이었어요." 동료인 민족강사에게 숨김없이 이야기하니 질책을 했다. ""선생님의 어머니잖아요. 자신이 혼혈이라는 인식이 있다고 해서 망설여서 되겠어요. 자신을 있는 그대로 인식하지 않고 아이들에게 무엇을 가르치겠어요."라며 호되게 꾸짖었어요."

그렇다고 해도 어머니는 "일본인인 내가 가도 괜찮니?" 하고 망설였다. 설득해서 요코하마로 마중을 갔는데 폐기물 속에 기모노가 몇 벌이나 있었다. ""왜 버려요?" 하고 물었더니 "조선인 가정에 사니까 이젠 필요 없어."라고 말했어요. "어머니는 일본인이니 내 집에 와서도 기모노를 입어도 괜찮아요."라고 했더니 몇 벌을 가지고 왔어요……." 손자, 증손자들과 평온한 생활을 누리던 어머니는 2010년 가을 오사카에서 돌아가셨다. 납관을 위해 열어본 고리짝에는 분명히 가져왔던 기모노는 한 벌도 보이지 않고 검은 기모노 코트만 들어 있었다. "그걸 봤을 때, 미안함이랄까, 결과적으로 나는 어머니의 존엄을 소홀히 했었구나 생각했어요…… 두절된 인간관계라든가 마지못해 요코하마에 왔던 각오라든가 자식을 공화국에 보냈을 때의 기분이라든가 기모노를 버렸을 때의 심정이라든가…… 내게 말하고 싶었을 텐데도 나는 다른 일에 정신을 뺏겨 내달리기만 했으니, 아무것도 묻지 못하고 여기까지 와버린 거예요."

가족만 참석한 장례에서 관을 향해 박정혜는 말했다. "미안해요…… 미안하고, 고마워요." 왜 그토록 바깥일에 매진하고 애써왔던 걸까. 민족강사로서 아이들과 보호자들과의 만남을 거듭하면서 그들과 주고받은 말들은 언어화되지 못했던 어머니의 '마음'을 짐작하게 하는 작업이었을지도 모른다. "어머니에게 아무것도 해드리지 못했던 부분을 적어도 아이들에게는 돌려주고 싶어요."

밟지 않은 땅

청취를 시작할 당시, 장소는 항상 나가하시소학교였다. 방과 후의 텅 빈 교내를 2층의 민족강사 대기실에서 마주하면서, 자유롭게 뛰어놀면서 활개치는 아이들의 모습을 상상했다. 주에 2시간이라도 민족과 접촉할 수 있는 시간이 지닌 의미가 얼마나 큰 것인지를, 그러한 기회를 가져보지 못한 한 사람이지만 충분히 상상할 수 있다. 벽과 복도가 그녀와 아이들의 환희를 기억하고 있었다.

"1년 만에 조선학교로 돌아가려고 생각하고 있었어요." 교단에 내내 서 있다가 정신을 차리고 보니 민족강사의 중심이 되어 있었다. 1985년에 뇌종양 수술을 해서 오른쪽 눈의 시력을 잃었지만 현장은 떠나지 않았다. 민족의 '마음'을 아이들에게 말하는 한편으로, 학급 확충과 강사의 신분 보장에 몰두한 결과, 2005년에는 오사카시의 민족학급이 대략 100개 학급으로 증가했다. 한편, 학교 현장은 1990년 이후 답답한 상황이 늘어간다. 그것의 상징은 1999년의 '국기국가법國旗國歌法'이다. 그녀에게 아이들에 대한 설명을 부탁한 일본인 교사도 있었지만, '그것은 일본인의 역할'이라고 거절했다. 애써 고심해왔던 마이너리티를 전면에 내세우고 싶어 하는 메이저리티의 '변명'에는 엄격했던 것이다.

교단을 내려온 지 10년 정도가 되었지만 작은 체구의 그녀에게는 말해야 할 '오늘'과 '추억'이 넘쳐흐르고 있다. 대부분의 아이들이 혼혈과 일본적자인 현장의 상황, 교사의 의식, 행정 시책의 후퇴……. 인터뷰 초반에는 질문을 능가하는 독백이었다. 그 중에서도 관심이 깊은 것은 이름의 문제이다. '이름을 대기 어려운 상황'

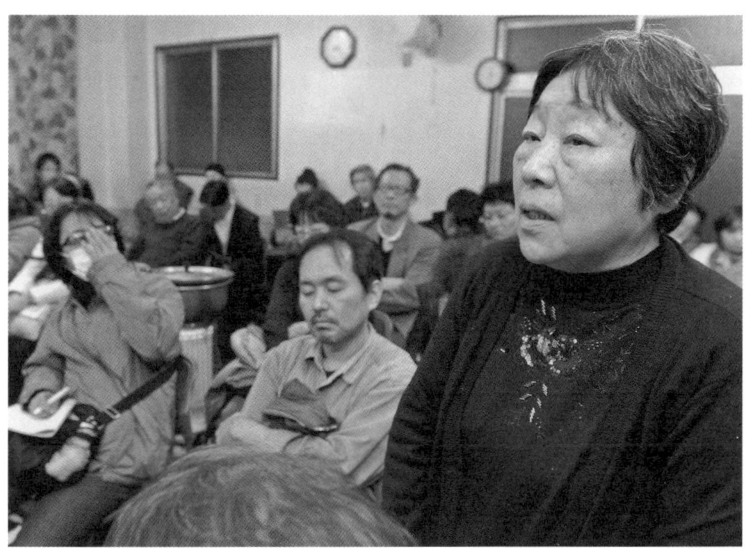

민족명을 둘러싼 재판의 보고 집회에서 말하는 모습.
오사카시 니시나리구, 2013년 1월 30일.

은 지금도 변하지 않았다. 민족학급에서 물 만난 고기와 같이 활동하고 있던 아이가 사회인이 되어 다시 만나면, 통명의 명함을 내밀어서 충격을 받은 일도 있다. 또 다른 하나는 혼혈의 이름이다. "최근에요, "어느 쪽으로 하겠습니까?"라고 부모와 아이에게 묻는 교사가 있지만 그래서는 안 된다고 생각합니다. "당신은 어떻게 부르고 싶어?", "당신은 이 아이와 어떻게 만나고 싶어?"라는 물음이 먼저지요. 몇 년 전에 연수회에서요, "혼혈아는 성姓이 없다."고 말한 교사가 있어서 비판했더니 싫어하더라고요.(웃음) 민족학급에서는 뿌리 중에, 억압받기 쉬운 부분을 찾아서 소중하게 여기고, 자신의 모든 것을 긍정하는 힘이 중요하다고 생각해요. 그래서 나는

'혼혈'이라는 말에도 거부감이 있어요. 왜냐하면 일본인과 조선인이 대등하지 않으면 성립하지 않는 언어라고 생각하지만, 지금은 다르기 때문이에요. 내가 좀 수다쟁이죠, 하하." 은거할 생각은 털끝만큼도 없다. 입원한 2015년까지는 교사 연수회에서도 인기가 좋았다. "그래서 나에게는 정년이 없어요. 죽을 때가 정년인 거예요.(웃음)"

남편의 고향은 제주도, 가족의 묘지도 있지만 박정혜에게는 아직 밟지 않은 땅이다. "민주 정권 시대에 한 번, 일본의 교장 선생님들의 연수 투어에서 인솔자를 하게 되었을 때, 임시 여권이 나왔어요. 배우자도 "좋은 기회야."라며 기뻐해 줬지만 후유증으로 어지럼이 심했거든요. 실제로, 거리에서 몇 번 쓰러진 적도 있고 해서 무서워서, 의사에게 상담했더니 못 가게 했어요. 통일이 되면 가고 싶지만 특혜를 받아서 가는 것은 싫다는 생각도 있고요, 몸 상태에 드러났다고 생각해요. 그렇지만 침묵하고 갔다면 좋았으려나 하는 생각도 있었고요, 또 기회가 있을까요. 허나 내가 살아있는 동안은 무리겠죠……." 박정혜는 그렇게 말한 뒤, 침울해진 분위기를 깨려는 듯 웃었다.

— 선생님에게 조선적은 무엇인가요?

"조선적은 나를 변화시켰어요. 나의 뿌리를 그 자체로서, 확실히 응시하는 인간이 되게 한 것이 아닐까 생각해요. 가족은 나 이외에 모두 한국적으로 바꾸었지만, 나는 스무 살 때, 동포 사회에서 살아가겠다고 마음먹고 아버지의 호적으로 들어갔어요. 이걸로 나의 뿌리를 확실히 한다고 해서 바꿀 수 있는 것은 아닐 거예요.

그래서 일본인인 어머니에 대한 시선도 바뀌었어요. 한국적으로 바꾸는 사람을 비판할 의도는 없습니다. 묘지를 지켜야 한다든가, 친족을 만나고 싶어 하는 등 각각의 사정이 있기 때문입니다. 그렇지만 나의 경우에는 평생 바꿀 수 없어요. 조선적으로 말한다면, 돌아가신 시아버지가 조선적이었어요. 그렇지만 자신에게 남은 시간이 얼마 없다고 생각했을 때, "죽기 전에 한 번은 돌아가고 싶다."고 하셨어요. 한 번 가면 두 번, 세 번 가고 싶어지잖아요. 국적을 바꿔서요. 그리고 제주도 땅에 묻히고 싶다는 말을 들어서, 관이 되어 비행기를 타고서 제주도로 돌아갔어요. 나는 시아버지의 마음을 충분히 이해할 수 있어요. 이러한 1세의 추억을 언급하는 것은요, 저런 이유로 바꾸지 않으면 안 되는 상황에 대한 울분이 커서예요. 이 분단 상황을 지속시키는 조선인 사회와 그 원인인 일본에 대해서 말이죠. 이 상황에서는 내가 살아 있는 동안에는 통일은 어려울 것이고, 재일조선인 사회도 하나가 되는 것은 힘들 겠지만, 최소한 아이들의 시대에는 그것이 사라져야 한다고 생각합니다."

DPRK로 귀국한 두 명의 동생은 이미 죽었다. 북한을 방문하고 싶은 마음은 강렬하지만 몸 상태 때문에 아무래도 가기 어렵다. "역시 조카들이 마음에 걸려요. 친척이 없기 때문에……." 잠깐의 침묵 후, 그녀는 돌연 목소리 톤을 높였다. "가고 싶어요! 만나고 싶어요! 동생의 자식과 손자들을 만나고 싶어요! …… 한 번 만나면 두 번 만나고 싶어지겠죠. 내 몸 상태로는 가기 어렵다고 생각하지만 가고 싶어요!" 박정혜는 단숨에 말하더니 먼 곳을 응시하는 듯한 눈을 하고서 중얼거렸다.

"그렇다고 해도 나는, 죽으면 남편의 가족 묘지에 들어가는 걸까요. 아니면 조선적은 유골이 되어서도 입국을 거부당해, 뼛가루로 현해탄에 뿌려지는 걸까요……."

5

재일조선인 피폭자의
풀리지 않는 분노

이 실 근

반성과 검증과 사죄가 있을 때라야

비로소 평화가 있습니다.

어떤 평화를 희망하는 것인가?

그 내실이 문제입니다.

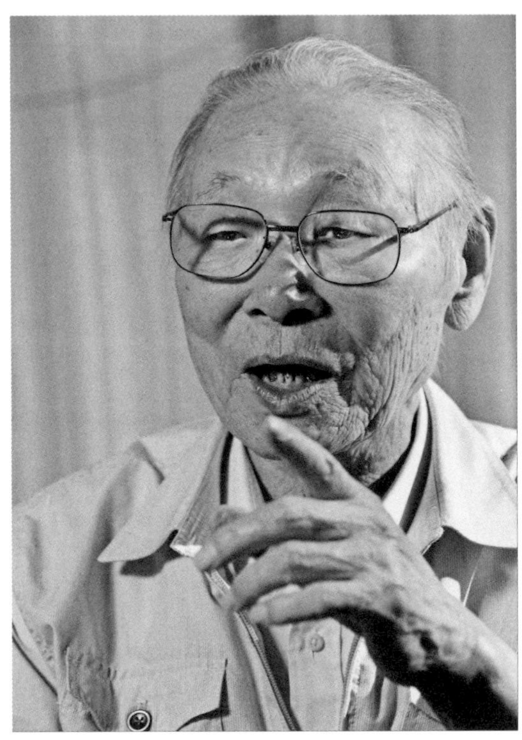

히로시마시 니시구廣島市西區의 자택에서. 2015년 9월 28일.

이실근 李實根

1927년 야마구치현에서 태어났다. 국철 직원이었던 1945년 8월 7일, 히로시마에서 입시피폭入市被爆을 당했다. 조선전쟁 반대투쟁으로 옥중 생활을 한 후, 재일, 재조 在朝피폭자 구제를 요구하며 국내외로 분주한 활동을 전개했다. 당사자 단체를 설립, 전국적으로 조직을 확대했다. 조선민주주의인민공화국적을 공언하고 미국에 입국한 최초의 자이니치이기도 하다. 히로시마현 조선인 피폭자협의회 회장이며, 저서로 『하얀 저고리의 피폭자白いチョゴリの被爆者』, 『프라이드プライド』 등이 있다.

• • •

히로시마시 니시구 후쿠시마초福島町, 소울 푸드 '호루몬 튀김' 가게가 즐비한 주택지. 초인종을 누르고 잠시 기다리니 현관문 너머로 어색하게 움직이는 사람의 그림자가 보였다. 이실근이다.

히로시마에서 입시피폭*을 당한 자이니치 2세다. 조련, 민전, 총련 활동가를 거치고 재일조선인 피폭자 단체를 설립했다. 재일조선인 피폭자들을 결집해 일본 정부에 과거 청산에 대한 대응을 요구하는 것과 함께 지원 대상 범위 바깥에 방치된 재조피폭자의 구제를 위해 분주하게 활동해왔다. 그것은 가해를 사상捨象하여 성립해온 '히로시마의 평화'의 기만을 구식민지 출신자의 입장에서 조사照射하는 행위이기도 했다. '비전향의 상징'으로서 조선적을 유지한 이실근은 또한, 조선민주주의인민공화국DPRK 국적 보유자임을 공언하고, 최초로 미국을 방문한 재일조선인이기도 하다.

그와 만난 것은 2011년 8월 이후 4년 만이었다. 이전에는 새카맸던 머리카락이 새하얗게 변해있었다. 흰 셔츠 위에 크림색 재킷을 걸쳐 입은 모습 때문인지, 마치 흐린 선으로만 그린 소묘와 같

---

* 원폭투하 후, 구호 활동이나 가족 수색을 위해 피폭지에 들어가서 피폭을 당하는 일을 가리키는 말로, 잔류방사선 등으로 피폭되었을 것이라 추측할 수 있다.

은 투명한 느낌이 감돈다. 최근 몇 년간은 몸 상태가 좋지 않았고 2014년에는 위궤양으로 구급차에 실려 병원에 간 적도 있었다. 안부 전화를 했을 때는 "아니 아니, 나는 불사신이니 괜찮습니다."라고 웃으며 말했지만, 일본 공산당에서의 비합법적 활동과 1950년대 옥중 체험으로 몸에 밴 담력과 열리지 않는 문을 비집고 들어왔던 돌파력 때문인지, '야쿠자 활동가'라 불렸던 이전의 모습은 온데간데없었다.

그 하루 전날에는 재외피폭자와 그 유족이 오사카부를 상대로 의료비 전액 지급을 요구했던 소송에서, 최고재판소가 '전액을 지급해야 한다'고 하는 첫 판결을 내렸다. 재외피폭자가 일본 국외에서 받은 의료를 지원법의 대상에서 제외하고, 상한을 둔 의료비 조성으로 얼버무려온 지원행정에 구멍이 뚫렸던 것이다. 지방지 《주고쿠신문中國新聞》의 1면 톱에는, 판결을 받아들인 후생노동성이 재외피폭자 전원을 전액 지원 대상으로 하는 방침을 결정했다고 전했다. 너무 늦었다고 말할 수 있지만 커다란 진전이었다. 그러나 그는 이 화제에도 편승하지 않았다. 당사자의 투쟁으로 재외피폭자에 대한 차별 처우가 점진적으로 개선되어왔는데, '국교가 없는' 것을 이유로 DPRK피폭자는 여태껏 '보이지 않는 존재'로 간주되어왔다. 이 판결도 재조피폭자는 해당되지 않는다는 견해가 전제되어 있었던 것이다.

재조피폭자를 가시화시키고 은혜가 아닌 구제를 실현하기 위해, 이실근은 DPRK에 총 25차례 입국했다. 매년 원폭위령제原爆慰에 히로시마에 방문한 수상과 담당 대신과도 직접 담판해왔다. 그

수가 40명 가까이 되고 햇수로도 몇십 년이 경과했지만 대답은 '검토'이다. 요청만은 아니다. 강연회와 학습회 등 작은 기회도 소홀히 하지 않고, 그는 일본의 주권자에게 "책임 있는 행동"을 호소해왔다. 하지만 상황은 변하지 않았다. 고양되어 있던 모습에는 응어리가 쌓인 듯, 피로마저 느껴졌다.

그러나 동영상 카메라를 돌리자 이실근은 그 특유의 강단 있는 목소리로 묻지도 않은 대답을 하기 시작했다.

"내가 지금 일단 말하고 싶은 것은, 왜 조선인이 원폭에 희생되었는가 하는 문제입니다. 조선인은 스스로 원해서 일본에 온 것이 아닙니다. 식민지 지배의 결과로 피폭을 당했는데도, 왜 과거 청산으로 다뤄지지 않는가, 왜 보상과 사죄를 하지 않는 것인가 하는 것입니다!" 소묘에 색이 더해지듯, 최초의 부유하던 느낌이 사라져간다. 5년 전, 처음으로 장시간의 인터뷰를 했을 때의 모습이 떠올랐다.

'히로시마廣島'와 '히로시마ヒロシマ'

2010년 4월, 이실근은 상, 하의의 양복에 조끼까지 갖춰 입고 평화기념자료관의 찻집에 당당한 모습으로 나타났다. 내가 질문했던 것은 '히로시마의 평화'에 대한 견해였다. 당시 히로시마의 '평화 행정'은 일탈이 극에 달했었다. '핵 없는 세계'를 말한 오바마 미국 대통령의 '프라하 연설'에 한껏 고양된 히로시마의 시장 아키바 다다토시秋葉忠利는, 대통령 선거에서 사용되었던 조어 '오바마

저리티Obamajority'를 들고 나왔다. 미국 대통령이 핵 폐기를 말한 것이기 때문에 '우리도 다수자'라는 의미였다. 아키바의 주선으로 '오바마저리티 캠페인'이 기획되어, 거리는 물론 기자회견 때의 배경판에도 이 진기한 조어가 쓰였다. 티셔츠 등의 PR용품은 물론, 춤까지 곁들인 '오바마저리티 댄스곡'마저 등장하는 등, '히로시마ヒロシマ'를 세계의 웃음거리로 전락시키고 있다고 생각할 수밖에 없는 시끌벅적한 상황이 펼쳐지고 있었다.

당시 부시 대통령 시대에 시작된 아프가니스탄과 이라크에서의 전쟁은, 이미 '오바마 전쟁'으로 번졌고, 게다가 그는 이스라엘에 의한 가자에서의 학살을 전면적으로 지원하고 있었다. '핵에 반대' 하기만 하면 뭐든 괜찮은 건가? 오바마와의 동일화를 희구하는 '국제평화문화도시'의 모습은, 내게는 주인님에 대한 '노예의 구애'로밖에 보이지 않았다. 그해는 조선인 피폭자를 낳은 원인인 한국병합으로부터 100년이 되는 시점이었지만, 그로부터 약 4개월 후인 8월 6일, 아키바가 낭독한 '평화선언'에서는, 가해 책임이나 식민지 지배에 대한 언급은 전혀 없었다.

그 일을 묻자 이실근은 기세 좋게 이야기를 시작했다. "그것은 가해에 눈을 감아 온 문제와 통합니다. 지금도 많은 사람들이 1945년 8월 6일의 이야기로만 피폭을 파악하고 있습니다. 그때까지 무엇을 해왔던가는 결락되어 있습니다. "왜 조선인 피폭자가 있는 것일까?'를 일본인 측에서 지금 한번, 정리해주었으면 합니다."

그가 역설한 것은 원폭투하 이전의 '히로시마廣島'와 국제평화문화도시 '히로시마ヒロシマ'와의 단절이었다. "원폭을 투하한 장본

인은 군부였습니다. 1894년부터 1945년까지의 51년간, 일본은 항상 전쟁을 해왔어요. 규모가 큰 것만 해도 청일, 러일, 만주사변, 중일, 아시아태평양, 다섯 차례나 되요. 그 모두가 히로시마에서 군대가 출병했던 겁니다. 바꿔 말하자면, 히로시마는 아시아 침략의 기점이었는데도, 가해의 도시였던 사실을 인정하는 사람은 많지 않습니다. 중국 침략, 난징대학살도 포함해 역사를 되돌아보고, 그에 대한 책임을 분명히 하지 않으면 '히로시마의 평화'라는 것은 설득력이 없습니다. 히로시마는 항상 결백한 피해자로 있고 싶어 합니다. 그렇게 하는 게, 해외에서 말했을 때에 힘이 생긴다고 생각하고 있어요. 나는 완전히 틀렸다고 생각합니다. 반성과 검증과 사죄가 있을 때라야 비로소 평화가 있습니다. 어떤 평화를 희망하는 것인가? 그 내실이 문제입니다. 아시아만이 아닙니다. 예를 들어, 오바마 대통령에게 "히로시마에 와 달라."고 말하려면, 캠페인을 벌이기 이전에 히로시마 시장과 지사가 진주만에 가서 향 한 자루라도 올려야 하지 않겠어요."

원폭이라는 인류사상 미증유의 사건의 충격이, 그때까지의 침략의 역사를 소거시키고 가해를 무화시켜버렸던 것이다. 그 속에서 가시화되지 않았던 존재가 재일조선인들, 구 식민지 출신의 피폭자였다. 2001년, 일본 외무성에 의한 최초의, 그리고 현 단계에서는 최후의 조사(실태는 DPRK 당국에서의 조회)에서 판명된 재조피폭자는 1,353명 중 생존자는 928명이었으나, 2010년 생존자는 392명으로 줄어들었다.

"어째서 재조피폭자에게는 어떠한 조치도 하지 않는가라고 생각하는 것입니다. 뭘 해준다고 해도 벌은 받지 않아요. 올해는 병합 100년입니다! 오히려 일본의 격을 높여주는 것뿐이지 않습니까…….”

이실근과 재회했던 2015년 9월에 생존자는 200명 정도로 줄어 있었다. 건강이 좋지 않아 최근 몇 년은 북조선 방문이 이루어지지 않아서 정확한 인원수조차 파악하지 못하고 있다. 역사적 책임을 모른 척하고, 관계자가 절멸하기를 기다리는 일본 정부의 대응에 분노와 초조함이 격화되지만, 그래도 문이 열리는 날이 오기를 믿으며 현지에 가서 재조피폭자들을 격려해왔다. 그러나 함께 지녔던 바람은 실현의 전망조차 세우지 못한 채, 그들은 점점 죽어 간다. 그리고 이실근 자신도 86세가 되었다. “나는요, 분노가 풀리지 않습니다. 누구도 풀어주려고 하지도 않고요…….”

불타버린 들판

이실근은 1929년, 야마구치현 우쓰이內日(현재 시모노세키시) 마을에서 태어났다. 철이 들 무렵의 기억은 철저했던 사상교육이다. “소학교의 소풍은 노기신사乃木神社로 갔고, 해군기념일에는 러일전쟁의 승리를 끝도 없이 들었습니다. 대륙으로의 입구는 침략, 식민지주의의 거점이기도 했어요. 그 즈음에는 상대적으로 군국주의 색채가 강했다는 생각이 듭니다.” 모공으로 들어온 군국주의에 물들어 ‘올바른 일본인’을 꿈꾸었던 그였지만, 입학했던 구제중학에서 그를 기다리고 있던 것은 차별의식에 기인한 구타였다.

"대나무 인형을 나무 막대기로 찌르는 훈련을 하고 있었는데, 어느 날 육군 중위가요, "이 안에 센진鮮人이 있다."고 말하는 겁니다. 움찔했어요. 몇 번이나 '이름을 대라.'고 말해서 어쩔 수 없이 나갔더니, 내게 검도 호구를 차게 하고는 "이 센진 새끼를 엽전이라 생각하고 찌르기로 한다."라고 말하는 겁니다." 중위가 '본보기'를 보인 후, 동급생의 차례였다. 급우가 자신을 '적'이라 여기고 덤벼들었다. 그중에는 겉으로만 하는 척하다가 중위에게 얻어맞은 이도 있었다. "집에 돌아와 옷을 벗으니 가슴과 어깨가 멍이라기보다 내출혈이 생겨 새까매져 있었습니다. 아버지는 "어려움이 있어도 학교에 들어갔으니 조금 더 참으면……"이라고 얘기하셨지만, 어머니는 "이대로라면 맞아 죽는다."고 말했어요. 결국 2년을 못 채우고 퇴학했어요."

아버지가 국철 직원과 상담해서 역무원이 되었다. 시게야스역重安驛에서 근무하고 있던 1943년쯤, 근처에는 석탄 채굴을 위한 노무자 합숙소가 마련되어 노동자들이 증가해갔다. 어느 날, 이실근은 몇 명의 노동자들로부터 표를 융통해 달라는 부탁을 받았다. 실제로는 폭력을 암시하는 공갈이었다. 궁벽한 시게야스역에서는 하루에 몇 장이 되지 않는 표만 할당되어 입수가 곤란했었다. 들어본 기억이 있는 억양이라 물어보니, 한신阪神 방면에서 온 동포였다. 후에 알았지만 '패전이 임박하다.'는 정보를 듣고, 곧바로 귀향하기 위해 시모노세키에서 가까운 장소에서 일하고 있던 것이었다. 동포라는 인연으로 표를 마련하는 동안에, 그들이 산노미야三宮에 뻔질나게 드나들고 있다는 것을 알게 되었다. 들어보니 '쌀

암거래' 아르바이트였다. "나가타長田의 부락에 가면 경찰에게 밀고하지 않고 높은 값을 쳐 준다네. 자네도 한번 가보지 않을 텐가?"

처음에는 주저했지만 곧장 팀을 결성했다. 멤버에는 실업 상태인 아버지와 여동생도 있었다. "내가 비번인 날입니다. 한 사람당 쌀을 4말씩 나누어 가지고, 밤 7시에 상행 열차에 오릅니다. 그러고는 좌석 아래에 쌀을 분산해서 숨깁니다. 12시간 만에 산노미야에 도착해서 나가타까지는 걸어갔어요. 매입하는 아주머니가 있었어요. 기다리고 있던 쌀의 무게를 쟀지요. 정확히 측량하고는 왜인지 사람 수만큼의 쌀을 제하고 그걸로 밥을 해주었어요. 그건 프로의 일이었어요.(웃음) 우메보시梅干し라든가 후쿠진즈케福神漬け라든가를 곁들여서 주더군요. 중노동을 하고 난 다음이라 감사했어요. 아주머니집에서 네댓 시간 정도 자게 해주어서 밤 7시 열차를 타고 돌아와 곧장 일하러 가면 지각은 면했습니다."

국철 직원과 암거래꾼이라는 겸업은 '그날'까지 계속됐다. 8월 5일 밤, 여느 때와 같이 산노미야에서 쌀을 팔고, 6일 밤 하행선에 올라탔다. 언제부턴가 열차는 몇 번이나 정차와 서행을 반복하기 시작했다. 간신히 하치혼마쓰역八本松驛(히가시히로시마시東廣島市)에 도착한 것이 7일 아침, "여기서부터는 열차가 갈 수 없기 때문에 통행할 수 없습니다."라는 방송을 듣고, 아버지와 여동생을 포함한 아홉 명은 선로를 따라서 서쪽으로 걷기 시작했다. 히로시마역 부근에 도달한 것은 오전 10시쯤이다. 눈앞에 폐허가 펼쳐져 있었다.

"두려움에 떨렸어요. 역의 철골이 맥없이 휘어지고, 거리는 사방이 불타버린 들판으로 펼쳐져 있었습니다. 왜 이렇게 되어버렸는지 전혀 알 수 없었습니다. 발밑에 깨진 기와 조각이 흩어져 있었기 때문에 위험해서, 아버지와 여동생, 동포들과 손을 잡고서 서쪽으로 걸어갔습니다. 내장이 튀어나오거나 머리가 깨져 뇌수가 흘러나온 사체가 있었고, 몸속이 심한 화상으로 문드러졌는데도 아직 살아서 신음하고 있는 사람도 있었어요. 그곳을 걷고 있으니 내가 살아있는지 죽었는지조차 분간할 수 없었습니다. 여기서 벗어나지 않으면 안 된다고 하는 강한 본능에 이끌려, 벌벌 떨면서 서쪽으로 걸었습니다. 그러던 중 동료가 갑자기 넘어졌어요. 손을 잡고 있었기 때문에 함께 넘어졌는데, 알고 보니까 검게 탄 사체를 밟아서 발이 미끄러졌던 겁니다. 도움을 받아 일어서서 주위를 보니, 사체가 껍질만 벗긴 통나무처럼 가로놓여 있었습니다. 방화수조가 있었던 겁니다."

사체의 피부와 살점, 체액이 이실근과 동료들의 몸에 들러붙었다. "수도는 파괴되어서 어쩔 수 없이 강에 뛰어들어가 씻었지만, 다시 넘어졌습니다……." 몇 번이나 강으로 뛰어들어 엉겨 붙은 '죽음'을 떨쳐내려는 듯이 필사적으로 몸을 씻었다. "당시 7개였던 히로시마 시내의 강은 어디라도 갈대가 무성했습니다. 물이 들어 찼다가 빠지면 갈대 사이로 사체가 드러나 보였습니다. 시체가 썩는 지독한 냄새는 지금도 잊히지 않습니다. 잠시 걷다 보니 여성의 사체도 몇 구 있었습니다. 폭발의 중심지에서 약간 떨어져 있었기 때문에 아직 사체가 인간의 형태를 하고 있던 겁니다. 이런 표현은 잘못되었지만 창녀였습니다. 기모노가 독특했기 때문에 알 수 있었습니다. 유곽이었던 겁니다."

한자리에서 숨이 끊겨있던 유녀들. 강연에서 이실근은 '반드시'라고 해도 좋을 정도로 이 광경을 언급한다. 그것은 식민지 출신자와 같이, 그녀들도 '무고한 피해자'의 이야기에서 배제된 존재라고 생각할 수 있기 때문이다. 메이지정부가 발족된 이래, 대외 침략에 따라 번창했던 군부·히로시마는 '위안소'를 필요로 했다. 히로시마의 유곽은 실제로 청일전쟁 때 대본영大本營 설치를 계기로 비대화되었다고 한다. 그녀들이 살았던 사실을 새기는 작업은 이실근 나름의 '애도'인 것이라고 생각한다.

"얼마나 걸었던 것일까, 아버지 손의 온기 때문에 '어, 살아 있구나.' 하고 제정신이 들었습니다. 큰 도로에 나오니 트럭과 마차가 시체를 싣고서 서쪽으로 달리고 있는 것이 보였습니다. 결국 10시간을 걸었습니다. 트럭의 짐칸에 올라타기도 하면서 이와쿠니역岩國驛에 다다랐고, 화물차를 타고 겨우 시모노세키로 돌아왔습니다. 두 번 다시는 고베에 가고 싶지 않았습니다."

우직한 군국소년이었던 이실근은 소년항공병이 되어서 '나라'를 위해 싸우려고 육군항공소년병에 응모, 그해 3월에 합격하여 10월 1일 입대를 기다리는 몸이 되었다. 그 정도로 철저한 황국소년이었던 것이다. "위대해져서 훌륭하게 군도軍刀를 휘둘러, 깔본 녀석들에게 복수하고 싶다고 생각했어요. 그렇지만요, '가미카제神風가 분다'고 믿고 있던 군국소년이 그 참상을 보고선 '일본이 졌다.'고 생각했습니다."

며칠 후, 아홉 명 전원에게 열이 나는 일이 발생했다. 이실근 등의 몇 명에게는 몹시 심한 설사까지 덮쳤다. 사체 속을 걸었던 긴장 탓인지 심한 갈증 때문에 무의식중에 강물을 마셨던 것이다. 그렇지만 의사에게 진찰을 받을 돈조차 없었다. 쑥을 으깨서 마시고 체내를 소독하기 위해, 담뱃대의 댓진을 밀가루에 싸서 먹었다. 최후의 수단으로 배웠던, 양귀비를 끓여서 우려낸 대량의 즙을 마셔서 설사는 치료되었지만, 몸에 붉은 반점이 생겼다. 반점은 보라색이었다가 검게 변했다. 전형적인 방사선 장애, 자색 반점이었다. 입시피폭, 게다가 오염된 물을 마신 일에 의한 내부피폭이 원인이었다. 복부에 생긴 큰 농포를 도려내니 겨우 차도가 있었다.

해방

쇠약해진 몸으로 8월 15일을 맞았다. "지금까지 어디에 있었던 것일까 생각할 정도로 조선인이 거리에 넘쳤고 "만세, 만세"를 외치면서 춤을 췄습니다. 그렇지만 나는 합류할 수 없었습니다. 몹시 차별받았지만 황국신민으로서의 애국심이 있었던 겁니다. 패전에 대한 분함과 해방의 기쁨, 그 사이에 나는 남겨져 있었어요. 지반이 갈라져 빨려 들어가는 듯한 느낌이었습니다."

시모노세키에는 조선인이 밀려들어와, 전세 낸 어선으로 잇따라 고향에 돌아가려고 했다. 어느새 암시장이 서고, 전쟁 중의 물자 부족이 거짓말인 양 물건들이 넘쳐났다. 뭔가를 구하는 것처럼 이실근도 빈번하게 시모노세키에 오갔다. "나 자신도 조선인이었지……." 당연한 사실을 상기했지만 '그곳'에는 갈 수 없었다. 조선인임을 담보하는 요소가 그 무엇도 없기 때문이다. "조선을 '고향'

이라 말할 수 없는 나 자신이 있었습니다. 내게는 상상되지 않는 고향으로 떠나는 이들의 뒷모습을 선망 어린 눈으로 응시할 수밖에 없었습니다." 그는 지금도 "고향은 야마구치현"이라고 딱 잘라 말한다. "내가 일본에 있는 경위에 대한 의문은 있었지만, 그렇기 때문에 야마구치현에서 태어난 사실은 확실히 짚어두고 싶습니다."

앞이 보이지 않는 불안과 초조함. 그는 '정의감'에 몸을 바쳐서 그것을 해소하려고 했다. 허나 알맹이는 사실상 '싸움판'이었다. 혼란기의 거리에서 활개치고 있던 이들은 야쿠자와 '귀환 특공대'였다. 대의명분이 있으면 이실근은 누구와도 싸웠다. "당시의 철칙은 '강한 자를 꺾고, 약한 자를 돕는다.'는 것이었습니다. 요컨대 '정의감'이라는 마법에 걸려 있었던 거지요. 정의가 바로 서 있다면 대부분의 일은 해도 괜찮다고 여겼죠. 어느 사이엔가 리더 격이 되어 있었습니다."

그러한 일상을 벗어난 계기는 칼부림 소동이었다. 동료와 번화가를 '순찰'하고 있던 그는 빗나갈 수밖에 없는 제비뽑기로 노인을 몽땅 벗겨 먹던 야바위꾼을 발견하고, 도박에 사용하고 있던 귤 상자를 발로 걷어찼다. 도망갔던 야바위꾼은 집에서 단도를 가지고 나와서 역습, 이실근을 찌르고 도망갔다. "야바위꾼이라고 해도 결국은 그 지역의 야쿠자가 자릿세를 받고 상점을 내주고 있었어요. 우리들은 현장에 온 경찰에게 "지금부터 야쿠자를 뒤쫓아."라고 하면서 씩씩거렸습니다. 결국, 경찰을 사이에 두고 조선인연맹이 그 야쿠자에게 싸움의 뒤처리를 하도록 했습니다." 서장에게서 연락을 받은 그들이 경찰서를 나설 때, 눈앞에 작은 오동나무상자

가 있었다. 열어보니 안에는 손가락이 들어 있었다. '이걸로 끝내
자.'라는 야쿠자로부터의 의사 표시였다.

해방 후, 좌파조선인 단체가 동포의 지원을 거의 독점했던 것은
민족에 대한 헌신적 활동과 고매한 이념만은 아니었다. 자이니치
의 생활상 야기되는 다양한 문제를 해결하기 위해서라면 야쿠자
와 불량배, 경찰 권력과도 싸우는 '힘'과 몸을 던지는 '각오' 때문이
었다.

싸움삼매경인 일상에서도 공허함을 느끼기 시작했다. "상대 또
한 불안과 초조함을 발산하고 있는 겁니다. 정의를 내걸어도 비슷
한 녀석이라고 여겼던 거죠." 그 무렵이었다. "규슈대학의 이마나
카 쓰기마로今中次麿의 문하생이 중심이 되어 아사厚狹도서관에서
사회과학연구회라는 모임을 하고 있었는데요, 적극적으로 권해줘
서 가보았습니다. 처음에는 이야기의 내용을 전혀 알지 못해서 도
망치듯이 돌아왔지만, 권유에 못 이겨 또 갔어요. 그즈음에는 싸움
도 하지 않아서 시간적 여유와 에너지를 주체하지 못하고 있었던
겁니다. 차츰 이해할 수 있게 되니 재미있어서 참을 수 없을 정도
였습니다. 16세가 되고 학교는 단념했으니, '배움'에 굶주렸던 거지
요. 『사적 유물론』, 『자본론』을 배우자 혼돈이 정리되어갔습니다.
역시 굉장하다고 생각했던 것은 마르크스였어요. 역사의 흐름을
계통적으로 배운 겁니다. 세계가 이렇게 진전하고, 이렇게 변해가
는 것을 확신을 가지고 보여주었어요. 세계가 열려가는 경험이었
습니다."

조선인학교를 통해 언어를 배우고 민족의식이 무럭무럭 싹터갔

다. 1948년 봄, 조련으로부터 부름을 받았다. 도쿄 다마가와多摩川 근처에 있었던 간부양성기관 '조련중앙고등학원'에 입학했다. 이른 바, 조직활동가로의 '출가'였다. "오늘날 말하는 대학이지만 4년 과 정을 반년 만에 끝내는 거예요. 아사다 미쓰테루淺田光輝와 모기 로쿠로茂木六郎라든가 하는 제 방면으로 쟁쟁한 강사진에게 아침 8시부터 밤 10까지! 이것이 나의 시작점입니다. 지금까지의 나 자신 을 반성하고 조선인으로서 민족, 조국을 위해 살아가 보자고 생각 했던 겁니다. 그렇기 때문에 지금도 조선적으로 살고 있는 겁니다."

도주범

1948년 9월에 학원을 수료, 야마구치로 돌아와 조직활동에 매진 했다. 고립감에 괴로워한 지 4년도 채 되지 않아서 순풍에 돛을 단 듯한 이실근의 일상은, 시대의 거친 파도에 휩쓸려 들어간다. 조련의 강제 해산, 조선인학교의 강제 폐쇄, 그리고 1950년 6월, 조선전쟁이 발발했다. 조국에서의 전쟁으로 몸이 뒤틀리는 듯한 고통을 느끼고 있던 다음달 7월, '대전大田 투쟁'에서 조선인민군의 포로가 된 미국 육군 제24사단의 사단장이 미국의 잘못을 인정했 다는 보고가 들어왔다. 이실근의 입장에서 본다면, DPRK의 정의 가 증명되는 것이다. 감정이 북받쳐 올랐던 그는 몇몇 동료와 함께 전달받은 사단장의 성명을 번역해, 등사판을 긁어 "아메리카의 전 쟁은 정의롭지 못했다. 전쟁을 위해 공산당을 지하로 몰아넣고, 우 리 조선인연맹을 없앴다. 아메리카는 나쁜 놈이다." 등이라고 쓴 반전 삐라 수백 장을 작성, 영화관 2층에서 장내로 뿌렸다. 점령정책 위반, 당시에는 '범죄'였다. 경찰관이 달려왔지만 현장을 진압하지 못한 일을 트집거리로 삼았다.

"집으로 돌아와서는 시치미를 떼고 잠을 잤지만 경찰관이 집 주위를 포위하고 있는 꿈을 꿔, 벌떡 일어났더니 땀에 흠뻑 젖어 있었어요. 그런데 그 꿈이 들어맞아 현실이 되어버린 거예요.(웃음)" 응대하러 나간 어머니에게 "경찰입니다."라는 신분을 밝히는 목소리가 현관으로부터 들려왔다. 눈앞에 보이는 바지와 상의를 걸치고 뒷문으로 빠져나가 이웃집의 담을 넘어서 둘러보니, 몇 사람의 경찰이 집에 들이닥친 것이 보였다. 지인과 친구 집을 전전하면서 도주생활을 지속했다. 약 1개월 후에 체포되었지만 동료들이 고액의 보석금을 긁어모아, 조건부 '자유의 몸'이 되었다. 그러나 추후에 도착한 것은 고쿠라小倉에서 미군의 군사법정에 걸린다는 결정이었다. 할 수 없이 그는 다시 도망갔다. 강제 송환의 두려움이 있었기 때문이다.

하가시하기東萩의 깊은 산속에 숨어 지낸 뒤, 조직으로부터 히로시마에 갈 것을 지시받았다. 섣달그믐날, 핫초보리八丁堀에 있던 민전 사무소에 가니, 시내의 조선인 마을로 안내해주었다. 적당하다고 여겨준 것이 돼지우리 2층, 아래층에 있는 돼지를 감시하는 오두막이다. '마루 아래'에서는 수백 마리의 돼지가 울부짖고, 난잡하게 판을 붙여놓은 '벽'에서는 찬바람이 불어 들어왔다. 비호인지 고문인지 알 수 없었다.

"피신처라고 해도, 정말 인간이 살 수 있는 환경이 아니었어요." 얇고 허름한 이불로 생활했는데, 일어나면 몸에 눈이 쌓여있었던 적도 있었다. "며칠 분의 쌀과 하루 10엔을 보내주었지만, 당시 꽁치 한 마리, 두부 한 모가 10엔이었어요. 먹는 것만으로도 빠듯했어요. 괴로운 것은 담배를 살 수 없었다는 것. 오두막을 빠져나가 국도를 따라 둑에 몸을 숨겨가면서 걸었어요. 차에서 버린 꽁초를 주워서 피우거나 했던 거죠. 비참했습니다. 머지않아 숨어 지낸다는 것이 지역에 알려져 동포가 김치 등의 음식을 보내주기도 했어요."

다음 은신처는 후루이치古市(현재의 히로시마시 아사미나미구安佐南區)의 조선인 마을이었다. 이실근은 거기서 사회과학계 서클을 만들어서 스스로 강사를 맡았다. 부인인 박옥순(1934년생)과도 후루이치에서 만났다. "이제 22세가 되었고 하니, 주위에서 "슬슬 결혼해서 가정을 이루어라."라고 부추겼어요. 그런데 나는 도주범이었잖아요.(웃음) 절의 본당에서 결혼식을 했는데, 생각 외로 사람이 많이 모여서 "이를 인민대회로 합시다."라고 누군가가 말을 꺼냈어요." 옆에서 인터뷰를 듣고 있던 박옥순이 끼어든다. "어쩐지 절의 본당에서 정치적인 선동 연설이 시작되어서……(웃음)"

결혼사진에는 슈트를 입은 이실근과 하얀 웨딩드레스 차림의 박옥순이 야무진 표정으로 팔짱을 끼고 있는 모습이 담겨 있다. 빛의 가감마저 절묘한 이 사진은 이실근이 지명수배범인 것을 몰랐던 사진사가 이를 확대해 자신의 역량을 드러내는 PR작품으로 오랫동안 점포 앞에 진열했었다.

활동하는 한편, 그는 실업대책사업에 단조 기기檀上嘉儀라는 가

명을 등록하여 토목공사로 겨우 생계를 이어갔다. 평화공원 남쪽, 통칭 '100m 도로'(평화거리)의 공사에도 종사했다. 그때의 일, 한여름 햇볕이 내리쬐는데도 긴소매 셔츠를 벗지 않는 사람이 있었다. 조선인이다. 어느 날, 이실근이 동포라는 것을 알게 된 그는 사람들 눈을 피해 셔츠를 벗었다. 몸에 켈로이드keloid가 있었다. 군사 공장에서 일하다가 피폭당했지만 보상도 없이 방치되었던 것이다. 이후의 활동으로 이어진 원체험이다.

좌익 운동에 대한 탄압과 대항 행동은 격화되고 있었다. 화염병이 어지러이 날아다니고, 국회에서는 파괴활동방지법이 상정되어, 정체불명의 법해석을 둘러싼 여당과 야당의 대립이 격렬했다. 동서 대립 시대를 맞이한 일본 국내의 지반 다지기였다. 심대한 희생과 맞바꿈으로 일본 사회는 '전쟁의 비참'과 '반전·평화'에 대한 우려가 깊이 각인되었던 것이다. 이는 패전으로부터 불과 몇 년이 지난 뒤, 핵우산 아래 미국의 세계전략을 담당하는 길을 선택하고, 반전·평화는 '위험 사상'으로 철저한 탄압의 표적이 되어간다. '전쟁 반대'를 외치는 자들이 차례차례 부당 체포와 탄압의 대상이 되어간 제2차 아베 정권 발족 이후의 현재 상황이 중첩된다.

히로시마에서도 여러 차례의 화염병 투척 사건이 일어났다. '피의 메이데이' 직후인 1952년 5월 3일, 오전 5시에 이실근의 은신처인 후루이치의 조선인 마을을 1,000명이나 되는 경찰관이 포위했다. 히로시마에서 연속해서 일어난 화염병 사건에 얽은 수색이었다. 신문보도에 의하면, 히로시마 전역에서의 일제 수색에서는 개조 권총과 실탄, 단도 등 무기류 외에 반전 삐라와 기관지, 공산당의 군사조직 '중핵자위대'의 명부와 혈판장 등이 압수되었다고 한다. 무장투쟁 시대인 것이다. 주세법 위반으로 영장을 발부해 대규모 수색을 하면 '뭔가'는 나오는 것이다.

주세법 위반과 무기단속법 위반, 공무집행 방해 등으로 이날 검거된 41명 중에는 지명수배 중이던 이실근도 있었다. 신문에서의 '직함'은 중핵자위대 307부대원이다. 명부도 이실근의 주거지에서 압수했다고 한다. "집 마루 밑에 숨어 있었는데 들켜버렸어요, "나와라."고 했으나 거절했더니 입씨름을 하게 되었는데 "그렇다면 발포하겠다." 하는 겁니다. 나갔더니 책임자가 내 얼굴을 보고, "이실근이다! 체포해."라고 하더군요. 경찰관 여럿이 우르르 몰려와서 덮쳤고, 나는 손발을 포박당한 뒤 경찰 수송차에 처넣어진 채로 히로시마 구치소에 끌려갔어요."

이날 오후에는 후루이치의 조선인 약 70명이 히로시마지검에 몰려가 탄압에 항의했다. 체포자에 대한 면회를 거부당하고, 청사 내로의 출입도 저지당한 여성들은, "수색으로 인해 급사한 돼지에 대한 책임을 어떻게 질 것인가?" 등의 항의를 했다. "경찰이 돼지를 죽였을 리 없다."라는 차석 검사의 반론에 화가 난 여성들은, 옮겨 온 새끼 돼지의 사체를 지검 정문 앞에서 굴리면서 기세를 올렸다. 그 모습은 《주고쿠신문》에 "지검에서 '돼지'의 항의"라는 해학적인 제목으로 실렸다.

야쿠자 활동가

　점령정책 위반으로 '수배자'가 되었던 이실근이었지만 이미 일본은 주권을 회복, 점령정책 위반의 용의는 효력을 잃었었다. 바뀐 상황에서 문제가 된 것은 화염병 사건과 수색에서 발견된 무기류의 소지였다. 당시의 신문에 기재된 이실근의 주요한 용의는 방화, 무기단속법 위반, 화약류단속법 위반이다. "전부 날조된 겁니다!" 그의 목소리가 거칠어졌다. 심문에서도 전면 대결이었다.

　경찰은 현 정권을 지키고, 검찰은 체제를 수호하려고 한다. 질이 나빴던 인물은 일본의 수호자를 자처하며 '공산주의자 박멸'이라는 사명감에 불타오른 검사였다. 어느 날 운동 시간의 일이었다. 마른 몸에 눈이 매섭고 위압감을 풍기는 남자가 말을 걸어왔다. 남자는 아미노 미쓰사부로網野光三郎라며 이름을 댔다. 〈의리 없는 전쟁仁義なき戦い〉 시리즈에서 나리타 미키오成田三樹夫가 연기한 마쓰나가 히로시松永弘의 모델이 되었던, 히로시마 야쿠자의 거물이다. 아미노가 말했다. "너에게는 어떠한 원한도 없고, 이런 것을 말할 이유도 없지만……." 심문에서 이실근의 '전향'을 쟁취하지 못한 검사는, 공산주의자를 근절하기 위해 야쿠자도 협력해 달라고 하며, 아미노에게 '협박'을 청탁했던 것이다. "일본의 법률에서는 이실근을 처형할 수 없기 때문에, 한국으로 강제 송환해서 총살하게 한다." 이러한 검사의 '전언'을 전한 후에 아미노가 말했다.

　"언제까지나 그 사상을 가지고 있으면, 자넨 형이 끝난다고 해도 나가사키의 오무라수용소大村收容所에 끌려가서 한국으로 보내지지 않을까 싶어. 젊을 때 여기서 죽을 건 아니지 않아? 그러니 여기서 사상 전향을 해.”

이실근은 주의자主義者로서의 진가가 추궁되고 있다고 생각했다. “배에 힘을 넣고서는요, 나도 대답했습니다. “만약 당신에게 야쿠자를 그만두라든가 두목을 그만두라고 말한다면 그만 둘건가?” 그랬더니 아미노 씨가 “공산당과 조폭은 다르다.”라고 반론했지만, 나는 “아니, 다르지 않아. 남자는 그런 말 하는 거 아니지.”라고 했어요.”

아미노는 이실근의 강직한 모습에 탄복했다고 한다. ““과연 굽히지 않는 신념을 가지고 있군, 검사가 그렇게 말할 만했군.” 하고 말하더군요.” ‘주의자’의 본령이 발휘된 순간이었다. 후술하겠지만, 지독한 옥중 생활을 지탱했던 것은 ‘주의자’로서의 프라이드였다. 달리 말하자면, ‘이렇게 하지 않으면 안 된다.’라는 것을 고비마다 스스로에게 되새겼기 때문에, 어떻게든 견뎌낼 수 있었던 것이다. 모범 답안을 내놓은 학생과 같은 표정으로 이실근은 일화를 종결지었지만, 여기에는 속편이 있다. “자랑할 이야기는 아니지만”이라며 머뭇거렸지만 그 이야기는 다음과 같다. “최고 학부를 나온 검사가 그런 더러운 짓을 했다는 사실에 속이 부글부글 끓더군요. 아미노 씨에게 ”다음은 나의 전언을 전해주겠습니까? 라고 부탁하고는 이렇게 말했습니다. “너는 형편없는 쓰레기다. 나를 죽인다고 말한 것 같은데, 그건 꽤 나중의 일이 될 거야. 나는 바깥에 있는 동지와 곧 연락할 거니까 조심해야 될 거야. 화염병이 날아가서 집과 함께 타 죽게 될지도 모를 테니까.”

누가 야쿠자인지 알 수 없다. '야쿠자 활동가'의 진가 발휘이다. 며칠 후에 아미노가 스스럼없는 표정으로 다가왔다. "요전의 자네의 전언을 전했더니, 그 녀석, 얼굴이 새파래져서 "농담이야, 취소했으니 기분 나빠하지 마."라고 말하더군. 그런 모습을 보고 있자니 가여워서 견디기 어려웠을 정도야." 검사에 대한 분노가 가라앉지는 않았지만, 우리 사이에 낀 아미노의 체면을 손상시킬 수는 없는 노릇이었다. 그래서 싸움을 그만두었다.

"거기에서 동요하거나 두려워하는 기색을 보였다면 형무소에서도 움츠러들어서 지냈을 것이라고 생각합니다. 그 일로 아미노 씨도 "운 좋게 나가면 바깥에서 만나자."라고 했어요."

아미노는 이실근보다 먼저 바깥 사회에 나갔다. 그는 이실근의 출소(생환)를 자신의 일처럼 기뻐하며 약속한대로 축하연을 열어주었다. 조폭이 공산주의자의 출소를 축하했던 것이다. 참석자 중에는 〈의리 없는 전쟁 완결편〉에서 기타오지 긴야北大路欣也가 연기한 마쓰무라 다모쓰松村保의 모델이자 후에 3대 공정회共政會 회장인 야마다 히사시山田久도 있었다. 머지않아 건달 생활을 은퇴하고 사업가로서 성공했던 아미노와의 교우는, 그가 사망하기 전까지 지속되었다. 담력이 강한 기질, 분위기를 읽는 힘, 재치. 여기에 알맞은 무지막지함―이 요소만은 이실근에게서 느껴지지 않는다―이 더해지면 두목의 자질이 충분하다. 실제로 그 조직으로부터의 스카우트도 몇 번인가 있었던 듯하다.

협박만이 아니다. '전향을 시키지 못한 당국자는 이런 회유책까지 제시했다고 한다. ""만약 여자가 필요하면, 내가 이 감방 안으로 데려와주지."라는 말을 들어서요, 그런 사람을 깔본 적도 있어서 더욱더 화가 치밀었어요." 집요한 '전향 요청'을 딱 잘라 거절해온 이실근에게 '조선적'이란 비전향의 증거인 것이다.

담장의 안과 밖

그런데 바깥 세계에서는 연일 항의 활동이 일어났고, 10일 후에 이실근 등 4명의 구류 이유에 대한 개시공판이 열렸다. 히로시마 지방법원의 대법정은 활동가로 가득 메워졌다. "재판소는 운동 측과 교섭해서 석방으로 의견이 모아졌던 모양입니다." 하지만 재판장이 심문을 끝내고 폐정을 선언하자 법정 안은 일순간 노호의 바다가 되었다. "애국자는 무죄다.", "석방하라.", "약속이 다르다." 등등. 재판관이 법정을 빠져 나가려 하자, 방청객이 몰려들어와 울타리가 무너졌다. 간수에게 자신의 수갑이 채워졌다. 검사와 재판관은 방청객에게 붙잡혔다. "어느 사이엔가 우리들은 들려져 있었고, 그대로 뒤로 옮겨져 법정 바깥으로 나왔습니다. 복도를 뒤돌아보니 아무도 없었습니다. 이제 와서 감옥으로 돌아가는 것도 이상해서 도망쳐버렸어요." 당시 여러 신문에서도 문제 삼았던 전대미문의 탈취극이다. 지방지에서는 울타리가 넘어지고 의자가 어질러졌던 법정 안의 사진이 게재되어 있다. 여러 지역을 전전했지만 약한 달 후에 체포되었다. 나중에 판명난 사실이지만 조직 내에서 정보 제공자가 있었던 것이다. 이실근의 은신 정보에는 꽤나 높은 값이 책정되어 있었다고 한다.

세 번째 체포였다. 죄명에는 '도주죄'가 더해져, 3개월 후에 징역 15년이 구형된다. 판결 기일은 그로부터 1개월 후이다. 이상한 속도의 심리審理였다. 이실근은 말한다. "제대로 된 증거도 없었기 때문에 판결을 서둘렀던 겁니다." 분노와 불안에 영합했던 판결. 그의 말을 뒷받침이라도 하듯이 히로시마지방법원이 선고했던 판결은 뜻밖에도 징역 5년이었다. 갖가지 죄명을 긁어모은 결과였다. 구형의 절반의 판결이라도 검찰 측에서는 '패배'이다. 삼 분의 일은 있을 수 없는 일이다. 이보다 더한 것은 공안사건이다. 검찰을 배려해서 무죄만은 피했던 것이지만, 사실상 무죄라고 해도 좋다. 아무리 생각해도 무리수를 둔 체포, 기소, 그리고 구형이었다.

그리고 당연하달까, 여기에서도 이실근은 또 일을 저질렀다. 소란스러워진 법정에서 방청석을 보니, 예전에 알고 지내던 공산당원이 그에게 무슨 말인가를 외치고 있었다. "주의를 기울여 들어보니, "이 군! 만세다!"라고 외치고 있는 거예요. 뭐가 '만세'인지 이유를 몰랐어요. 이 사람이 뭘 말하고 있는지 생각했었습니다."

—— 그래서 어떻게 했습니까?

"아니, 어리기도 했었고, 바로 말해버렸어요. 네 명이서 "일본 공산당, 만세!"라고요. 그것도 세 번이나.(웃음)"

반복하지만 검찰의 '완패', '굴욕'의 판결이었다. 거기에 더해 궁극의 질서유지의 장에서 체제에의 반역자가 '만세 삼창'을 한 것이다. 검찰은 물론 동료들 사이에서 수치심을 감내하면서까지 내린 '짧은 양형'으로 이실근을 배려했던 재판관에게도, 이것은 용서할 수 없는 행위였다. 검찰이 항소하고, 항소심에서는 징역 7년의 판결을 선고받았다. 만세 삼창을 한 탓에 2년이 '덤'이다. 그래서 구형의 절반 이하였지만 최고재판소에서 실형이 확정됐다. "처가의 부모님께도 "이런 바보 같은 이가 다 있나!" 하는 심한 욕도 들었지요.(웃음)"

초범으로 7년 이하의 양형을 받았던 그는 단기수감자가 많은 야마구치형무소로 보내졌다. 통지받은 시간보다 훨씬 이른 시간에 히로시마구치소로부터 끌려 나가게 되었을 때는 "견딜 수 없이 불안해졌다."고 한다. 실제로는 잘못된 것을 되돌려 놓은 것이지만 검사의 '협박'이 머리를 스쳤기 때문이다.

당연한 얘기지만 이실근은 요주의 인물이었다. 식사 때 식기가 부딪치는 소리를 낸 것을 '이유'로 나이 든 동포 남성이 간수에게 구타당한 사건을 둘러싸고, 즉각 '형무소 내의 민주화'를 형무소 간부에게 직접 호소하고, 변호사를 통해 형사고발을 선언했다. "얌전히 굴면 하루라도 일찍 가석방될 수 있다."라고 하는 판에 박힌 회유책도 거절했다. "내 일은 어찌 되어도 괜찮고 살아서 돌아갈 거라고도 생각하지 않았어요. 나는 그런 사람입니다. 공산주의자란 그런 겁니다." 무모하게 들릴지도 모르지만 그게 아니면 견뎌낼 수 없었을 것이라고 생각한다. "'민족과 조국을 위해서는 죽어도 된다.'고 생각했더니, 마음이 편안해졌습니다."라고 하면서도 한편에 존재했던 당시의 고뇌도 술회했다. "외아들이라서 부모님을 생각하면요. 게다가 신혼인 아내도 있고요. 불쌍하구나 싶은. 그렇지만 '져선 안 된다.'는 생각도 있었지요, 항상 나의 내면에는 투쟁이 있었던 거지요."

이 일로 그는 히로시마형무소로 이송된다.

거기에서도 항상 '전향'이란 두 글자가 거대한 입을 벌리고 있었다. 독서라 하면 사회과학계 서적만 읽었지만, 그 무렵 이실근은 대량의 문학을 차입해서 탐독하기 시작했다. "마르크스와 레닌의 이론서는 그때까지도 읽고 있었지만, 매우 감명을 받았어요. 인상 깊은 책은 고리키의 『어머니』라든가 오스트롭스키의 『강철은 어떻게 단련되었는가』, 고바야시 다키지의 『게 가공선』과 이시카와 다쿠보쿠石川啄木의 시라든가……." 국가를 배경으로 한 간수와의 절대적인 힘의 관계를 받아들이고, 패배당하는 것을 강요받는 나날 속에서 그가 의지한 것이 다름 아닌 '문학'이었다.

형무소 내에서의 네트워크도 쌓여갔다. 매월 한 번 강당에서 열린 예능과 영화 상영회가 정보 교환의 장이 되었다. "영화를 볼 때가 최적이었습니다. 전기가 꺼지면 자연스레 모여서요, 바깥의 정보를 차례차례 얻어들었습니다." 신규입소자의 정보를 중심으로 해서 화장지에 연필로 작은 글자를 써넣은 옥중신문도 만들었다. "그렇게 하고 있으니 '빨갱이 사냥'의 기세도 약해져가는 것을 실감할 수 있었습니다. 살아서 돌아갈 수 있을지도 모른다고 생각하기 시작했습니다." 형무소 내에서의 처우 순위도 개선됐다. 짚을 씹는 듯한 보리밥에 건더기 없는 '똥국'이었던 밥이 먹을 만한 식사로 바뀌었다. 매일 면회도 가능해지고, 독서의 제약도 거의 완화되었다.

"그러한 경험이 있기 때문에 나는 괜찮다."라고 그는 말한다. 그러나 그것으로는 해결되지 않는 영향도 있었던 것 같다. 박옥순은 말한다. "형무소에서 (자신의 신념으로) 세뇌시켰던 모양입니다. 원래 요령이 좋은 사람은 아니었지만, 출소 후에는 이전보다 더욱더 딱딱해져 버렸어요. 말이 통하지 않는 일도 있고, 그건 지금까지도 완전히 벗어나지 못했습니다." 감수성이 풍부한 20대 시기를 형무소 안에서, 그것도 국가권력은 물론, 야쿠자를 비롯한 다른 수형자와의 긴장 관계와 강제 송환(처형)의 불안 속에서 보낸 경험은 그의 내면에 지울 수 없는 영향을 끼쳤다고 말할 수 있다. 출옥 후의 앞뒤를 생각하지 않는 저돌적인 맹진猛進은, 옥중생활에서 자기 암시를 반복했던 결과일지도 모른다.

귀국사업에서 조선인 피폭자 구제 활동으로

1959년 1월, 햇수로 8년의 옥중생활을 끝냈다. 조선전쟁이 휴전되고, 좌파조선인 운동이 일국일당으로 조국과 직결되어 있다는 건 알고 있었다. 그렇기 때문에 그는 조선어로 인사를 준비했고, 마중 나온 활동가와 함께 사무소로 돌아가서 조선어와 일본어로 인사했다. 위로의 말을 듣고 진수성찬을 먹으니 비로소 '생환'이라는 두 글자가 실감으로 다가왔다. "말로 표현할 수 없을 정도로, 기뻤습니다."

그러나 그는 우라시마 다로浦島太郎*와 같은 신세였다. 지식으

---

* 거북을 살려준 덕으로 용궁에 안내되어 3일 동안 호화롭게 지내다가 돌아와 보니,

로는 알고 있었지만 운동의 변화는 예상을 넘어섰다. 그의 자서전 『프라이드』(汐文社, 2006)에는 노선 전환에 대해서 이렇게 기록되어 있다. "예전에는 공산당과 조선인 조직이 뒤섞여 있어서 중앙에서 영문도 모르는 방침이 흘러들어왔지만, 지금은 조선인은 조선인 조직, 일본인은 일본인 조직이 되어 있다. 그 무렵 일본 공산당 안에 있었던 민족대책부도 사라지고, 일본의 정치에 간섭하지 말라고 되어 있었다. 조선인 측의 '일본의 재군비 반대'라는 활동도 해서는 안 된다는 것이었다. 서로가 호혜 평등의 입장에서 형제와 같이 사이좋게 해나가자고 하는 세상으로 변하고 있었다. 그렇게 시대는 변했던 것이다."

어딘지 자신을 타이르고 있는 듯하다고 느끼는 것은 나만의 착각일까. 오전협 노선을 충실히 실행하며, 도망, 형무소 생활을 강요당한 이실근의 입장에서 보자면, 조국과 민족을 최우선에 내세우는 방침은 전면적으로 찬동할 일이지만 스위치를 교체하듯이 적응할 수는 없다. 무장투쟁으로 치른 희생에 대한 반동이기도 한 '내정불간섭' 등의 새로운 방침에, 그는 매우 곤혹스러웠던 듯하다. 어떤 사람이 당시에 이실근으로부터 받았던 편지에는, 급격한 변화에 대한 망설임이 잘 드러나 있다. 거기에는 "나는 은퇴하는 편이 나은 인간인 것인지"라는 고뇌가 적혀 있었다고 한다. 히로시마 총련의 조직부 부부장으로 영입된 그는 '동요'를 떨치려는 듯, 더욱 활동에 몰두해간다.

지상에는 많은 세월이 지나 친척이나 아는 사람은 모두 죽고, 모르는 사람뿐이었다는 전설의 주인공.

그 중의 하나가 머지않아 시작된 '귀국 사업'이다. 이실근은 히로시마에서 니이가타로 '귀국자'를 보내는 역할을 1년 정도 담당했다. "역시 곤경에 처한 자를 돕는다고 주석이 말해준 겁니다. 거기까지 민족의 일을 고려해주었다는 것이 기뻤어요. 조국이 도와준다면 어려운 사람을 하루라도 빨리, 한 사람이라도 많이 귀국시켜야 한다고 생각했습니다. 결과적으로 받아들일 능력이 없는데도 받아들인 것이고, 우리들도 미숙했었다고 생각합니다……. 그런데요, 당시에는 항구에서 배웅하면 두 번 다시 만나지 못할 것이라고는 생각지 않았습니다. 약간의 서운함은 있어도 만나러 간다면 다시 만날 수 있을 거라고 생각했어요."

그러나 귀국자와의 연락은 뜻대로 되지 않았다. "도대체 어떻게 되고 있는 거야?"라는 물음을 그 시기에 한 동포로부터 들었다. "자네가 쓸데없는 말을 해서 친척이 돌아갔지만 밥 먹는 것도 힘들 정도로 고생하고 있는 것 같더라." 등등. 다시 만날 것을 약속하면서 보낸 몇 사람의 얼굴이 눈에 어른거렸다. 피폭자의 존재도 마음에 걸렸다. 귀국사업으로 히로시마를 떠난 사람은 2,055명, 피폭자도 꽤 많이 포함되어 있을 터였다. 북조선을 방문하는 일본인 의원들에게 부탁해서 조선대외문화연락협회(주로 비정부 간의 국제 교류를 담당하는 DPRK의 외교 조직)에 문의해봐도, "일본에서 온 사람들 중 원폭피해자는 존재하지 않는다."라는 답이 돌아왔다. "왠지 꺼림칙한 느낌이 들었어요." 그가 스스로 확인할 수밖에 없었다.

청년단체를 거쳐 1964년 히로시마의 조선상공회로 옮겨가, 1년도 채 되지 않아 이사장이 되었다. 조직의 재정을 맡은 요직이었지만, 이실근의 내면에는 '일본인의 비극'에서 배제된 구 식민지 출신자, 그중에서도 재일조선인 피폭자의 구제, 그리고 재조피폭자의 실태 해명에 대한 생각이 팽배해져 간다. 매우 바쁜 일상 속에서 구체적인 행동은 뜻대로 하지 못했지만, 1965년 《주고쿠신문》에 재한피폭자를 취재한 최초의 연재기사가 게재되었다. 필자는 후에 히로시마 시장이 된 히라오카 다카시平岡敬다. 1967년에는 한국에서 피폭자 단체가 탄생했다. "그렇다면 조선인은? 공화국은?" 초조하고 애가 탔다. 1975년 조직에 단체 결성을 제안했지만 다른 의견들이 튀어나왔다. "'지금은 조국통일이 최우선'이라는 거예요. 그것도 중요한 일이지만 눈앞의 피폭자를 구원하는 운동도 하지 않으면 안 된다고 말했지만……"

이를 단념하지 않은 것이 이실근의 진면목이다. 처우를 인정받은 재일조선인 피폭자들에게 상담을 하니 시야가 열렸다. "'우리가 만들면 된다.'는 말에, 그건 그렇다고 생각했고, 그해 8월 2일, 히로시마현 조선인 피폭자협의회廣島朝被協를 결성했습니다." 130명이 결성하는 데 모이고, 이실근이 회장이 되었다. 계속해서 1979년에는 나가사키에서 조직을 만들고, 1980년에는 전국 조직이 되었다. 상공회 이사장은 1975년 말에 스스로 사임했다. "뭐, 조직에 여러 가지로 일이 있어서"라고 그는 말을 아꼈지만 '본래와는 다른 활동'에 빠진 이사장은, 조직 내에서 고립되었던 모양이다. 외곬의 결과였을지도 모른다.

'일본 국민의 비극'

결성 후에 어수선했던 건 재히로시마 조선인 피폭자의 실태 조사였다. 서서히 주목한 결과, 1979년에는 재일조선인 피폭자의 구술집 『흰 저고리의 피폭자』(勞働旬報社)를 출판한다. 그 전 해인 1978년에는 제1회 유엔군축특별총회가 개최되어 일본에서 500명이 참가하게 되었다. 이실근도 참가를 희망했으나 DPRK와 미국은 휴전상태에 놓여 있었다. 젊었을 적에 삐라를 뿌린 사건의 영향으로 엄격할 것이라 생각했다. 그러나 탄원서와 서명을 주일미국대사에게 보내는 등의 행동을 한 결과, 비자가 나왔다. 조선적으로, 게다가 DPRK 국적 보유를 공언한 인물이 아메리카에 입국하는 것은 전대미문의 일이었다. DPRK 재외공민으로서의 미국 방문을 의외로 기뻐했던 이는, 총련 의장인 한덕수였다. "나리타에 가기 전, 총련 본부로 오지 않겠냐는 연락을 받았습니다. 가서 의장을 만났는데 상당히 기뻐하더군요. 어떻게 해서 입국할 수 있게 되었는지에 대해 여러 가지 질문을 받고, 나와 또 다른 한 사람의 재일도항자에게 각각 10만 엔의 자금을 주었어요."

이실근의 자격 조건은 '일본 국민 대표단'의 참관인이었다. 거기서 통감한 것은 일본인 피폭자 단체의 '국민주의'였다. "자신들의 행동 계획이 이미 정해져 있고, 딸려가는 우리들의 사정은 안중에 없었던 겁니다. 동행 취재한 미디어와 일본 저널리스트 회의 멤버들에게 사정을 말했더니 미국의 미디어를 대상으로 기자회견을 마련해주었습니다. 그래서 재미한국인과 아메리카의 평화단체와 교류할 수 있었습니다."

당시 피폭자란 일본 국민이고, 원폭투하는 일본인의 비극 이외에는 아무것도 아니었다. 일본의 미디어에서 처음으로 재한피폭자의 존재를 기사화하고, 왜 조선인 피폭자가 있는 것인가를 세간에 문제제기했던 히라오카도 말한다. "처음으로 한국 취재를 해서 쓴 이후, 피폭자 단체로부터 굉장히 비난받았습니다. 식민지 지배의 책임을 쓰니까 "우리들이 피해자다."라고 하는 겁니다. 구미를 향해서 호소만 할 뿐 아시아로는 눈을 돌리지 않았어요. 아시아에서 일본이 피해자라고 말해도 통하질 않았으니까요. 2년 후에 갔을 때는 상대편에서 피폭자 단체가 결성되었기 때문에 돌아와서 원수폭금지일본회의原水禁에 "연대해야 한다."고 호소하니, "(재외 피폭자까지 추가하면) 보상금이 줄어든다."는 등의 말을 했습니다. 나는 화가 났습니다. 파이가 줄어들면 운동으로 늘리면 되지 않습니까! 조선의 피해자를 배제하는 차별 의식이 존재하는 것입니다."

식민지 출신 피폭자 문제에 운동권의 눈이 향하기 시작했던 것은 1970년대의 일이다. 피폭 의료를 요구하는 한국인의 밀항 사안이 지속되었는데, 그 중 한 사람으로 신병身柄이 구속되어 있던 손진두孫振斗가 피폭자 건강수첩 교부와 퇴거 강제에 대해 무효를 호소하며 재판을 일으켰던 것이다. "손 씨의 (수첩)재판이 최고재판소에서 확정된 1978년 이후가 되어서야 겨우 운동권의 의식이 변하기 시작했다고 생각합니다."(히라오카) 그렇지만 그것은 어디까지나 평화운동가 입장에서의 이야기이다.

8월 6일의 '평화 선언'에서 가해, 식민지 지배 등의 언어가 명시적으로 등장한 것은, 히라오카가 시장이 되었던 1991년 이후 몇 년간뿐이었다. 원폭위령제 식전에 재외피폭자가 처음으로 초대된 것은 피폭으로부터 실로 반세기가 지난 1995년이 되어서였다. 원폭 투하는 어디까지나 '일본 국민의 비극'이고, 가해의 '가책'도 제거하는 필터로서 존재하고 있었다. 자신의 책임을 무시하고 이야기되는 '평화'가 얼마나 설득력을 지니고 있을까. 그리고 2013년 원폭위령제에서 "우리 일본인은 유일한 전쟁 피폭 국민"이라는 염치없는 말을 입에 담은 아베 신조는, 2014년, 15년 식전에서도 "유일한 전쟁 피폭국가"라고 지속해서 말했다.

2011년에 이실근과 대화했을 때, 그는 원통한 사건에 대해 숨김 없이 말한 적이 있다. 몇 년 전, 평화기념공원에서 한국어가 들리는 곳을 응시했더니 수학여행을 온 학생 같은 소년, 소녀의 무리가 있었다. 물어보니 대구에서 왔다고 한다. 감상을 물으니 아이들은 이렇게 말했다. "다음에 원자폭탄 몇 발을 떨어뜨려서 일본을 멸망시켰으면 좋겠어요." 이유를 묻자 아이들은 말한다. "(한국인)위령비가 공원 구석에 놓여 있어요. 죽어서까지도 차별받고 있잖아요." 그는 원폭의 공포와 무차별 공격의 무거운 죄 등을 들려주고, '지나친 말'을 철회하게 한 뒤 '언젠가의 재회'를 약속하고 헤어졌다. 조선민족의 일원으로서, 그는 위령의 땅에서 발화된 동포의 '폭언'에 일종의 책임을 느끼고 타일렀던 것이지만, 내 생각은 사실 다른 데에 있었다. 아이인데도 혹은 아이이기 때문에 말할 수 있는 '가해의 망각', '과거와의 절단'이라는 '히로시마의 기만'이 거기에 있었던 것이다. 이때 내가 상기한 것은 구리하라 사다코栗原貞子의 시 「히로시마라고 말할 때」였다.

'히로시마'라고 말하면
'아아 히로시마'라며 상냥하게는
대답하지 않는다
아시아 각국의 죽은 자들과 무고한 민중이
일제히 능욕당한 이의 분노를
분출한다
'히로시마'라고 말하면
'아아 히로시마'라고
상냥한 대답이 돌아오게 하기 위해서는
버렸다던 무기를 정말로
버리지 않으면 안 된다
이국의 기지를 철거하지 않으면 안 된다
그날까지 히로시마는
잔혹과 불신의 쓰라린 도시다
우리들은 잠재하는 방사능에
그을린 불가촉천민pariah이다

'히로시마'라고 하면
'아아 히로시마'라고
상냥한 대답이 돌아오게 하기 위해서는
우리들은
우리들의 더러워진 손을
깨끗이 씻지 않으면 안 된다

더러워진 손은 씻기지 않았다. 그뿐 아니라 이 나라는, 버렸다고 말했어야 할 무기를 당당히 손에 들고, 다른 나라의 군대와 더불어 전쟁으로 발을 내딛으려 하고 있다.

북조선 방문

이실근은 타고난 정력과 돌파력으로 활동을 전개하고, 길 없는 길을 개척해갔다. 1982년에는 일본 피단협(원수폭피해자단체협의회)의 '유럽으로의 여행'의 일원으로, 소련, 체코슬로바키아, 동독, 헝가리를 방문했다. 다음 해에도 유럽에 한 달간의 강연 여행을 갔다. 몇 번인가 전면적인 핵전쟁의 위기를 거쳐 반핵운동이 고양되는 한편, 1985년에는 소련에 고르바초프 정권이 탄생하고, 새로운 시대를 향한 지각 변동이 시작되었다.

그해, 이실근은 몹시 그리워하던 DPRK를 처음으로 방문했다. "피단협에서 소련에 파견되었다가 돌아올 때였습니다. 모스크바의 공화국 대사관에 가서, "나는 자이니치이지만 평양에 가고 싶습니다."고 말했더니 두말없이 "들러 주세요."라고 해요. 모스크바에서 평양까지 비행기 값을 물으니 15,000엔이라 하더군요. 싸서 좋다고 생각하고, 수속을 밟아 달라고 해서 평양에 들어갔던 거예요."

건국으로 환희하고, 그때까지 살아있던 덕택으로 처음으로 조국을 방문했다. 하지만 그것은 씁쓸한 추억이 된다. "비행장에 내렸더니 안내인이라는 사람이 따라붙었어요. 호텔에까지 따라와서 꼬치꼬치 조사를 하는 겁니다. 나는 가볍게 '우리나라에 들렀다가 돌아가자.'고 생각했지만 상대방은 달랐어요. 모스크바에 갔으니까 공화국에 들른다는 식으로 생각하는 자이니치는 없었기 때문에, 이상한 놈이라고 생각했던 거겠죠. 상공회의 이사장이면 총련에 문의해서 괜찮을 거라고 생각했지만, 피폭자 단체가 독립된 조직으로 인식되고 있지 않았기 때문에 어떤 자인지 추궁당했던 거지요. 물론 전시체제하였기 때문에 방법이 없기도 했지만, 마치 취조하는 듯했어요. 뭐, 심문은 일본에서 받았기 때문에 익숙해질 대로 익숙해져 있었지만 내가 생각하고 있던 조국이 이런 것인가 하는 생각이 들었어요." 불타는 듯이 연모하고 있던 대상에 대한 마음이 불신과 원통함으로 변해간다. "그런데도 심문했기 때문에 끝내는…….."

―― 어떻게 했습니까?

"묵비권을 행사했어요. 일본에서 경험했었기 때문에.(웃음) "나는 이제 말하지 않겠다. 더 이상 말하고 싶지 않으니까 아침까지 제멋대로 질문해봐!"라고 했어요."

지금도 웃음으로 포장하지 않으면 말할 수 없을 정도의 충격적인 체험이었던 것이다.

"이것이 처음 방문한 조국인가 하는 생각으로 뭔가 맥이 풀려버렸어요. 이제 돌아가고 싶다고 생각해서 "차편은 없는가." 하고 물으니, 만경봉호가 나간다고 했어요. "그럼, 내일 돌아갈 테니까 수속해주시오."라고 말하니 상대도 안심하는 듯했어요. 돌아오는 배에서 없는 돈을 몽땅 털어서 마실 수 있는 만큼 들이켰습니다. 왜 조국은 민족에게 이런 것일까. 자부심을 갖고 사람들을 위해 애쓰고 있는데, 어째서……. '이제 두 번 다시는 오지 않겠다!'고 생각하면서요."

그렇지만 이실근의 몸은 이미 자신만의 것이 아니었다. 다시 방문할 기회는 곧바로 찾아왔다. 2년 후인 1989년 '피폭교사의 모임'에 있던 친구와 이실근이 초청되었다. "제13회 세계청년학생제전에서의 초대였습니다. 사회주의권의 청년들이 모이는데 "거기에서 연설을 해달라."는 것이었습니다. 뭔가를 가지고 가야 한다고 생각해서 평화공원의 등불을 램프에 넣어서 가지고 갔어요. 연설을 한 그것이 평양방송에 내보내졌습니다." 그것이 생각지도 않은 효과를 낳았다. 다음날 이른 아침, 10명 정도의 '귀국자'가 이실근이 숙박하는 곳에 찾아왔다. 지금까지 존재하지 않는다고 들었던 재조피폭자였습니다. "'살아 있지 않은가.', '존재하지 않은가.'라고 생각했어요." 사죄와 보상의 의무가 있는 일본은 '국교의 부재'를 이유로 실태조차 파악하려 하지 않고, 국내에서는 충분한 치료를 받을 수 없다……. 그들의 입에서 튀어나오는 온갖 괴로운 처지에 대해 들으면서 그는 재조피폭자의 보상을 결의했다. "이때부터 재조피폭자라는 존재에 관심이 높아졌던 겁니다."

일본 국내외에 재조피폭자의 존재를 호소하며 다녔다. DPRK에도 피폭자 단체가 필요했다. 실태를 조사하기 위해 먼저, 1992년에 조선신보사를 통해 설문조사 용지 1만 장을 DPRK에 보냈다. "중요한 일입니다. 보내기만 하고, 부탁하기만 하는 것은 도의적으로 문제라고 생각해서" 세 번째 방문을 했다. 피폭에 대한 인식은 조금씩 변해가고 있었다. 이에 대응했던 사람은 당시 조선노동당 서열 세 번째인 김용순金容淳이었다. "설명해달라고 부탁하니, "내가 책임지고 하겠습니다."라고 말해주었습니다." 그 후, 2년에 걸쳐 조사가 이루어졌다. 그 단계에서 928명의 생존 피폭자의 존재가 발굴되었다. 사망한 이를 포함하면 DPRK의 피폭자는 적어도 1,953명에 달하고 있었다. 그것을 토대로 1995년, '반핵평화를 위한 조선원폭피해자협회'가 결성되었다. 그리고 1999년, 이 협회가 주최하여 평양에서 처음으로 원폭사진전이 개최되었다. 평양 시민의 반향이 뜨거워서, 당시 6일이었던 전시 기간이 2주 가까이 연장되었다. "역시 조선전쟁기에 원폭투하로 위협당했을 때의 경험이겠지요. '원폭 따위 종이호랑이다.'와 같은 감각이 뿌리 깊어요. 그렇기 때문에 실제로 사진을 보여준 것의 의미는 컸던 거예요." 다음 해에는 재조피폭자 대표단이 공식적으로 처음 일본에 와서 오부치 게이조小淵恵三 수상, 노나카 히로무野中廣務 간사장 대리 등과 면담했다. 획기적인 성과였다.

국회의원과 변호사를 DPRK에 안내하고, 어쨌든 그 실정을 호소했다. 2002년, 일본변호사연합회日辯連에 의한 재조피폭자에 대한 청취 조사에서는, 변호사들의 질문에 피폭자들이 "무상 치료로 만족하고 있다. 무엇도 요구할 것이 없다."고 대답했던 것에 대해, "그런 형식적인 대답을 들으러 온 것이 아니다!"라고 격노, 당시의 DPRK의 의료수준에서는 충분한 치료를 받지 못하고 있는 현상은 물론이거니와 무엇보다 피폭자라는 원인을 만든 일본 정부에 대한 사죄와 보상을 요구하는 '본심'을 드러내서, 주위를 아연실색하게 만들었다. 필사적이었다.

허공에 부유하는 말

어지러울 정도로 상황이 변해가고 있던 2001년 7월, 이실근은 한국의 시민단체로부터 초빙을 받아서 부모의 고향인 한국에 발을 들여 놓았다. 재한피폭자와 교류하며 재조피폭자와의 격차에 깜짝 놀랐다. "1990년 시점에서, 일본 정부는 재한피폭자에게 인도적 조치로서 40억 엔의 갹출을 표명하고 있었습니다. 게다가 재한피폭자에 대해서는 일본에 와서 치료할 수 있도록 하고 있었습니다. 한편, 재조피폭자에 대해서 일본 정부는 "국교가 없어 실태를 알 수 없다."라며 방치했습니다. 일본 정부의 조사도 2001년 한 번뿐이었습니다. 이렇게 태도가 다른 것은 도대체 무엇 때문입니까." 재한피폭자에 대한 갹출은 91년과 93년에 이루어졌지만, DPRK피폭자에게는 그 무엇도 실행되지 않았다. 한편으로 남북 양국에서의 피폭자의 입장에서는 공통적인 것을 느꼈다고도 한다.

"어느 나라에서도, 전쟁 피해라는 건 조선전쟁의 피해를 가리키고 있었습니다. 식민지시대, "나라를 빼앗겼던 매우 힘든 시기에 일본으로 건너가서 있었으면서 무슨 피해냐!"와 같은 분위기가 있었다는 건 양쪽 모두로부터 들었습니다. "더구나 조선전쟁이라는 민족의 비극이 일어나고 있었을 때, 조국에 없지 않았는가!"라고요. 그런 사정 속에서 피해를 호소하기 어려웠던 역사는 공통적인 측면이었어요."

처음으로 한국에 방문했을 때에는 아버지의 고향에도 갔었다. 그때의 인상을 묻자 심각했던 표정이 조금 누그러졌다. "부친의 허락도 받지 않고 갔었어요.(웃음) 아버지와 어머니가 어떤 장소에서

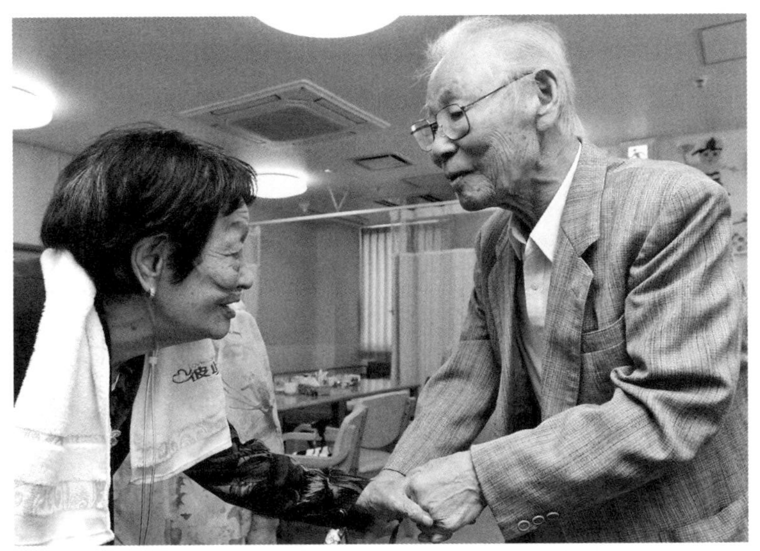

교토에서 온 피폭자를 맞이하다. 히로시마시 니시구의 간호시설 '아리랑의 집'에서. 2016년 10월 12일.

어떤 생활을 하고 있었을까 하는 생각을 했어요. 가보니 평화롭고 조용해서 괜찮은 곳이었습니다. 납득했고, 선조의 고향을 확인하고 새로운 '자부심'을 가질 수 있었습니다. 그렇지만 그곳은 아버지의 고향이지 내 고향은 아니었습니다. 내가 왜 일본에서 태어나고 자랐는가. 그 경위에 연루되어 있기 때문에 그곳이야말로 내 고향입니다. 야마구치에서 태어난 것을 잊어서는 안 되고, 또 중요하게 여겨야 한다고 생각하고 있습니다."

—— 그렇다면 조국이란?

"지금은 분단되어 있고, 나는 공화국 국적이지만, '조국'이라고 하면 하나의 코리아를 뜻합니다. 내가 강연 같은 데서 '조선인'이라는 호칭을 쓰는 것도, 통일 조국의 이미지이고, 민족의 명칭을 가리킵니다."

이실근은 그 후 총 4번 한국을 방문했는데, 2005년에는 국회의원회관에서 연설을 했다.

"나는 가난하고, 볼품없는 인간이지만, 조선인으로서의 자부심을 갖고 굽히거나 아부하지 않고 살아온 셈입니다. 그것이 자랑입니다. 조선인으로 태어나서, 민족과 조국을 회복하며 살아왔어요. 조선적으로 존재하는 것은 별로 대단한 이유가 아니에요. 이후에 들어선 한국으로 바꿀 필요는 없고, 더구나 일본으로 바꾼다는 건 가당치 않습니다. 한국에도 미국에도 당당하게 조선적으로, 조선민주주의인민공화국 국적으로 들어갔습니다. 나의 자부심입니다. 더구나 나는 공화국에 사람들을 보냈습니다. 나는 절대로 삶의 방식을 바꿀 수는 없습니다."

정신없이 살아온 40년 동안, 깨닫고 보니 DPRK를 25번 방문했었다. 거실의 TV 위에는 현재로는 최후의 미국 방문이 된 2011년, UN 본부에서 반기문 UN 사무총장과 악수하는 사진이 진열되어 있다. "해야 할 일은 했습니다." 시선을 자주 떨어뜨리며 이실근이 말하자 옆에 있던 박옥순 씨가, 남편이 말할 수 없었던 마음속의 이야기를 짐작하고선 말했다. "40년을 해왔지만 본질적으로는 아무것도 변하지 않았지요."

90년대에 움직이기 시작할 듯 보였던 사태는 조금도 변동이 없었다. 한편으로는 납치 문제가 발각되고, 또다시 '국민의 비극'이 '타자에게 부가한 고통'을 구축해갔다. 그리고 대북 강경일변도로 권력이 치달은 아베 신조가 다시 등판해 '역사적 책임'은 고사하고, '사람 된 도리'의 언어마저 사태 타개의 힘이 되지 않는다. "살아있는 동안 도와 달라.", "마지막 나의 바람을 들어주세요." 등등. DPRK에서 온 편지에 아로새겨진 재조피폭자들의 수없이 많은 말들은 지금도 허공에 부유한 채로 한 사람 또 한 사람, 회복할 때를 놓쳐 가고 있다.

잠깐 동안의 침묵 뒤, 이실근이 얼굴을 들고 중얼거렸다. "시한을 넘기기 전에, 분노와 원통함을 풀어주길 바랍니다. 당신에게도, 이 문제를 역사적 배경도 포함해서 확실히 써 주기를 당부합니다. 그렇게 하면 앞장섰던 동포들도 웃으면서 손을 흔들어 줄 것이라 생각합니다."

6

문학은 정치를 능가한다

김 석 범

나는 어디까지나 통일 조국을 요구합니다.
실현되면 그곳의 국적을 취득하고 국민이 될 것입니다.
단지 그때, 나는 이미 민족주의자가 아닙니다.

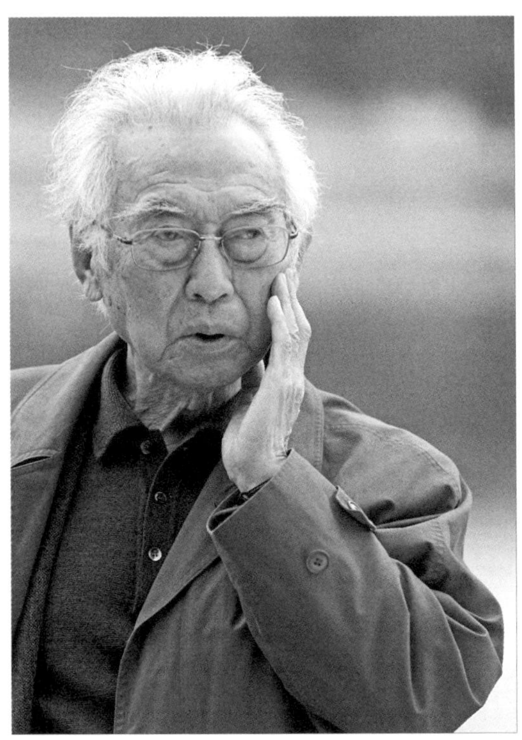

도쿄 우에노 공원에서. 2016년 3월 16일.

김석범 金石範

1925년, 오사카 출생. 통일조국을 요구하며, 온갖 정치와의 비타협을 관철하며 창작에 몰두해왔다. 1951년 쓰시마에서 피난민과의 만남을 계기로 '제주4·3'에 사로잡혀 20년에 걸쳐 대하장편소설 『화산도火山島』 전7권을 완성시켰다. 그 외의 소설로는 「까마귀의 죽음鴉の死」과 「간수 박서방看守朴書房」, 「만덕유령기담萬德幽靈奇譚」, 『땅속의 태양地底の太陽』, 평론으로는 『'재일'의 사상「在日」の思想』, 『전향과 친일파轉向と親日派』 등 다수를 펴냈다. 제1회 제주4·3평화상의 수상자이기도 하다.

· · ·

도쿄 기치조지吉祥寺의 세이케이대학成蹊大學에 도착한 것은, 심포지엄이 시작되기 20분 전쯤이었다. 같은 버스로 출발한 중년의 남녀가 차가운 빗속을 우산도 쓰지 않고 교실 건물로 뛰어간다. 3층의 대강의실은 이미 거의 만석으로 뭔가 달아오른 분위기로 가득 차 있었다. 오랫동안 절판되었던 김석범의 저작 『화산도』 전7권이 온 디맨드판On-Demand(주문인쇄)으로 복간되는 단계에 이르러, 그것을 기념하여 2015년 11월 8일 심포지엄 "전후 일본어문학과 김석범의 『화산도』"가 열리게 된 것이다.

'제주4·3사건'. 미군정하에서 억압당한 제주도의 도민들이 분단고착화로 이어지는 남조선 단독선거에 반대하여 무장봉기를 일으켰다. 이에 대해 미군정의 지휘하에 대대적인 탄압이 이뤄지고 조선전쟁을 포함한 6년여간, 적어도 도민의 10%가 넘는 약 3만 명이 학살당한 제노사이드다. 미국의 세계전략을 담당한 '반공국가 한국' 성립의 과정에서 '빨갱이의 섬'이 된 제주도 사람들이 살육당했다. 희생자는 한국의 국가 아이덴티티 확립의 제물이었다. 건국의 정통성에 직결되기 때문에 '4·3'은 오랜 세월 동안 한국 사회에서 터부시되었고, 봉기자 중에서 살아남은 자 또는 그 유족인 것이 알려지면 공무원이 되지 못하는 등, 관계자는 다양한 사회적 차별을 받아왔다.

이러한 현대사의 비극을 배경으로 한 11,000매의 대하 장편소설이 만반의 준비를 하고 부활한 것이다. 이미 한국에서도 『화산도』 전권이 간행되었다. 이는 동아시아문학사상의 사건임에 틀림없다. 덧붙여 말하자면 약 1개월 전인 10월 2일, 김석범은 90세 생일을 맞이했다.

그러나 강의실 내에는 단순한 '축하'와는 이질적인 긴장된 분위기가 감돌고 있었다. 이는 틀림없이 '정치' 문제이다. 서울의 동국대학교에서 10월 16일 열린 『화산도』 간행 기념 심포지엄에 참석하기 위해 김석범이 신청했던 입국허가가 한국 당국으로부터 거부당했기 때문이다. 분단국가의 한쪽인 '한국적'을 거부하고, 국가의 뒷받침 없이 '조선적'을 견지한 채로 김석범은 총 13회의 고국행을 쟁취해왔다. 그것은 관념으로서의 조선적이며, 권력과 대치해온 김석범의 사상적 투쟁의 궤적이었다.

면담과 전화, 때로는 가까운 지인을 통해 한국 측으로부터 입국허가의 교환조건이 제시된다. '한국적으로의 변경' 혹은 '권력에 대한 비판적 언동의 자숙' 등이 그것이다. 일체의 거래를 거부하면, 출발 직전까지 입국의 가부를 내주지 않고 정신적인 압박을 가해온다. 거부된 적도 있으며 출발 예정일 당일이 되어서야 입국허가가 떨어진 적도 있었다.

집필에 불가결한 냉정한 사고가 혼란에 휩싸여 선천적인 불면증을 악화시키면서도 김석범은 권력과의 신경전에 맞서, 조선적인 채로 당당히 입국하여 거리낌 없이 "4·3은 '폭동'도 '폭도'도 아니다. 외세와 민족반역자의 지배에 대한 민중 봉기이며 의거다."라고 말하고, "4·3의 구명, 해방 없이 한국의 민주화는 없다."고 반복해 왔다. 입국할 때마다 '이번이 마지막일지도'라는 생각으로 새겨둔 다수의 기행문은 빼앗긴 고향을 되찾는 영위營爲의 축적이기도 했다. 그러한 김석범이 "나이 때문에 이번이 마지막"이라고 말한 이번의 고국행은 국가권력에 의해 저지당했다.

『화산도』 제1부 3권이 당국의 방해를 비켜나가 한국에서 간행된 1988년 봄에도, 출판을 기념하는 집회에 참석하기 위해 입국 신청을 했지만 거부당했다. 그 당시의 이유는 조선총련의 기관지 기자였다는 경력과 조선적이라는 것이었다. 이번의 이유는 명확하지 않지만 김석범이 2015년 4월, 최초의 수상자였던 '제1회 제주4·3평화상' 수상식에서, "이승만 정권은 친일파, 민족반역자를 기반으로 했던 정권"이며, "3·1독립운동으로 설립된 임시정부의 흐름을 계승하는 것이 아니다."라고 연설해, 우파와 보수계의 신문이 맹렬히 반발했다. 이에 기인하고 있는 일은 상상하기 어렵지 않다.

엄청난 희생으로 쟁취한 한국의 민주화와 김대중, 노무현으로 이어진 혁신 정권에 대한 반발의 현실이 김석범의 입국 거부인 셈이다. '국가권력과의 긴장 관계'라는 김석범 문학의 본질이 이 문제를 통해 전경화되어 드러난 것이었다. 김석범을 읽는다는 것은, 권력과의 긴장 관계의 최전선으로 스스로의 신체를 끌고 가는 일에 다름 아니다. "지금, 김석범을 읽는다는 것은 어떠한 의미를 지닌 것인가?"라고 묻는 이들의 각오가 큰 강의실의 긴장감을 자아내고 있었던 것이다.

'상실'이라는 원점

심포지엄이 있기 한 달 전, 나는 이 원고의 보충 취재를 부탁하려고 김석범에게 전화를 했었다. 불허가 통지가 김석범에게 도착하기 전날의 일이다. 이미 허가가 나왔다고 예측해서 전화를 건 것인데 가부는 아직 나오지 않았다. 최악의 타이밍이었다. 김석범은 공중에 부유하고 있는 듯한 초조함을 감추지 못했다. "문언(의 뉘앙스)의 확인 따위는 상대방이 적당히 판단해버리지요!" "허가는 받을 수 있을 거라 생각하지만, 기다림을 강요당하면 불안해요. 아니, 불안이라기보다 걱정인 건, 일에 직결된다는 거예요!" 서울에서의 심포지엄 이후, 일생의 과업인 제주도에 가서 며칠 정도 체재한 후, 60년도 더 지난, 4·3사건의 피난민과 만났던 대마도에 들렀다가 일본으로 돌아오는 것이 원래의 계획이었다. 김석범 문학이 탄생한 장소에 다시 방문하는 것은 새로운 창작으로 나아가는 발걸음이 될 터였다.

이전의 인터뷰에서 김석범은 작가가 현지를 방문하는 것의 의미를 이렇게 말했었다. "역시 가장 괴로운 것은 현지에 갈 수 없는 것. 단순히 취재한다는 의미만은 아니에요. 풍경을 접하거나, 고향의 냄새, 바다의 냄새를 맡고, 땅을 밟는 것만으로도 작가의 감각적인 것이 가슴속에서 부풀어 오르는 것입니다. 그것조차 할 수 없었기 때문이지요."

매일매일의 미칠 듯한 심정은 오죽했을까. 『화산도』로 오사라기지로상大佛次郎賞을 수상했던 1984년에는 상을 주재한 아사히신문의 사외특파원으로 제주도를 취재할 계획이 있었지만, 김석범을 입국시키기 위한 한국과의 교섭이 번잡해 신문사 측이 소극적인 태도를 취해서, 이 이야기는 결국 흐지부지되었다. 그때는 상륙하는 것이 무리라면 하다못해 하늘에서 섬의 모습을 보고 싶다고 하여, 신문사의 경비행기로 제주도 근처까지 갔지만, 안타깝게도 기후가 급변했다. "가능하다면 제주도에 가서요, 4·3과 관계있는 사람에게 이야기를 듣고 싶었고. 이야기도 이야기지만 제주도 땅을 밟고 싶었어요. 그렇지만 그럴 수 없었기 때문에 적어도 근처까지라도 보내 주었지만……, 비 때문에 안개가 끼어서 거의 볼 수 없는 거예요.(웃음)" 지금이니까 웃으면서 말할 수 있을 것이다. 좌석에 앉아 시야를 차단하는 비의 물보라가 달라붙은 경비행기 창에 얼굴을 들이대야 간신히 보이는 섬의 모습을 눈에 새겨 넣으려고 하는 김석범의 모습을 상상했다. 신청이 통과되어 '고국행'이 이루어졌던 것은 1988년 11월, 미군정하의 서울을 벗어난 이후, 실로 43년 만의 일이었다.

90세를 맞이한 이 시기에 이르러 입국 거부라는 처참한 일을 당한 마음은 충분히 헤아릴 수 있다. 그가 어떠한 얼굴로 이 자리에 들어올까, 나는 어떻게 인사를 건네면 좋을까…….

하지만 동시에 생각했다. 김석범에게 있어서는 '그마저도 할 수 없었던' 상태가 출발점인 것이다. 그는 1925년 오사카에서 태어나 유소년기의 대부분을 이카이노에서 지냈다. 소년기에 반년 정도 체재했던 제주도 체험을 기초로 이윽고 『화산도』에까지 이르게 된, 「까마귀의 죽음」과 「간수 박서방」, 「만덕유령기담」 등의 단편, 중편을 썼을 뿐만 아니라 『화산도』 제1부 4,500매를 내놓고, 제2부도 시작하고 있었다.

체험도 하지 않고, 현지의 땅을 밟지 않은 세계를 작가의 상상력으로 구축해간다. 사소설적인 리얼리즘으로는 집필이 불가능한 상황의 요청으로서, 일본문학과 재일문학 안에서도 특이한 김석범의 문학 스타일이 탄생했다. 다른 방식으로 말하자면, 김석범의 원점은 '상실'이며, 권력에 빼앗긴 것을 상상력으로 회복하는 영위가 방대한 작품으로 결실을 맺었던 것이다. 작가의 상상력은 때로, 4·3이라는 사건의 사실적 깊이와 무게를 능가해버리지만, 그는 그 '미치지 못함'에도 성실하게 대면하여 이제까지의 작품을 보충, 보완해왔다. 『화산도』 이후에도 잇따라 내놓은 다수의 소설이 그것의 결정結晶이다.

김석범은 사르트르와 노마 히로시野間宏가 제창한 '전체소설'(노마는 사회적, 심리적, 생리적인 측면에서 인간을 총합적으로 그린다고 정의한다.)의 구현자이기 때문에―김석범의 경우, 거기에 '무의식적'이라는 독자적인 요소가 들어간다―, '반反사소설'의 문맥에서 이야기되는 일도 적지 않지만, 그 자신은 사소설 그 자체를 부정하고 있는 것은 아니다. 단지, 마치 순수한 '개체'가 존재하는 것처럼 타자와의 관계를 그리지 않고, 정치성과 사회성을 배제하는 행위로 문학적인 순수함을 찾아내는 발상을 비판하고 있는 것이다. "개체를 파고들어 밝혀내면 반드시 개체를 벗어나서 보편으로 도달해가게 되지요."라고 김석범은 말한다. 그리고 이 '보편성'이란, "'세계문학'의 정의란 무엇인가?"라고 그에게 물었을 때, 그가 들었던 첫 번째 조건이다.

축하의 장

강의실에 김석범이 들어왔다. 원래 흰 얼굴이 더욱 희다. 보통의, 특히 술자리에서의 호탕함과는 거리가 먼 긴장한 얼굴로, 앞만 보고, 마치 떠다니듯 걷고 있다. 고소공포증이 있는 소년이 외나무다리를 조심조심 건너는 듯한 느낌이다. 발기인 중 한 사람인 제주도 출신 시인 이정화李靜和 등에게 부축을 받아, 내가 앉아 있는 좌석의 대각선인 오른쪽 끝의 제일 앞 열 쪽으로 가서 앉았다. 차례차례 지인과 친구들이 인사를 하러 왔다. 말을 건네고 악수를 하지만 어쩐지 마음이 들떠있다. 갑자기 뒤돌아본 그와 눈이 마주쳤다. 일어나서 인사하니 굳었던 얼굴에 미소가 번졌다.

조직에서 벗어나, 40대에 들어서 본격적인 작가 생활을 시작한 김석범은 빚을 갚는 듯한 기세로 수많은 작품을 발표해왔다. 소설과 정치평론, 기행문……. 개정판과 문고판을 제외해도 저서는 40권이 넘는다. 그렇지만 김석범은 말한다. "나의 몇 안 되는 자만 중 하나는, 일부의 예외를 빼고 출판기념회를 하지 않았던 것이에요.(웃음)" 시인, 김시종과의 대담집으로, 실무자를 치하하기 위한 자리를 제안한 적이 있었지만, 그것도 우에노上野의 조선요릿집에서의 조촐한 위로 모임이었다. 자신의 출판을 '축하하는 자리'는 원칙적으로 계속 거절해왔다.

애초에 작가 선생으로서 추앙받는 일에 생리적인 반발을 지니고 있다. 예컨대 김석범은 '선생'이라 불리는 것을 극단적으로 싫어한다. 나도 한번은 위협적인 목소리로 "선생이라 부르는 것만은 그만둬."라고 다짐을 받은 경험이 있다. 겸허 이전에 극도의 수줍음인 것이다. 젊을 때는 안면홍조증으로, 대인공포증 기미가 있었다고 한다. 1950년대, 김석범은 센다이시仙台市에 거점을 둔 조선민주주의인민공화국DPRK 계열의 비공개 조직에 들어갔던 적이 있었다. 조직에서 맡은 일은 지방신문의 광고 담당이었지만, '외교'에 시종일관하는 업무에 어찌해도 적응하지 못했고 결국, 신경증 기미를 보여서 이탈했던 경험도 있다. 사람들 앞에서 말하는 것도 큰 고역이다. "출판기념회를 하면요, 앞에 나가 인사하지 않을 수 없어요." 이것이 축하 자리를 거절하는 큰 이유였다. 이번 심포지엄을 앞두고 어느 술자리에서 내가 "간사이에서도 같은 기획을 하고 싶어 하는 사람이 있다."고 말하니, 뭔가를 잘못 들었다는 듯이 갑자기 당황하여 미간을 찡그리며 "누가 그런 말을 하는 겁니까?" 하고 따져 물었다. 누군가의 이름이라도 말한다면, 내 휴대전화를 빼앗아 그 자리에서 항의전화를 할 듯한 기세였다.

극단적으로 부끄러움을 타는 성격이지만 출판기념회를 거절하는 가장 큰 이유가 그것은 아니라고 생각한다. 정뜨르 비행장(현재 제주국제공항)의 아스팔트를 걷어내, 거기에 묻혀 감춰졌던 사람들이 다시 햇빛을 보게 되기까지 반세기 이전의 사건을 '말하'기는커녕 '상기하는' 일조차 금기였던 1950년대부터, 김석범은 그들의 유해를 끌어안고, 지금까지도 숫자조차 불명확한 죽은 자들과 이야기하고, 그들이 살았던 증거를 새겨넣어왔다 ― 2,000명 이상의 팔레스타인 난민이 학살된 1982년 9월 차틸라 난민 캠프에 들어가 시체들과 대화했던 장 주네와 같이. 남겨진 자인 김석범은 죽은 자들로부터 자신들의 삶을 새기는 일을 위임받았던 것이다. 그에게 창작이란 '애도'이다. 따라서 소설의 탄생을 '축하하는' 일은 떨쳐내기 어려운 저항감이 생기는 것이라고 생각한다.

조선적이라는 '내놓을 수 없는 마지노선'

김석범에게 '조선적'에 대한 생각을 처음 들었던 것은, 2000년 4월 오사카시 이쿠노구에서 개최된 김석범과 시인 김시종의 대담 자리에서였다. 지난해 12월에 제정된 '제주4·3사건 진상규명 및 희생자 명예회복에 관한 특별법'(4·3특별법)이 시행된 것을 기념하는 행사였다. 단편 「까마귀의 죽음」의 발표로부터 43년, 『화산도』 최종권이 간행되고 나서 3년 후의 일이다. 모임 장소는 예전 '이카이노'의 중심부였다. 식민지시대에 직행편이 있었기 때문에 제주도 출신이 많았고, 겨우 목숨은 잃지 않고 4·3을 피해왔던 사람도 적지 않았다. 사건이 발생했던 시기가 되면, 지금도 여기저기의 집에서 제사를 지내는 지역이다. 강당에도 엄숙한 분위기가 가득 차 있었다. 사회 문제를 둘러싼 집회라기보다는 '애도'와 '진혼'의 장이었다.

150명 정도의 참가자가 단상에 늘어서서 두 사람의 문학자에게 시선을 모았다. 김석범이 말을 시작했다. "이야기하기 어렵겠지만, 왜 지금까지 침묵해왔는가 하는 것을요, 듣고 싶습니다. 그걸 먼저 얘기해보죠. 그러면 나도 말하지.(웃음)" 연장자인 김석범에게 재촉당한 김시종은 무겁게 입을 열었다.

봉기를 주도한 남조선노동당의 리포터(연락원)로 활동하다가 당국에 지명수배되어 1949년 6월, 처형 직전 몰래 밀항선에 몸을 숨겨 일본에 온 이후, 김시종은 '4·3'에 관해 침묵을 관철해왔다. 그러한 김시종이 봉인해온 과거를 간사이에서, 처음으로 공개된 자리에서 소상하게 밝힌 것이 이 집회였다.

"무모하다고도 말할 수 있는 일(봉기)에 가담한 일이 나를 괴롭혀왔습니다." 무장이라고 해도 손에 든 무기는 구식 총과 죽창, 농기구 류였다. 그중에는 화승총을 손에 든 이까지 있었다고 한다. 압도적인 무력을 지닌 미군정 측의 반격에 형세는 금세 역전되고, 입산한 유격대는 절망적인 싸움으로 내몰린다. 그리고 "공중에서 비행기로 가솔린을 뿌려 30만 도민을 불태워 죽여라. 제주도 30만 사람이 사라져도 대한민국은 전혀 곤란하지 않다."라는 미군정청 경무부장인 조병옥의 말을 실행에 옮겨 음침하고 참혹한 살육이 전개되었다.

어떤 이는 산 채로 팔이 비틀려 잘리고, 눈알이 파헤쳐져 살해되었다. 교수형 이후에 본보기로 방치된 사체는 구더기가 들끓고, 까마귀가 눈구멍을 후벼 판다. 게릴라에게 군정 측이라 간주되어 죽창으로 배가 갈려 장을 늘어뜨린 채 절명한 이는 김시종을 숨겨 줬던 숙부였다. 동지들 대부분이 처형당하고 자신도 지명수배되었다. 검문소에서 몇 번이나 포착되어 걸렸으나 아버지의 준비로 섬을 탈출했다. 부모의 임종도 지키지 못해 죄책감으로 괴로워하면서 공포를 떨쳐내기 위해 술을 들이켰던 나날들……. 도일 후에도 외상후스트레스장애PTSD로 괴로워했다. "나는 고향이 가장 어려웠던 시기에 도망쳤던 인간입니다. 사실이 뜨거우면 뜨거울수록 언어는 보다 더 괴롭습니다."

때때로 오열하며 '우울을 껴안고 보낸' 이향에서의 반세기를 말하는 김시종에게 김석범은 대답했다.

"체험에 의의를 부여하는 데 어려움을 느꼈습니다. 나는 체험하지 않았기 때문에 쓸 수 있었습니다. 공포의 상자가 삼중 사중 오중이라면, 제일 아래에서 기억이 고여서 나오지 못하는 경우가 있습니다. 4·3사건의 경우는 기억을 스스로도 죽이고, 권력에서도 죽이는 것입니다. 두 가지의 작용으로 제주4·3의 기억을 지워 왔습니다. 침묵이 어느 정도 무거운가. '4·3특례법'으로 그 덮개가 열릴 때가 도래했습니다. 그렇지만 일단 죽은 기억은 좀처럼 나오질 않습니다. 말하자면 병입니다. 실성하거나 병이 된 예는 얼마든지 있었습니다. 후유증, 트라우마를 어떻게 할 것인가. 침묵하는 기억을 서로 어떻게 할까. 이것은 투쟁인 겁니다. 그렇기 때문에 유족으로부터의 청취가 어디까지 가능할지 알 수 없습니다. 여태껏 말하는 것이 두려웠지만 지금은 그렇지 않습니다. 특례법이 완전한 것은 아니지만요, 근본적으로 변했습니다. 머리 위에서 기억을 억누르고 있던 큰 돌이 빠지기 시작했습니다. 그러한 사람들의 기억을 표면으로 부상시키는 일이 필요합니다."(이 대담 후, 사건을 둘러싼 김시종의 말은 보다 깊게 구체화되어간다. 문학자 두 사람의 대담은 이후에, 4·3연구의 일인자, 문경수(한국 현대사 전공)를 진행자로 한 형태로 고쳐져, 『왜 계속 써왔는가 왜 침묵해왔는가』(平凡社, 2001)로 간행되었다.)

두 사람이 언어로 분명하게 밝힌 것은, 친일파가 반공친미로 간판을 바꿔 달고 건국된 대한민국의 민족사적인 정통성의 결여이며, 해방 후의 '세계 질서'가 초래한 현실, 즉 '남북 분단'에 대한 완전한 '부정'이었다. 그래서 모임 장소에서 나온 것이 조선적을 둘러싼 질문이었다.

"조선적을 고수하고 계시는 이유를 듣고 싶습니다."라는 물음에 김석범은 대답했다. "조선이 존재하는데 왜 한국으로 바꿀 필요가 있지요? 조선이라는 것은 기호입니다. 왜 우리가 기호의 존재인가 하는 것. 지금, 북조선과 일본이 국교 정상화(교섭)하고 있지요. 실현되면 국적에 관한 합의가 가능하고, 조선적은 반강제적으로 공화국 국적이 됩니다. 일본 정부는 그렇게 하려고 합니다. 그렇지만 국적 선택권이 있는 것입니다. 조일朝日이 합의해서 유예 기간이라든가 신고 기한인가를 만드는 거죠. 북조선과 총련을 적극적으로 지지하는 사람은 북조선 국적으로 바꾸겠지요. 그리고 조선적 중에서 한국적으로 바꾸는 사람도 이제부터 나올 겁니다. 민단과 총련에서 쟁탈전을 벌일 것이기 때문에 진절머리가 나서 조선적에서 일본적으로 가는 사람도 나오게 되겠지요. 그렇지만 나는 한국적도 북조선적도 취하지 않을 겁니다. 완전히 무국적의 상태가 됩니다. 이것은 문제제기인 셈이지요."

2000년이라고 하면, 전두환 시대에 사형 선고를 받은 김대중이 대통령이었던 시대이다. 독재자 박정희의 딸이 대통령이 될 정도로 후퇴되어, 민주화로 부정, 극복되어야 할 과거가 재평가받고 있는 2016년 4월 현재에서는 상상도 할 수 없지만, 당시는 민주화 투쟁의 '결실'을 수확해가는 '밝은 미래'가 예견되고 있었다. 군정의 전횡을 상징하는 사형도 김대중 정권에서 중지되었다(김대중은 새로운 죽음을 요구하는 '보복'의 연쇄를 끊었던 것이다). 인권의 차원에서 말하면 한국은 이 시기, 단숨에 동아시아 제일의 선진국이 되었었다. 그때도 역시 김석범은, '한국'으로의 귀속을 거부하고 예전부터 조선통일을 향한 민주 거점이라 간주해왔던 DPRK 국적도 거부한다고 선언했던 것이다.

"국경 따위는 상관없다." "국적은 기호에 불과하다." 누차 들은 말이지만, 이것을 입에 올리는 사람은 대부분 스스로가 '국민'인 근거를 물을 필요도 없을 정도로 자명한 '국민'이다. 지금 존재하는 장소에 있을 자유도, 국경을 넘어 이동할 자유도, 국적이 있기 때문에 가능하다는 사실을 자각하지 못하는 경우가 많다. 그렇지만 단상에 선 인물은 완전히 달랐다. 식민지시대가 청산되지 않고, 재일조선인에 대한 차별과 억압의 재편에서 일본의 '전후'가 시작된 결과로서 생겨난, 사실상 무국적으로 취급된 '조선적자'이다.

'사건'이라고도 할 수 있는 만남으로 충격을 받고, 자극이 되어 이를 신문기사화한 일을 떠올렸다. 일개 인간의 실존에서 이것만큼은 내놓을 수 없는 것을 '사상'이라고 한다면, 김석범의 조선적은 정확히 '사상'임에 틀림없었다. 이후에도 그는 "일본 정부가 그 부당한 정책을 고치고, 북조선과의 국교를 정상화하는 일"을 최우선으로 요구하면서(여기에는 '국교의 부재'를 이유로 과거 청산을 게을리하는 '부당'은 물론, 같은 이유로 DPRK의 재외공민이 국제 인권상 존재하는 권리, 가령 DPRK와의 자유 왕래를 계속해서 침해한 일본 정부의 '부당'에 대한 비판이 포함되어 있다.), 자신은 어느 곳의 국적도 거부한다고 계속 말해왔다. 나는 여기 포함된 '사상'을 추적해보고 싶다는 생각을 하고, 그 이후 조선적을 '내놓을 수 없는 마지노선'으로 삼은 사람들을 만나 그들의 사유를 들어온 셈이다.

『화산도』를 둘러싼 토론

심포지엄 시작이 몇 분 후로 다가왔다. 눈앞에 앉은 김석범의 얼굴은 여전히 굳어 있다. 앞으로 몇 사람, 앞으로 몇 분 후에 자신이 말하게 될까를 헤아리며, 그 사이에 어떤 사고가 일어나서 자신이 발언할 시간이 사라지는 사태를 몽상하고 있는 것처럼도 보인다.

정각이 조금 지나 사회자인 우카이 사토시鵜飼哲가 시작을 알렸다. "오늘 심포지엄은 세 가지 사건이 겹쳐서 예외적인 형태로 기획되었습니다." 그 세 가지란 '한국어 번역판 간행', '김석범의 입국 거부', '일본어판 복간'이다. 이에 더해 우카이는 박근혜 정권이 강행하려고 하는 중고등학생의 역사교과서 '국정화'를 언급했다. 현직 대통령의 아버지이자 독재자였던 박정희 시대에 행해지고, 민주화에 의해 매장되었던 국가권력에 의한 '역사 해석의 강요'이다. "확실히 김석범 문학이 체현하고 있는 대한민국의 성립 그것에 대한 '역사의 재심'이라는 것은 그 방향과 정면에서 부딪쳤습니다. 김석범 씨와, 엄격한 역사적인 시기에 무엇을 생각하고 행동할 것인지를 중심으로, 김석범 문학을 날카롭게 논하는 시간을 갖고 싶습니다."

상당히 명쾌한 인사였다. 발언자 중 최고는 작가이자 평론가인 노자키 로쿠스케野崎六助였다. 20대에 「까마귀의 죽음」을 만나 '인생에서 돌이킬 수 없는 충격'을 받았다는 노자키는 먼저, 김석범의 소설을 두 가지로 대별했다. "한 가지는 제주도 이야기와 (다른 한 가지는) 자이니치의 일상을 형상화한 재일소설이라고 생각합니다. 후자는 사소설로 읽히기 쉽지만 완전히 다릅니다. 거기에는 현실과 환상, 시간축의 전도가 있습니다."

재일문학론의 최고봉 『혼과 죄책魂と罪責』(インパクト出版會, 2008)을 쓴 노자키의 예리하면서도 깊이 있는 발언이 계속된다. "『화산도』가 대단한 점은 역사가 없는 곳에서 역사를 창조했고, 역사가 없는 곳에서 역사를 썼다는 것. 『화산도』는 역사소설이지만 다른 역사소설과는 완전히 다른 특이한 작품입니다. 예를 들어, 톨스토이의 『전쟁과 평화』도 나폴레옹의 러시아 원정이라는 교과서적인 역사가 있고, 거기에 작가가 이야기를 적용시켜 작품화합니다. 그렇지만 『화산도』는 그 사료 자체가 거의 없는 가운데 완성되었습니다. 이러한 작품은 세계적으로도 이례적입니다."

김석범은 눈을 감고 가만히 이야기를 귀 기울여 듣고 있다. 이야기는 입국 거부로 옮겨갔다. "결손欠損이야말로 김석범 문학의 본질, 당연한 권리를 빼앗긴 데에서 김석범의 문학은 시작됩니다. (입국 거부는) 안타깝고 화가 나지만, 오히려 잘 된 게 아닌가 하는 생각도 듭니다." 강연을 관람자가 경청한다기보다, 저자와 평자의 진검승부를 관객이 마른침을 삼키며 응시하는 듯한 긴장감이 감돈다. 아슬아슬한 코스에 직구를 던진 뒤, 노자키는 이 '문학적 괴물'에 대한 외경심을 유머로 포장해 말을 끝맺었다. "보통은 이런 작품을 쓰면, 에너지를 모두 소진해버려 이후에는 쓸 수 없게 되거나 반복하는 데 빠지는데도, (김석범은) 끝나지 않았어요. 도대체 이 사람은 인간입니까?" 노자키의 익살로 긴장되었던 분위기가 풀리는 듯 청중들은 웃는다. 김석범을 보니 쓴웃음을 짓고 있다.

다카자와 슈지高澤秀次, 사토 이즈미佐藤泉, 그리고 오세종吳世宗. 나는 이 자리에 참석해서 운 좋게 듣게 된 예민하고 깊이 있는 말들을 음미하고 있었다. "문학의 언어란 거짓이 없는 언어"라고 김석범은 말한다. 그것이 집적된 『화산도』가 마치 하늘에서 떨어진 것처럼—또는 바다 저변에서, 땅 밑에서 솟아오른 것처럼—, 기만을 기만으로 인식조차 하지 않는 짓무른 사회, 언어가 사멸하려 하는 사회에 모습을 드러낸 것이다. 『화산도』에서 형상화하고 있는 것은, 극한적인 상황에서의 사람들의 삶의 방식, 존재 방식이며, 이야기에는 자살, 자유, 살인, 배신, 허무주의라고 하는 인간 존재에 직결된 주제가 녹아들어가 있다. 압도적인 폭력 앞에 섰을 때, 인간이 인간일 수 있다는 것은 어떤 의미일까. 작품과 대화하며 그것을 묻는 일은 권력에 대한 근원적인 저항이 되고, 그 물음을 저버리지 않는 이들의 모임은 미래에 대한 전망을 창출한다. 이 '어두운 시대'에 있어서 『화산도』는 정확히 그 장을 창조해낸 것이다. 그것은 '문학이 무엇을 할 수 있는가'에 대한 응답이기도 했다.

죽은 이에게 정의를 돌려주다

논자들의 토론이 끝나고, 드디어 김석범의 차례가 돌아왔다. 연단 앞에 서서 긴장한 표정으로, 오른손으로 마이크를 잡았다. 음미하는 듯이 관계자에 대한 감사 인사를 전한 뒤 김석범은 '70년'이라는 구절을 끊어서 말하고, 말을 이어나갔다. "아직 해방을 맞이하지 않았다."라고 김석범이 말한 한국에서는 민주화의 반동이 분출되고, 일본에서는 역사수정주의 그 자체인 '아베 담화'가 발표되었고, 자공 정권에 의한 전쟁법 체결이 강행되었다.

"실은 사나흘 전날 밤, 가볍게 한잔 마셨습니다. 안주 대신에 뭘 보고 있으면, 술뿐만이 아니라 다른 쪽에 신경이 가기(주량이 줄어서) 때문에 텔레비전을 켰어요."

객석에서 웃음이 터졌다. 술은 김석범의 대명사, 술로 인한 실패담은 소설의 단골 소재다. 몹시 취해서 전철역 계단에서 굴러 떨어져 크게 다친 일까지 소설에 나온다. 적잖은 이들이 유머가 넘치는 어떤 '실패담'을 예상했을 거라고 생각하지만, 이어진 말은 달랐다.

"뭔가 서로 뒤얽혀 싸움을 하고 있는 거예요." 헤노코邊野古였

다. 메이지 정부의 침략 이후, 가혹한 착취로 괴롭힘을 당하고, 앞
선 세계대전에서는 본토 방위에서 버리는 카드가 된 오키나와. 패
전 후에는 미국에 보내졌고, 여기서 날아간 폭격기가 조선과 베트
남, 아프가니스탄, 이라크에서 사람들을 살육했다. '복귀' 43년 후
인 2015년 시점도 여전히 재일미군기지의 약 74%를 억지로 떠맡
고 있는 이 섬에는, 여기에 더해 기지건설까지 계획되고 있다. 이
러한 폭거에 몸을 던져 저항하는 자들을 관헌이 탄압하고 있는 것
이었다.

매립용 자재를 반입하는 차량을 저지하려고, 게이트 앞에 앉아
있는 이들을 경찰관이 한 사람씩 끌어내고 있다. 영상에는 다리가
불편한 고령의 여성의 모습도 담겨 있었다.

"아나운서가 "이들은 도쿄 경시청에서 온 경찰"이라면서 오키나
와에는 경찰이 모자란 것인가 하고 말했습니다. 이상한 상태를 보
고 술을 마시면서 갖가지 일을 생각하고……." 김석범의 말문이 막
혔다. "저…… 머리에 떠올랐던 거예요. 만일 같은 국민이었다고
해도 저랬을까……. 나는 오키나와에 대한 이와 같은 처사는 국내
식민지 침략까지는 아닐지도 모르지만, (국내 식민지)정책이라고 생
각했던 겁니다." 온화했던 분위기가 급변해 긴장감으로 달아올랐
다. 저녁 식사 겸 반주에서 시작된 그의 이야기는 일본에서 진행되
고 있는 '21세기의 류큐琉球 '처분"을 관통했고, 계속되고 있었다.

"마쓰다松田인가 하는 자(도지사)가 400~500명의 군인과 경찰을
데려 가서 오키나와를 이른바, 점령합니다. 침략이지요. 그것을 역
사적 용어로 보통 '류큐 처분'이라 합니다. 전전戰前의 교과서에는

도요토미 히데요시豊臣秀吉의 행위가 '조선 정벌'이라고 실려 있지만, 저것은 침략인 거지요. 사실상 '정벌'인데 말이죠. 류큐 처분이라고 말하고 있지만, 약탈이며 침략입니다. 처분은 뭔가 나쁜 짓을 했기 때문에 벌을 준다든지, 쓰레기가 있어서 쓰레기를 치운다든가 하는 거지요. 그것이 처분인 거지요. 그 말을 독립국이었던 오키나와琉球에 적용시킨 거예요. 역사적 언어이기 때문에 사용하는 것일지도 모르겠지만!" 분출한 감정을 사고가 따라가지 못해, 단편적인 말이 튀어나온다.

업신여겨지고, 본토에 희생되고, '자국'의 군경에게 탄압을 당하고, 계속해서 집요한 분단공작의 대상이 된다는 것. 90세의 작가는 오키나와에 제주도를 겹쳐놓고 있었다. 4·3의 배경에는, 일찍이 정치범들의 유형지이고, 권력에 대한 비판의식이 강했던 제주도에 대한 권력 측의 차별 의식과 정치적인 경계심이 있었다.

"(1948년 4월 3일의) 1년 전, 3·1 독립운동기념일에 제주도 전역에서 3만 명 정도의 사람이 모여서요, "친일파 배척"이라든가 "미군은 떠나라" 등을 외쳤던 겁니다. 게다가 경찰의 발포로 6명이 죽고 8명이 중상을 입었던 거예요. 그 일로 총파업이 일어나자, 제주도의 미군정청이 본토에서 500명 정도의 경찰을 들였고, '서북청년회'라는 테러 단체 사람들이 400명 정도 들어왔던 겁니다."

서북청년회는 소련점령하의 조선 반도 북측에서 진전된 사회주의화를 피해 월남한 지주와 자본가, 친일파들 집단이다. 그 때문에 '빨갱이 섬'으로 간주된 제주도민들에 대한 그들의 증오와 적대감은 굉장했었다. 양식도 받지 못한 채 파견된 그들은, 배가 고프면

훔치거나 약탈하고, 마음에 들지 않으면 철저한 폭력을 휘두르거나 욕망이 일어나는 대로 여성을 강간했다. 이것이 새로운 지배자, 미국의 행동 방식이었다. 그 맞은편에는 미국이 건국을 꾀한 새로운 국가 '상像'이 있었다. '일제日帝'에서 '미제美帝'로 인계된 폭력이 도민으로 하여금 '하지 않을 수 없는' 봉기로 내몰아갔다.

"나는요, 헤노코 문제는 임계점에 달해 있다고 생각합니다. 만일 그 다리가 불편한 여성이 죽는다면 어떻게 할 겁니까? 아베는 "아름다운 일본"이라고 말하지만 추합니다. 오키나와에도 국회의원이라든가 내부에 배신자를 만드는 겁니다. 이것은요, 오키나와 사람들을 모욕하는 겁니다. 이것이 일본인 겁니까!"

그의 분노는 어리석은 일을 일본과 경쟁이라도 하는 듯한 한국의 현 정권으로 향했다. 김석범과 같은 이들의 행위는 금기였던 4·3의 '침묵의 덮개'를 열었고, 그것이 김대중 시대의 '4·3특별법' 제정에 이르렀고, 노무현 대통령의 공식 사죄로 전개되었다. 하지만 이 역사 재심의 움직임은 보수파의 반격의 계기로도 작용했다. 이명박 정권 이후, 대통령은 위령제에 출석하지 않고, 이제 4·3은 한국에서 과거 청산과 이후의 사회상을 둘러싼 '사상의 전장'이 되고 있다. 그 최전선이 국정교과서의 문제인 것이다. "한국은 '역사 청산'은 거의 하지 않았지요. 그런데 이제는 그마저 없애버리려고 하고 있습니다. 교과서가 국정이 되면 4·3이 '폭동'이라든가 '폭도' 라든가 하는 말로 되돌아갈 가능성이 있는 것입니다." 그토록 꺼려했던 인사는 이미 20분을 초과하고 있었다. '축하' 자리라는 생각을 할 수 없는, 분노를 토하는 열변이었다.

4·3사건은 반국가적인 '폭도'에 의한 '폭동'이라는 것. 민주화 이후로도 쉽사리 바뀌지 않았던 이 '해석'은, 한국 정치의 반발로 상승, 기세가 거세지고 있다. 김석범의 문학적 행위란 이러한 억압을 둘러싼 권력과의 투쟁이었다. 그는 강조한다. "(4·3의) 후반에는 게릴라 측에 의한 학살도 있었고, 그것은 그것대로 비판받아야 합니다. 봉기가 전망 없는 극좌모험주의였던 측면도 있을 것입니다. 그렇지만 그 봉기는, 해방과 독립을 짓밟은 미군정과 민족반역자에 대한 '의거'이며 '항쟁'이었습니다."

'허구'에 의해 역사의 진실을 구축하고, 그것을 죽은 이에게 돌려준 김석범의 '내놓을 수 없는 마지노선'이었다. 4·3의 '정명正名'을 둘러싼 투쟁은, '그럼에도 일어났던' 이들이 목표로 한 '조국'으로 통하고 있었다. 죽은 이에게 정의를 돌려주는 작업은, 아직 길 위에 있다.

궁극의 자유

식민지 지배와 분단의 결과인 조선적으로, 분단과 대치한다. 그것은 '허구로써 현실을 부정하는' 김석범 문학으로 통한다. 사상의 성립을 더듬어서 찾기 위해 2015년 9월 김석범을 만났다. 조선적에 대한 생각을 들은 지 15년 만의 일이었다. 이미 조선적자에 관한 잡지 연재는 시작되었다. 우에노上野의 카페에서 기다리고 있으니 시노바즈못 방향에서 그가 걸어온다. 가벼운 발걸음으로 내가 있는 곳으로 향해온다. 카페의 문을 열고 들어와 테이블을 사이에

도쿄 다이토구東京都台東區의 시노바즈못不忍池 근처에서. 2016년 3월 16일.

두고 반갑게 말을 꺼냈다. "이야, 이 제목 좋군요. '사상으로서의 조선적'이라. 확실히 나의 조선적은 하나의 추상화된 사상입니다. 사상의 표출로써 사용하고 있습니다."

조선적자에 관한 내 관심의 원점은 눈앞에 있는 인물이다. 바로 그 장본인에게 칭찬을 받고, "고맙습니다."라고 말하자 내 눈을 들여다보며 자신의 말에 대한 반응을 즐거워하는 듯이 덧붙였다. "아니요, 과분할 정도로 좋은 타이틀이에요. (웃음)"

대추차를 주문하니, 질문을 기다리지도 않고 말하기 시작했다. "'사상으로서의 조선적'은 통일을 요구하고 남북 분단을 부정하는 겁니다! 재류 자격으로 말하자면, 이른바 나는 영주권이 있기 때문에 조일 국교가 정상화됐던 때, 나는 양쪽 모두를 거부해서 완전한 무국적이 되었습니다. 식민지시대에서조차 하나였는데, 독립한 뒤에 분단이라니요. 현실에서는 그렇지 않다고 해도, 그렇다고 생각하는 것이 사상입니다. 실체가 없어도 상관없기 때문이지요. 사상, 즉 관념으로 정치와 충돌하는 겁니다.”

정치와의 관계는, 적어도 1990년대까지 재일작가가 피해갈 수 없는 문제였다. 남북 쌍방으로부터 ‘종속’을 강요받았을 뿐만 아니라, 거부하면 때로는 쌍방으로부터 ‘적’으로 간주된다. 기호로서의 조선적에 구애되고, 분단의 현실을 부정한 김석범에게는 더욱더 그러하다. ‘강철 냄새가 나는 역겨운 정치의 그물망’ 속에 있어서도, 권력과의 거래는 전부 거부한다. 이 간단하지 않은 투쟁을 그는 창작력으로 전화시켜 왔다. 소설이라는 형식을 선택한 커다란 이유도, 김석범은 거기서 권력과 대결하는 점의 ‘우위성’을 알고 있기 때문이다. “관념은 언어로 표명되기 때문에, 소설은 모든 예술 중에서 최고의 이데올로기를 반영할 수 있습니다. 권력과 정면승부하는 가장 적합한 것은 소설, 그것도 장편입니다. 똑같이 언어를 사용하지만 시는 속임수가 통합니다. 이렇게 말하면 시종이가 “형은 시를 잘 몰라.”라고 해서 몇 번이나 다툼이 있었지만요.(웃음)”

사상의 맹아는 조금도 흔들리지 않는다. 필명인 ‘김석범’은 정확히 실체를 드러내고 있다. 필명에 대한 생각을 물으니 즉시 ‘잊었다.’라고 회피하고, “나는 그런 고지식한 사람은 아니지만요, 그렇지만 이 문자체가 또한, 다무라 요시야田村義也(김석범을 세상에 배출한 편집자 중 한 사람으로 북 디자이너이기도 했다.)의 디자인에 반영된 거예요."라며 추억을 그리워하듯 밝게 웃었다.

'사상으로서의 조선적'을 무기로 해서 김석범이 희구하는 통일 조국이란, 단순한 정체政體의 실현이 아니다. 미군과 친일파가 4·3을 거쳐 건국한 '대한민국'의 역사를 근원에서 다시 묻고, 빼앗긴 '해방공간'을 되찾는 것이다. 그 이미지는 『화산도』의 주인공이며, 김석범의 분신인 한 사람, 이방근의 말 한마디에 응축되어 있다.

부르주아 계급에 속하고 우유부단하며 허무주의적인 그는, 이른바 '영웅'과는 대극점에 있는 인물이다. 그런 그가 말한 내놓을 수 없는 마지노선, 즉 사상이 '지배하지 않고, 지배받지 않는' 것이다. 자신의 자유가 타인의 자유를 침해하지 않는다. 그것이 이방근이 추구하는 '자유'인 것이다. 서로 간섭하지 않는 '단절'이 아니다. 관계 속에서 살아가는 인간의 실존을 전제로 한 뒤, 서로를 존중한다. 그 전제는 철저한 평등이다. "인간은 순수한 개인으로 존재할 수 없다. 사회 없이 인간은 존재하지 않는다." 사소설 비판으로도 이어지는 김석범의 인간관이다. 타자와의 관계 속에 인간이 존재하고 있는 이상, 개인이 겨냥하는 자유란 전체의 자유를 토대로 가능해진다.

'자유와 평등', 이들 보편적 가치를 추구하면서, 그것과는 거리가 먼 현실(항상 '인권의 피안에 위치하는 자'를 창출하는 통치 형태인 '국민국가'는 틀림없이 그것의 전형이다.)을 만드는 인간이라는 '문제'에 비춰보면, 그것은 이룰 수 없는 꿈일지도 모른다. 그러나 꿈만이 인간을 인간답게 하며, 현재를 넘어서는 계기가 될 수 있다. 지금 존재하는 현실을 부정하고 존재해야 할 모습을 상상하는 것은, 모든 것을 빼앗기고도 아직 남은 인간의 최후의 자유이며, 잔해 속에서 건져 낸 이상은 또 하나의 세계를 희구하는 사상이 되며, 현실을 부정하는 의지는 행동으로 표출된다. 그러한 의미에서 문학은 틀림없이 정치를 능가할 수 있는 것이다. 오직 상상하는 힘만이 '순응'이라는 끝이 없는 어둠에서 인간을 구출한다.

그것의 한 예가 「만덕유령기담」이다. 주인공은 '얼간이'라고 욕을 먹고 모멸당하며 불합리한 구타를 당하는 밥 짓는 소년, 만덕이다. '게릴라의 아버지'로서 체포된 노인과 함께 경찰서로 연행된 만덕은, 자식을 사살하라는 명령을 받은 노인이 이러지도 저러지도 못하다가 자신에게 총포를 쏘고 죽는 모습을 목도한다. 노인을 대신해 그의 자식을 죽이라는 명령을 받은 만덕의 머릿속에, 징용되었던 홋카이도의 광산에서의 기억이 스쳐 지나간다. 탈주에 실패한 젊은이에 대한 징벌로서, 일본인 감독의 명령에 따라 동포들이 열을 지어 차례로 온 힘을 다해 곤봉을 내리쳤었다. 이윽고 만덕의 순서가 되었지만, 우둔한 그의 마음만이 눈앞에 매달린 피투성이의 둥근 물체를 인간으로 인식하고, 내려치는 것을 거부했던 것이다.

"살인이 싫다고? 저건 빨갱이다. 빨갱이는 인간이 아니야!" 도망갈 곳이 없는 경찰서의 피투성이가 된 어떤 방에서, 전능감에 도취된 살인자의 고함소리에 기가 눌렸지만, 만덕은 "내 눈에는 인간으로 보인다."라고 저항해, 그가 처형장에 끌려간다. 생각하는 것, 양심을 지닌 것이 죽음으로 이어지는 상황 아래, 교육도 못 받은 '얼간이'가, 그 상상력을 토대로 드러낸 거절이야말로 인간에게 '궁극의 자유'이며 '꿈'이었다. 그렇기에 그는 살아서 '유령'이 된다. 합리적 사고로는 있을 수 없는 일이지만, 이 세계에 진실을 알리러 온 '유령'으로.

만남과 이별

순응을 거부한 김석범의 의지, 그 힘의 원천을 더듬으면, 1945년부터 몇 년간 몇 차례의 만남과 이별에 도달한다. "장, 장용석張龍錫이에요. 그 녀석의 일을 생각하면…… 지금도 눈물이 나요."

만남은 1945년, 징병검사를 핑계로 건너온 조선에서의 일. '작은 민족주의자'였던 김석범에게 황군병사에 대한 동경 등은 눈곱만큼도 없었다. 단지 일본을 탈출해서 중국 충칭重慶을 꿈꾸고 있었다. 당시 충칭에는 3·1 독립운동에서 선언한 임시정부의 거점이 있었다. 10대 청년이었던 김석범은 거기에 참여하려는 생각을 막연하게나마 하고 있었을지도 모른다.

서울 선사에 짐을 맡기고, 제주도로 건너갔다. 단식으로 체중을 줄이고 일부러 안경을 끼지 않고 임한 검사에서 '속셈'이 들통나 심하게 구타당했다. 검사 후에 선사로 돌아와 월경하여 중국으로 넘어갈 기회를 노렸다. 실은 그곳에는 독립운동가, 여운형이 결성한 '조선건국동맹'의 아지트가 있었다. 승려로 변장하여 숨어 있던 활동가를 매개로 알게 된 이가 같은 세대인 장용석이었다. 밤을 새우며 독립과 민족에 대해 이야기를 나누었다.

그 후 김석범은 발진티푸스로 사경을 헤매다가 주위의 반대를 무릅쓰고 일본으로 돌아온다. 일제 지배의 종언은 도쿄에서 맞이했다. "라디오 방송으로 들었던 시점에 패전임을 알게 되어, 산발을 하고 아침부터 나갔어요. 그때 왜 일본으로 가는 것을 만류했는지를 이해할 수 있었어요. 선생들은 정보망으로 머지않아 일본이 패배한다는 것을 알고 있었던 겁니다." 고향에 있다면 마음으로 외칠 수 있었던 '만세'도 왠지 공허했다. "기쁘기는 하지만 한심해졌죠. 장용석은 지금쯤 서울에서 울고 있을 거라고 생각했어요. 같이 있으면 함께 울었을 텐데……"

오랜 세월의 억압에서 벗어난 조선에서는 자유와 민주주의를 요구하는 이들의 해방공간이 출현하고 있었다. 식민지 지배의 종결과 동시에 총독부로부터 행정권을 양도받은 여운형은 건국준비위원회를 설립, 조선인민공화국 수립을 선언했다. 각지에서 좌파 주도의 인민위원회가 설립되었고, 강령에는 일본인 재산 몰수와 공장 관리, 소유 등 일제 지배의 청산에 더해, 남녀평등 등이 포함되었다.

하지만 분단 점령이라는 어둠이 해방의 빛을 뒤덮어갔다. 패전 전, 천황 히로히토裕仁는, 촌각을 다투어 강화講和를 권유하는 고노에 상주문近衛上奏文을 "한 번 더 전과戰果를 올리고 나서"라고 거부했고, 정부는 포츠담선언도 '묵살'하고, 히로시마, 나가사키 원폭 투하와 조선의 분할 통치로 이어지는 소련의 참전을 초래했다. '국체 수호'에 대한 집착이 조선 분단 점령의 직접적 원인이 되었던 것이다. "조선의 속담에는요, 나쁜 친구 옆에 있으면 벼락을 맞는다는 말이 있어요. 조선은 일본 옆에 있었기 때문에 벼락이 떨어져 버렸어요." 환영처럼 사라진 '해방'의 기점이었다. 9월에 상륙한 미국은 인민공화국을 부인, '해방공간'을 유린하기 시작했다.

11월, 김석범은 서울에 간다. 건국에 대한 생각 때문만은 아니다. "8월 15일이 되었던 순간, 협화회(특고경찰이 중핵이었던 재일조선인 통제 단체)의 직책을 맡고 있던 사람이 "지금이야말로 자신과 같은 인재가 필요"하다고 말했던 겁니다. 이런 녀석들과 함께하고 싶지 않았어요." 장용석 등과 재회하고 6명이 동거 생활을 시작했지만 금세 벽에 부딪쳤다.

당시, 월남했던 사람과 해외로부터의 귀환자로 인구가 급격히 늘어난 남측에서는 인플레와 식량 부족이 심각해지고 있었다. 거리에는 실업자와 살아갈 집도 없는 이들이 넘쳤고, 길 위에는 아사자餓死者와 동사자凍死者가 널렸었다. 연고가 없는 김석범은 생활 수단이 없었다. 이듬해 1946년 여름, 김석범은 학비를 마련하러 간다는 말을 남기고 일본으로 돌아왔지만, 그대로 일본에 머무르게 되어버렸다. "언제 돌아올 건가?" "이제 조국으로 돌아오지 않는 건가?" 장용석으로부터 몇 번이나 편지가 왔다. 봉투는 아래 부분이 개봉되어, OPENED BY MIL. CEN. CIVIL MAIL('군정개봉필')이라고 인쇄된 테이프로 봉해져 있었다.

동서 대립 시대를 향한 체제 정비가 시작되고 있었다. 미군정 아래에서 친일파가 부활한다. 그들은 북측에서 진행된 사회주의화를 혐오해왔기에 월남 우익들을 조직하여 좌파에 대한 공격을 강화하고 민족의 바람을 짓밟아 나갔다. 그것은 좌파 배제를 꾀한 미군정의 의도와도 합치하고 있었다. 아무리 끔찍한 권력이라도 자국의 이익에 부합하면 전면적으로 지원한다. 그 후 '안마당'이 된 중남미와 중동에서 드러낸 미국의 '사상'은, 조선 점령 당시에 그 원형을 보여주고 있었다. 1946년 가을, 좌파에 의한 총파업과 탄압에 대한 투쟁(10월 항쟁)을 계기로, 군정의 좌파 궤멸은 격화되어간다. 날조, 체포, 감금, 처형이 횡행하고, 독립운동가가 잇따라 암살된다. 1947년에는 여운형도 살해되었다.

　장용석의 편지에는 고뇌가 배어 있었다. "지금 나는 직장 일이 매우 바쁘다"는 것. 지하 조직에서의 활동이었다. '반공 테러'와 '빨갱이 사냥'이 횡행하던 중, 지하 조직에서의 활동을 강요받는 괴로운 처지를 생각했다. '우리 대한의 반공 전사', '조선의 극렬분자가 문제가 아니다, 소련놈들만 없어지면' 등등. 이 모두는 위장이었고, 언어의 의미는 정반대였다. 당시 조선에서 편지가 도달하기까지는 우체통에 넣고 나서 한 달 정도가 걸렸다. 도달했을 때에 현지 상황은 더욱 악화되어 있었다.

　1년이 지난 1948년 초반, 장용석이 도일의 의향을 전해왔다. 군정과 민중과의 긴장은 4·3사건으로 옮겨 붙어, 해방공간은 재건 불능인 상태로까지 파괴되어간다. 압도적인 힘의 차이를 통감했던 그는, '지금은 때를 기다릴 시기'라고 생각하여, 권토중래를 기약했을지도 모른다. 일본에서 공부하고 싶다는 그의 의지가 실현될 수 있게, 김석범은 이리저리 뛰어다녔다. 1년 후, 그를 돌봐주기 위한 준비가 정리되어갈 때, 그로부터 일본행을 단념하겠다는 편지가 왔다.

"친구야, 꿈에서 깨달은 게 있어. 조국은 나 같은 자라도 한 사람도 남김없이 부르고 있어. 지금 나는 왜 가려고 하는 것일까. 이 이상은 쓸 수 없어. 헤아려 주길 바라네. 작년! 일 년 전과는 상황이 많이 달라졌어. 자네의 심정과 나를 위해 온 힘을 다해 애써준 모든 배려는 정말 고마워. 그러나 조국을 생각해봐. 개나 고양이의 손이라도 빌려서 건설해야 할 때야. 내가 지금 수많은 동지들을 두고서, 나 혼자서 갈 수 있을까? 이것은 모든 민족에 대한 죄악이야. 작년과는 달라. 대한민국! 우리나라를 건설할 자는 우리 대한의 청년밖에 없어. 아무튼, 가고 싶은 마음을 억누르고 자네에게 이 편지를 써, 아니, 쓰지 않을 수 없는 내 심정과 조국을 생각해주길 바라네. 길게 쓸 필요는 없겠지. 나 대신에 많이 배우고 돌아와 줘. 어쨌든 내 자신이 지금 너무 바빠, 눈코 뜰 새가 없을 정도야." 이어지는 문구는 '동오는 20년'. 서울에서 함께 살았던 동지, 김동오가 징역 20년형을 받았다는 것을 검열을 경계하면서 전했던 것이다. 고문, 린치가 횡행한 당시의 감옥에서 그것은 사실상 사형을 의미하고 있었다.

편지는 "나 대신에 그녀가 가고 싶다고 하는데, 어떻게 하지?"라는 상담으로 마무리하고 있었다고 하는데, 답장을 뭐라고 썼었는지 김석범은 기억하지 못한다. 그것을 마지막으로 소식은 끊어졌다. 아마 두 사람도 격동 속에서 젊은 생명을 부지하지 못했을 것이다. "한 달만 있다가 돌아간다고 했었지만 돌아가지 않았어요. 나는요, 사람을 배신한 적은 없지만, 살아남게 되었던 것이죠……." 손에 남은 것은 30통 남짓의 편지였다. 까까머리에 검은테 안경을 낀, 용감한 얼굴을 하고 있던 키가 작은 청년. 마지막으로 악수를 했던 때부터 변하지 않은 그의 모습은 「까마귀의 죽음」 이후, 김석범의 작품에 반복해서 등장한다.

밀입국자

이를 전후해서 구촌 숙부가 밀항해온다. 고향에서는 주민 학살이 계속되어 수많은 이들이 겨우 목숨만 부지해 살아남기 위해 일본으로 밀항해왔다. 체포되었지만 얼마인가 돈을 쥐어주고 석방되었고, 이카이노에 정착했던 숙부에게 4·3에 관한 이야기를 듣게 된다. 결핵에 감염되어 대부분 누워있었던 숙부는 몸에 남은 고문의 흔적을 보여주고, 유치장을 스케치해가면서 띄엄띄엄 조금씩 고향에서의 체험의 편린을 말했다. "사실은 말하고 싶었던 거예요. 해방이 되었으니까요. 그렇지만 말할 수 없었죠.(웃음)" 유치장은 3평 남짓한 공간으로 '빨갱이'로 간주된 도민들 수십 명을 가득 채워 넣어, 앉을 자리조차 없었다. 또 다른 체포자가 오면 공간을 넓히기 위해, 단지 그런 이유만으로 앞서 체포된 이들이 처형당한다. 극한 상황은 인간의 어두운 본성을 표출시킨다. 자리 확보를 둘러싸고 동지 사이에서 불거진 싸움, 이상을 함께했던 동료에 대한 불신, 속출하는 병사자病死者 등. 동료 사이의 분열은 '빨갱이'로서 인간 이하로 간주된 이들을 더욱 폄훼해간다.

"4·3의 현실로 나의 니힐리즘은 타격을 받았다."라고 김석범은 말한다. "인간 존재에게 의미 같은 건 없다고 말한다고 해도, 면전에서 여자와 아이가 살해될 때, 너는 "그런데도 의미 따윈 없"다고 말할 수 있는가." 김석범의 창작 동기, 특히 초기에 그것은 허무주의의 극복이었다.

숙부가 고향에 남겨두고 온 부인이 갖은 고생 끝에 쓰시마對馬에 도착했다. 거동할 수 없는 숙부에게 부탁을 받아 그녀를 마중 나갔던 일이 김석범의 인생을 결정지었다. 얼마 전까지만 해도 하나의 나라였던 조선과 일본 사이에, 국경선이 그어져 자유로웠던 왕래가 '밀항'이 되었다. 숙부 앞으로 온 편지 봉투와 지도를 가지고 야간열차를 탔다. 하카타博多에서 배에 올라 쓰시마로 건너갔다. 정오가 조금 지났을 무렵에 도착해, 암기한 지도를 따라 걸어가 해안가 오두막 같은 집에 도착했다. 몸집이 작고 눈매가 매서운 남자가 턱을 치켜 올려 가리킨 앞쪽에 오두막이 있었다. 거기에 숙부의 부인과 또 한 명의 여성이 있었다. 20대 정도로 보이는, 이목구비가 또렷한 어여쁜 여성이었다고 말한다.

존재 그 자체가 범죄가 되는 밀입국자였다. 불을 켜지도 못하고, 축축한 이불을 깐 채로 다음날 아침을 기다릴 수밖에 없었다. 세 사람이 내 천川 자로, 입구에서 가까운 곳에 김석범이 누웠다. 캄캄한 방에서 담배에 불을 붙이는 성냥이 한 순간이지만 여성들의 얼굴을 드러나게 했다. 빗소리와 나무들이 흔들리는 소리가 함께 포개지고, 먼 곳에서는 밀물과 썰물의 소리가 들린다. 옆 사람의 숨소리만 들리는 침묵 속에서 김석범은 생각지도 않게 불쑥 말해버렸다.

"제주도 이야기를 해주지 않겠습니까?"

숙모는 마을 사람이 게릴라에게 협력하지 못하도록 빈번히 행해진 공개처형의 모습과 시체조차도 유린하는 무도함에 대해 말했다. 겨우 목숨을 건져 바다를 건너고 간신히 국경을 넘은 숙모의 마음을 다시금 지옥으로 되돌아가게 했던 것이다. 자신의 경솔함에 몸 둘 바를 몰라 하는 김석범에게, 숙모는 "이 사람은 양쪽 유방이 없어요."라고 '바람처럼' 당돌하게 말했다. 또 한 사람의 여성은 고문으로 양쪽 유방이 잘렸다. 달궈진 인두로 지졌던 것이다. "그게 사실입니까?" 무의식중에 반문해버렸다.

"농담으로 이런 걸 말할 수는 없지 않겠니." 숙모가 그렇게 말하고 무람없이 웃어버리자, 그녀도 담백하게 그것을 인정하고 낮은 목소리로 웃었던 것이다. 지금도 그 회한을 생각한다. "나는요, 들어버렸어요. 멍청했다고 생각해요. 파렴치했다고 생각합니다. 유방이 잘린 인간이 어떻게 살아갈 것인가, 흔적은 어떻게 남는 것인가 하는 걸 생각했습니다……." 그 전후로 강간당하는 일은 쉬이 상상할 수 있었다. 숙모 자신도 남편의 눈앞에서 성고문을 당했다는 사실을 알게 된 것은, 숙부가 사후에 남긴 일기를 통해서였다. 그는 누구에게도 말할 수 없는 고뇌와 언어로 전할 수 없는 부인에 대한 불신감을 감추고서 죽었다. 두 여성의 웃음은 자신들의 고통을 상대화할 수 있을 정도의 지옥을 겪었기 때문일지도 몰랐다. "목숨을 부지할 수 있었던 기쁨일까, 어안이 벙벙했어요, 어째서 제주도 여자는 이렇게 강한 건가 하고 생각했어요."

유방이 없는 여자는 구속 당시의 사건을 말했다. 세 평 정도의 유치장에 열 몇 사람을 밀어 넣어 땀과 때, 생리와 젖먹이 여성의 모유 냄새가 섞여 있었다. 그중에서 주머니에 넣어 가지고 들어왔던 하얀 수건을 완고하게 사용하지 않는 젊은 여자가 있었다. 청결한 천이 필요한 환자가 있어도 그녀는 자신의 수건을 건네주지 않았다. 외고집인 그녀는 같은 방 사람들에게 따돌림당했다. 이윽고 방으로 석방이 언도되었다. 그것은 자유의 몸이 되는 것이 아니라, 어딘가로 연행되어 처형됨을 의미하고 있었다. 이 말을 들은 그녀는 간수에게 먹과 붓을 요청해서 자신의 이름과 나이, 출신 마을의 이름을 그 수건에 써서 자신의 넓적다리에 단단히 묶었다. 같은 방 사람들에게 지금까지의 '무례'를 사과한 후, 그녀는 말했다. "묻혀서 육신은 썩는다고 해도 먹으로 쓴 부분은 썩지 않아요." 언젠가 파내질 때를 대비해, 적어도 신원이라도 전하려 했던 것이었다.

첫 소설 「간수 박서방」에 등장하는 명순은 이 여성을 모델로 하고 있다. 이름도 알지 못하는 그 여자의 모습이 김석범을 4·3의 '포로'가 되게 했다. 그녀가 다른 수인들과 함께 살해당해서 혹은 살아있는 채로 묻힌 곳은 아마 지금의 제주국제공항일 것이다. 그렇기 때문에 김석범은 비행기를 타고 제주도에 가는 것을 가급적 피해왔다. "착륙할 때는요, 왜 그런지 '우두둑' 뼈가 부러지고, 삐걱거리는 소리가 들리는 듯한 느낌이 들어요." 이 공항을 파헤치자고 김석범이 주장했던 때는, 아직 쥐죽은 듯한 침묵이 한국을 지배하고 있던 시대였다. 그 뒤 수십 년이 지나, 당시는 생각할 수 없었던 발굴 작업이 실제로 시작되었다. 상상할 수 있는 일은 언젠가는 실현된다. 권력과의 신경전을 벌여왔던 김석범의 확신이다.

그 당시, 서울이나 제주도에 있었다면 김석범은 아마 살해됐을 것이다. 외적인 필연이라고밖에 생각할 수 없는 우연이 겹쳐져 그는 일본으로 돌아왔고, 생명을 연장할 수 있었다. 남겨진 자의 '죄악감'과 '의무감'이 그를 창작으로 몰아넣는다. 단편 「밤」에서, 제주도에서 이카이노로 도망쳐 목재세공공장에서 일하는 여성인 난여는 말한다. "좁은 섬에서 세 사람 중 한 사람이, 그러니까 8만 명 이상 죽었지요. 그것도 동족끼리 서로 죽인 거예요. 거기에서 인간이라는 존재가 모두 변해버렸기 때문에…… 지금이니까 8만이라든가 하고 숫자로 말할 수 있지만, 나는 한 사람 한 사람으로 그들이 끝없이 보이는 거예요." 숫자로조차 언급되지 않는 사람들의 삶과 죽음을 소설이라는 다른 세계에서 소생시키고 현실을 무너뜨린다. 그것을 최대치로 발휘하는 유일한 무기는 상상력이다.

문학적인 승리란 무엇인가 물으니, 조금 생각한 뒤 김석범은 말했다. "말살당한 역사를 픽션으로, 다른 형태로 창작하는 일이라고 할까요." 사실 작가의 행위가 영구동토와 같은 침묵을 녹여서 4·3특별법 제정이라는 하나의 흐름을 만들었다. 그러나 기억을 말살하는 권력과의 투쟁은 계속된다.

돌연, 사람들이 학교에 모집되고 가족이 면전에서 학살당한다. 입산한 게릴라의 아내를 질질 끌고 와서는 모여있는 마을 사람들 앞에서 시아버지와 강제로 성교를 하게 한다. 시체에 가솔린을 부어서 태우고, 연기가 나고 있는 몸을 불도저로 밟아 풍선이 터지는 듯한 소리를 내가면서 뭉개버린다, 등등. 그건 '조국'이 아니었다. "나는요, 일제보다도 오히려, 친일파에 대한 증오가 강해요. 그게 점점 격해지고 있어요." 유방 없는 여자는 오사카에서는 결코 4·3을 말하지 않고, 1960년에 '귀국선'을 타고 DPRK로 건너갔고, 숙부의 아내도 그 후, 아들과 둘이서 '귀국'했다.

김석범은 건국 당시의 헌법에 대해 언급한다. "대한민국의 헌법은요, 엉터리로 시작됩니다. 3·1 독립정신을 계승한다고 쓰고 있지만, 3·1 독립운동을 일본과 한패가 돼서 탄압했던 그 패거리가 한국을 건국했던 겁니다! 9번 정도 개정되어 지금은 표현이 바뀌었지만요, 최초에는 새빨간 거짓말, 그것은 자기비판을 가해서 다시 만들지 않으면 안 돼요! 과거 청산과도 관련된 문제입니다."

노무현 정권 때에 정리된 진상조사보고서에서, 4·3은 미군과 이승만 정권이 책임을 져야 하는 국가 범죄라고 자리매김되고 있지만, 그 후의 '청산'은 정체되어 있다. "보상도 물론이지만 재판에서 피고석에는 미국도 앉혀야 합니다. 그래야지 회복으로 이어질 테니까요."

소설에서 애도해온 죽은 자들을 말할 때, 김석범은 몇 번이나 할 말을 잃고 잠시 침묵한 뒤, 정신을 가다듬고 계속 말했다. "나는요, 살아남고 말았어요…… 그런데요, 앞선 이들이 나에게 힘을 북돋아 주었어요. 들으려 했던 것은 파렴치한 것이었지만 그렇지만, 들었기 때문에 소설로 쓸 수 있었던 겁니다. 내가 이렇게 건강하게 살아있는 것도 다 그 사람들 덕분입니다."

분단을 거부하고 역사의 재심을 전제로 한 통일을 요구한다. 김석범의 조선적은 이러한 만남과 이별로 더욱 단단해져 갔다. 다음 소설은 쓰시마에 갔기 때문에 쓸 수 있었다고 한다. 2016년 봄, 평소와 같이 우에노의 카페에서 만났을 때, 김석범은 말했다. "이제 '그 오두막'의 위치도 몰라요. 그런데요, 흙을 밟고 공기에 닿는 것만으로도, 바다의 냄새를 맡는 것만으로도 좋습니다……. 나는요, 실컷 울었습니다."

『삼천리』

결정적인 만남을 거듭한 후, 김석범은 일본 공산당을 탈당하고, 앞에서 말한 도호쿠東北에서의 지하활동에 좌절한 뒤, 오사카로 돌아와 노선전환으로 발족한 조선총련에 소속된다. 1957년에는 「간수 박서방」과 「까마귀의 죽음」을 발표, 이후에도 총련의 기관지와 산하의 문화단체에서 활동하면서, 조선어로 몇 편의 작품을 집필하지만 정치주의에 대한 반발이 팽배해져 간다. 1967년 당시는 당연시되었던 조직의 허가를 거치지 않고 소설집 『까마귀의 죽음』을 출판, 큰 병으로 입원한 후에는 조직을 떠났다. 그 근저에 깔려 있었던 것은 진달래 논쟁에서도 쟁점이 되었던 정치와 문학, 조직과 문학의 문제였다.

"작품 발표를 조직의 허가를 받아야 한다고 하니 어처구니가 없었지요. 정치에 문학이 종속되어야 한다는 발상이 근저에 있어요. 내 생각에는 문학은 정치에 복종하지 않습니다. 정치를 피해야 한다는 의미가 아니에요. 자유의 확립을 생각하면 문학은 정치적이 되지 않을 수 없습니다. 문제는 관계입니다. 정치는 육화되지 않으면 안 됩니다. 정치를 외부에서 가지고 온다면 문학은 끝장나버립니다."

그 후로, 뒤늦은 출발을 만회할 기세로 정력적으로 작품을 발표한다. 때는 1970년대, 총련을 떠난 문화인이 잇따라서 일본문학계에 등장해 자그마한 '재일작가 붐'이 일었던 상황이었다. 거기서 난데없이 나타났던 것이 자이니치 작가와 연구자를 중심으로 한 문화총합지 『계간 삼천리』(1975년 2월 창간)에의 참가였다. 여기서 직면했던 문제가 바로, 김석범의 조선적과는 떼려야 뗄 수 없는 '정치와 문학'의 문제였다.

이 잡지의 기본입장은 조선총련의 관료주의에 대한 비판과 한국 군정에 대한 부정, 언론을 통한 민주화 운동에의 참여였다. 주요 편집위원은 총련과 결별한 언론인이다. 애초부터 예상된 총련 측에서의 비판은 '재일조선인' 특집을 구성한 8호 이후에 격화된다. '민족 허무주의', '반민족적 배신행위', '조직 낙오자의 생존 방식', 'KCIA의 앞잡이' 등등. 기관지 지면에 의한 비판에 반론한 사람은 주로 김석범이었다. 총련의 전성시대, 재일 커뮤니티 도처에 조직의 뿌리가 사방으로 둘러쳐져 있었다. 관혼상제에서 얼굴을 마주한 '이전 동지'들의 험상궂은 시선과 위험물을 피하는 듯한 쌀쌀맞은 태도는 물론, 불한당에게까지 미행을 당하고 아무 말도 하지 않는 전화가 한밤중에도 걸려온다.

한편으로 한국 군정 측에서 보면, 총련과 적대하는 이전 총련계 인사들에 의한 '좌경 잡지'는 정치 공작에도 알맞은 타깃이었다. 그리고 그들의 전향(사상적 죽음)은 한국 측뿐만 아니라 총련 조직에서도 바랄 나위 없이 좋은 것이었다. 그것이 '변절자들의 말로'이기 때문이었다.

이러한 상황이 한창이었던 1981년, 『삼천리』 멤버의 한국 방문에 대한 이야기가 불거진다. 광주에서의 민중항쟁이 군홧발에 짓밟힌 지 1년도 채 지나지 않은 시기였다. 김석범에게 동행을 강권했던 이는 재일조선인 문학의 선구자, 김달수였다.

"달수 씨가 와서요, "김석범도 함께 가주지 않으면 곤란해."라고 하더군요. 거절하니 괘씸하다는 얼굴을 해요. 요컨대 당국의 조건이었던 겁니다." 명목은 사형 판결을 받은 자이니치 정치범의 감형 석방을 위한 청원이었다. "레이건 정권이 발족하고 최초의 동맹국 수뇌로서 전두환이 초청된 직후였습니다. 감형 방면이라고 해도 집행은 대개 있을 수 없었어요. 방한의 이유로 모양새를 갖추는 것이었어요. 나는 우스운 일이니 그만두시라고 말했습니다. 무엇보다도 『삼천리』의 일행으로 가서, 상대에게 '특산품'을 건네줄 필요는 없었기 때문입니다. 이전부터 달수 씨가 『태백산맥』(해방 후의 조선이 무대인 대하소설)의 속편을 쓰고 싶어도 갈 수가 없어서 미쳐버릴 것 같다고 말하는 것도 듣고 있었습니다. 작가가 현지에 가지 못한다는 이유로 속편을 쓸 수 없다는 건 있어서는 안 될 일입니다. 그 고뇌는 내 경우에도 마찬가지입니다. 그렇기 때문에 "『태백산맥』의 속편을 쓰기 위해서 간다."라고 말하고 당당하게 개인으로 가야 한다고 말했습니다. 총련이 '전향자의 말로'라든가 하는 식으로 비판하리란 것은 눈에 뻔히 보이지만, 그때는 내가 방파제가 되겠다고 했죠."

결국, 김달수 등은 '관용을 청원하는 교포문필가들의 고국방문단'으로 방한했다. 지조를 관철하여 옥중에 있는 이에 대한 '관용적인 조치'를 독재자에게 청원한다고 하는 것이었다. 그러나 방한 일정의 대부분은 고향 방문과 '부흥한' 한국 사회 시찰 등으로 채워졌고, 민주화 운동가와의 연대 등은 없었다. 한국의 신문은 일제히 총련과 적대하는 '우경 잡지' 일행의 방한으로 보도, 그들이 내걸었던 목적은 뒤로 물러났다. 피와 폭력의 냄새를 덜고 싶었던 군정의 화합을 향한 어필에 이용당했던 것이다. 일본의 우파, 자유주의자들의 비판도 잇따랐다. 그들이 한국에서 돌아온 후, 김석범은 『삼천리』 편집위원을 사임했다.

정치와 문학을 둘러싼 논쟁

군정 시대, 대표적인 조선총련 와해 공작은 한국 방문이었다. 성묘와 이별한 친족과의 재회, 그리고 취재……. 당국은 인간의 온갖 '약점'을 이용했다. "나도 여러 가지 있었어요. 주위에 알리고 싶지 않다고 하면서 소형 전세기를 준비해준다고 하더군요." 다양한 형태로 고국행을 '허가'받은 이들은 모두, 조선적에서 한국 국민이 되었다. 《주간아사히》의 인터뷰에서, 김석범을 '순결주의'라고 야유했던 김달수라고 해도 예외가 아니었다. 한국행은 '저승의 문'이었다. 김달수는 결국, 『태백산맥』의 속편을 포함하여 소설 그 자체를 쓰지 못하고 사망했다.

김달수가 『태백산맥』 제2부를 쓸 수 없었던 '이유'에 대해서는 몇 가지의 추측이 존재한다. 문예평론가 이소가이 지로磯谷治良는 이것을 네 가지로 망라해서 지적한다. 첫째, 1968년에 제1부를 끝낸 이후에도 1981년까지 현지 취재가 불가능했었다는 것. 둘째, 역사 연구가 진전되어 종래의 '좌익사관'과 '세계관'으로는 저항 투쟁을 포착할 수 없게 되었다는 것. 셋째, 자이니치의 다양화가 문학에도 영향을 끼쳐서 창작 동기마저 확실치 않게 된 것. 넷째, 이미 김달수의 관심이 필생의 사업이었던 역사 에세이『일본 속의 조선 문화』시리즈로 옮겨갔다는 것.

노자키 로쿠스케는 그것의 지대한 이유를 '정치와 문학'을 둘러싼 김달수의 특수한 상황에서 찾는다. 재일조선인 문학의 창시자였던 김달수는, 1946년 가을에 재일조선인으로서는 처음으로 '신일본문학회' 상임중앙위원에 선출된다. 거기서 일본 공산당의 분열 문제에 직면해, 작가로서 당파 대립 속으로 말려들어갔다. "이른바 타인의 분쟁에 〈일본 프롤레타리아의 후원자〉로서 추대되었던" 일로, 김달수는 작가로서의 자율성을 잃어가고 있었다고 노자키는 말한다.

큰 작가이기 때문에 여러 가지 설이 존재하는 것이지만, 그 공통항은 '정치와의 관계'이다. 김석범이 지적하는 것은 바로 이 점이다. "한국으로의 입국이라든가 국적 운운은 따져보면 개인의 문제이지, 타인이 이러쿵저러쿵 말할 게 아닙니다. 그렇지만 정치와 타협하고 속임수를 껴안고 있는, 문학이 가능한가라는 문제입니다. 문학이란 선악의 갈등에서 탄생합니다. 거짓말과 뻔뻔함으로부터는 갈등이 생겨나지 않아요. 그토록 간망하고 있었던 한국행이 실현되었는데도 달수 씨는 결국 쓰질 못했습니다. 그 사실을 가지고 판단할 수밖에 없어요."

재일문학 1세대를 홀로 떠받치던 대선배의 종언에서, 김석범은 '정치와의 투쟁'에 패배한 모습을 본다. 타인의 삶의 방식을 추궁하고 있는 것이 아니라고 생각한다. 좋든 싫든 자신을 성실하게 끝까지 응시하는 영위를 할 때라야 문학의 언어를 자아낼 수 있다. 그렇게 생각하고 있기 때문에, 김석범은 '문학의 언어란 거짓말이 아닌 언어'라고 되풀이하는 것이다.

김석범이 김달수와 대비하는 이는 김학영이다. 말더듬이면서 자이니치의 고뇌를 원동력으로, 삐걱거리는 소리가 들리는 듯이, 모든 것을 거절하는 독특한 문학세계를 구축해갔던 그는, 한국적으로 바꾼 뒤, 북측의 부정과 남측에 대한 추수라는 입장을 표출시켜간다. 2년여의 침묵 후, 그는 '북조선의 스파이 사건'을 제재로 한 소설『향수는 끝나고, 그리고 우리들은郷愁は終り, そしてわれらは』을 발표하고, 1년 2개월 후에 스스로 목숨을 끊었다.

"그는 일본의 사소설적 틀 속에서, 극히 내성적인 작품을 만들어왔던 것입니다. 그러다가 한국 측에 서서, 종래와는 다른 정치적인 소설을 썼어요. 정치를 외부로부터 가지고 와서 소화시키지도 못하고 쓰다 보니 방법론적으로 막혀서, 처절하게 정치에 패배했습니다. 남측을 선택했던 자신을 문학적으로 승화시키는, 달리 표현하면 정치에 대한 패배로부터 문학적인 승리를 만들어 낼 수 없었습니다. 나는요, 그는 그 성실함 때문에 죽었다고 생각하고 있어요."

그는 당당하게 말한다. "나의 문학은 정치를 잘게 씹어 삼켜서 녹여버리는 겁니다." 문학이 자유를 목표로 하는 일인 한, 모든 정치와의 비타협은 문학의 생명선이다. 정치에의 굴복은 악성 전염

병처럼 문학자의 혼을 오염시키고 좀먹고, 결국에는 작가를 '죽음'에 이르게 한다. 김석범은 이와 같이 생각하고 있는 것이다. 1990년대, 《세카이世界》와 《분가쿠카이文學界》 등 여러 잡지와 단행본의 '후기'까지도 이용해서 계속된 이회성과의 국적을 둘러싼 교신도 그러한 흐름에 놓여 있다.

발단은 1996년, 서울에서 열린 한민족문학자대회 출석의 입국 허가를 받기 위해, 김석범과 이회성이 교섭차 방문했던 영사관에서 당국 출신의 참사관이 이회성에게, 과거의 "국적 변경의 약속"을 관련시켜 말하고 있었다고 김석범은 《세카이》 1997년 2월호의 기행문 「또다시 한국, 또다시 제주도 (1) 『화산도』로의 길」에 썼던 것이다. 이회성은 「한국 국적 취득의 기록」(《신초新潮》 1998년 7월호)에서 사실무근이라고 반론, 《세카이》 등에서 격앙된 비판의 응수를 계속했다. 당시 그 무시무시함 때문에 나도 페이지를 넘기는 것이 주저되었지만, 이것은 "'자이니치' 문학자 사이의 이야기", "이전투구"(이회성)로 수렴되어서는 안 될 본질적인 논점을 내포하고 있었다.

'같은 수준으로 떨어지는' 고통을 무릅쓰고 결국 김석범이 요구했던 것은, 한국 측과의 국적 취득의 약속의 유무와 한국 측과 주고받은 것의 진위 등을 통해 '강철망'과 같이 자이니치를 에워싸고 있는, 정치와 문학과의 관계를 논하는 일이었다. '거짓 없는 언어가 문학의 언어'라는 김석범에게, '사실상 정치와의 타협으로 국적을 바꾼' 이회성이 김대중 정권 탄생 등을 변경의 '명목'으로 가지고 나온 것은, 문학의 (불)가능성이라는 문제에 직결된 것이었다.

이회성은 자서 『가능성으로서의 '자이니치'』의 후기에 "(김석범의) 유언비어로 언급"함으로써 '관계 당국'과의 국적 변경의 약속 등을 다시금 부정, 사실상 '반론권' 포기를 선언하고, 그 후에도 김석범 이 『신초』 등에서 펼친 반론에는 응답하지 않았다. 비판의 응수가 '정치와 문학'을 둘러싼 '논쟁'으로 지양될 계기는 상실되었다.

통일 조국의 비전

인터뷰는 이미 2시간 반을 넘어서고 있었다. 30분쯤 전부터 김 석범이 안절부절못하고 있는 것을 그 이유까지 포함해서 알고 있 었다. 결국 기다림에 지쳐 김석범이 입을 열었다. "벌써 시간이 이 렇게 됐네요, 자리를 옮길까요." 근처의 한국요리점으로 이동해, 술잔을 나누면서 제2라운드로 돌입한다. 근래에는 밖에서는 오로 지 맥주만 마신다고 한다. "상온과 차가운 것을 반씩 따르면요, 차 가운 것이 아래로 고여서 적당한 온도가 되지요."

가르침에 따라 상온의 맥주와 차가운 맥주를 컵에 반반씩 따른 뒤 첫 잔을 나눈다. 쭉 들이키기 전에 살펴보니, 그는 눈을 꾹 감은 채 세포 구석구석에 술이 스며드는 그 행복감에 빠져 있다. 마치 연애 초기의 두 사람이 서로의 입술이 떨어지는 것을 아쉬워하듯 컵에서 입을 떼지 않는 것이다. 내가 맥주에서 소주로 바꾸자 "당 신이 나를 유혹하는군요."라며, 자중하고 있던 소주를 자신의 컵에 도 따른다. 술이 술을 부르고, 술잔이 더해진다. 지짐이, 호루몬전 골, 전복죽…… 작중作中에 등장하는 요리에 착목해서 『화산도』를 논할 정도로, 주식酒食은 김석범 작품의 중요 요소 중 하나다. 왠지 소설의 세계로 이끌려 들어가는 기분이 들었다.

"사상으로서의 조선적"이 희구하는 것은 통일 조국, 그 비전은 "지배하지 않고, 지배당하지 않는" 자유와 그 전제가 되는 주체로서의 평등이다. 김석범은 말한다. "무국적이라고 하면, 자주 코스모폴리탄 같다는 말을 듣지만 나는 달라요. 좌익 민족파이고, 고전적 인터내셔널리즘의 소유자입니다. 코스모폴리탄에는 주체가 없어요. 독립한 민족국가가 없으면 다시, 어딘가에 지배받고 억압당하게 됩니다. 대등한 주체가 있어야 비로소 인터내셔널리즘이 성립합니다."

하지만 '정통성' 또한 맹독이다. 식민지 지배를 타도하고, 민족적 정통성을 획득한 혁명 국가가 어떻게 처참한 행위를 행사해왔는지는 역사가 증명하고 있다.

그렇게 묻자 김석범은 아이삭 도이처Issac Deutscher를 언급했다. 이스라엘 건국을 "역사의 필연"이라 하면서도 그 쇼비니즘을 비판했던 그는, 내셔널리즘에 대해서 이렇게 말하고 있다. "다른 나라의 지배하에 있는 민족에게 독립된 국가체제는 절대적 필요조건이며, 하나의 진보를 의미한다. 그러나 일단 그 민족이 독립 단계에 이른 순간, 거기서 생각을 고정시키고 그 이상의 것을 보려 하지 않게 되는 것은, 그 민족의 퇴보 이외에는 아무것도 아니다. 학대당한 민족의 내셔널리즘은 그 나름의 정당성을 지니지만 주권을 획득한 국민이 같은 방식으로 그 내셔널리즘의 정당성을 요구할 수는 없다."

그리고 김석범은 말했다. "나는 어디까지나 통일 조국을 요구합니다. 실현되면 그곳의 국적을 취득하고 국민이 될 것입니다. 단지 그때, 나는 이미 민족주의자가 아닙니다. 그 이후에는 필요에 따라서 국적을 포기할 생각입니다."

나가며

　1994년 가을에 신문사 기자 생활을 시작한 이래 자이니치 1, 2세 이야기를 듣는 것을 최우선 과제로 삼아왔다. 내 출생이 그 원동력일 것이다. 1930년대 경상남도에서 도일했던 조부모, 그들 사이에서 태어난 내 어머니는 자신의 내력과 일본에서의 생활에 대한 생각들 대부분을 내게 얘기하지 않으셨다.

　취재로 알게 된 할머니, 할아버지들이 사용하시는 갖가지 언어, 그/그녀들의 너무나도 풍요로운 침묵과 대화의 뒤섞임, 그것을 문장에 새겨나가는 행위는 그 근원으로부터 소외된 내게, 자기 공백을 메우는 것과도 직결되어 있었다. 첫 단독 저서 『목소리를 새기다: 재일 무연금 소송을 둘러싼 사람들』은 말할 수 없었던 나의 내력을 찾고자 했던 결과이기도 하다.

　하지만 그러한 선조들은 먼저 세상을 떠나고 말았다. 2011년 회사를 그만두고 프리랜서가 된 가장 큰 이유도 바로 거기에 있다. 이대로 회사원 생활을 계속했다간 재차 '타이밍을 놓치고 말 것'임이 분명했다. 이미 떠나버린 몇 분의 선조들에게 응답하고자 하는 마음이 간절했다.

　이 책 역시 그러한 맥락에서 쓴 것이다. 이 글들은 잡지 《세카이》 2015년 7월호부터 2016년 7월호까지 연재한 르포르타주를 바탕으로 수정을 가했다.

이번에는 "자이니치가 본 전후 70년사", 특히 1940년대부터 50년대까지로 초점을 맞추고자 했다. 자이니치들을 혹독한 선택에 결박시킨 시대였고 동시에 헌법초안(GHQ안)이 제시한 전후, 이 나라의 '다른 상태'가 짓밟히고, 세계로 발신하고 보급시킨 가치, 이상, 이념이 사멸해간 시대를 비판적으로 돌아보고 싶었다.

듣는 것을 계속하며 사료를 읽어나가는 과정 속에서 재인식하게 된 것은 전전과 전후의 연속성이었다. 불문학자 우카이 사토시 씨가 「헌법 9조의 앞과 뒤」에서 갈파했던 바와 같이, 헌법은 1조에서 8조까지를 천황제 규정에 맞추고 9조를 넣은 뒤 10조에서 '국민의 요건'을 정하고 11조부터는 그 향유 주체를 모두 '국민'으로 정한 기본적 인권 조항을 나열한 구조이다. 그것은 제국의 상징인 천황제의 존속에 다름 아니며, 호적에서 국적으로 재편된 자이니치에 대한 차별이다. 요컨대, '전후'가 시작된 사실이 새겨져 있는 것이다. '출발점'에서의 기만과 사람들의 순응이 이 나라, 사회의 상태를 규정했다.

'전쟁 폐기'를 주창하면서 한편에서는 국가적 살인 '사형'을 지지, 묵인하고 '기본적 인권 존중'을 말하면서 '원래 국민'인 재일조선인이 그 향유 주체에서 배제되고 있는 현상을 간과한다. '평화주의'를 말하면서도 미국의 전쟁을 수행한다. 이러한 기만을 많은 일본인은 별다른 의심 없이 그대로 인식해왔던가? 윤리와 생활을 별개로 하고 일상의 안정을 구가해온 결과가 몇 년 동안 휘몰아친

인종차별주의이며, '전후'라는 기만을 최악의 형태로 해소하려고 한 제2차 아베 정권의 탄생인 것은 아닐까.

이 책을 집필하는 도중, 전후 일본의 근거인 '세계 질서'의 창조주 미국에서 인종차별주의자이면서 섹터주의자인 자산가가 대통령에 당선됐다. 이들은 이슬람포비아가 만연한 유럽의 극우, 일본의 차별주의자를 뒷받침해온 '시민사회'라는 개념을 파괴해갈 것이다. '인권'을 둘러싼 위기적 상황은 새로운 단계에 접어들었다. '인간의 존엄'과 '자유'가 어떻게 존중될 것인가. 왜 거기에 목숨을 걸고 싸우는 사람이 있는 것인가, 우리들은 이제부터 그것의 의미와 무게를 공허한 '개념'으로서가 아닌 형태로 몸소 구현해야 할 것이다. 대략 70년 전, '평화'의 존재 방식을 익히려 했던 것처럼. 그것이 '다른 상태'의 연대를 구하고 새로이 살아갈 출발점이 될 것이다.

출간 작업과 동시에 진행된 몇 가지 사건을 부기하고자 한다. 대통령 임기만료까지 일 년이 남은 2016년 5월, G7 이세시마 서미트에 출석한 버락 오바마가 히로시마에 들렀다. 핵병기 사용을 명령하기 위한 전용가방을 평화기념공원에 지참하면서 위령비에 헌화, 연설하고 피폭자와 포옹을 나누는 모습은 '핵 없는 세계'를 표방하면서 별다른 성과를 남길 수 없었던 대통령의 '궁여지책'을 상징하고 있었다. 아베 신조는 그해 원폭 기일에 또 '유일한 전쟁피폭국'이라고 말하며 공허한 인사말을 전했다. 그즈음, 오바마가 도입을 목표로 한 핵병기 선제 사용 금지 정책에 아베 정권이 반대 의향을 드러냈던 것이 판명(『워싱턴 포스트』에 따르면 수상 본인이 미국 쪽에 전했다고 한다.)되었고, 이에 더해 아베 정권은 같은 해 10월 '핵병기 금지 조약' 제정 협의 개시를 규정한 UN 결의에도 반대표를 던졌다.

한국의 정치 상황은 전환 국면을 맞이했다. 박근혜 대통령의 최측근인 한 점술가가 국가의 정책과 인사에 개입해왔던 것이 문제가 되어 대통령 측근들이 체포되고 지지율은 역대 최저인 4%까지 하락해 탄핵소추안이 가결되었다. 그녀의 말로가 어떨지 여부와는 상관없이 '국민적 비판'을 강하게 받은 국정교과서 도입은 단념으로 돌아갈 가능성이 높아졌다. 다음 정권에서는 '위안부 합의' 백지화도 있을 수 있다. 4·3 인식을 둘러싼 후퇴에서도 일정 부분 제동이 걸릴 것이다. 그러나 대학살을 '공산 폭동'으로 규정한 보수·우파계 단체의 공격은 뿌리 깊다. 정명正名을 둘러싼 투쟁은 이로부터 시작되었기 때문이다.

이 책에 등장하는 고사명, 박종명, 정인, 박정혜, 이실근, 김석범 여섯 사람은 모두 1940년대 후반, 50년대의 살아 있는 증인이다. 당시의 자이니치를 말할 때에 피할 수 없는 문제들인 '분단', '공산당 지도하에서의 혁명 투쟁', '문화운동', '민족교육운동'에 당사자로 참가한 경험을 가지고 있으며, "'이데올로기'로서의 조선적"이 아니라 "'사상'으로서의 조선적"을 살아내고, 그것을 자신의 언어로 말할 수 있는 사람들이다. 몇 분은 '마지막 사명', '유언의 형태'로 말하고 듣는 것에 응해주셨다.

책의 간행에 있어서는 우선 시간을 할애해 미묘한 내용도 솔직하게 말해주셨던 이들 여섯 분 모두에게 머리 숙여 감사드린다.

만난 시간은 천차만별이지만 전원에게 사숙하면서, '취재'의 명목이었음에도 실은 분에 넘치는 개인수업을 받았다고 해야 할 것이다. 느긋한 대화의 시간이 쌓여 앞으로 살아갈 양식이 될 언어를 구사해나가는 작업은 더없이 행복한 체험이었다. 배운 것은 역사적 사실과 수많은 지식만이 아니다. 그것들을 망각한 뒤에도 남을 인간의 상태, 품성과 같은 것을 생각한다.

더불어 밤낮을 불문하고 단속적으로 지루한 질문에 대응해준 문경수(한국 현대사), 오인제(조선 근현대사, 재일 조선사), 연재 단계에서부터 귀중한 의견을 주신 재일본조선인 인권협회의 김동학, 잡지 연재를 읽고 거기서는 언급하지 못했던 고사명 선생과의 인터뷰를 실현시키는 데에 애써 주신 황영치 작가에게 마음 깊이 감사드린다. 10대 때 접한 고사명의 소설 『산다는 것의 의미』를 통해 살아갈 힘을 얻은 나에게 황 작가가 이어준 고사명 선생과의 대화는 기대 이상의 기쁨(과 긴장)이었다.

《세카이》 편집장 기요미야 미치코淸宮美稚子는 이전 저작 『르포 교토조선학교 습격사건』에 이어 이번에도 잡지 연재부터 단행본 작업까지 수고해주셨다. 감사의 마음을 전한다. 여섯 분의 선배들에게 받은 다양한 언어를 몸으로 읽고 나 자신의 언어를 거기서부터 끄집어내지 않으면 안 된다고 다짐하고 있다.

이 책의 간행을 누구보다도 기뻐해준 이영여에게 이 책을 바친다.

2016년 12월 9일

나카무라 일성

먼저, 유년의 기억 한 토막.

초등학교를 입학하기 전, 역사적인 인식이 없었던 나는 일본과 북한을 구분하지 못했다. 두 국가 모두 단순히 '나쁜 나라'라는 이미지가 각인되어 있었다. 어리기도 했거니와 평소에 어른들이 무심결에 내뱉는 반일주의와 반공주의적 언사를 반복적으로 들었던 까닭이었을 터이다. 초등학교에 입학하고 난 뒤에도 큰 변화는 없었다. 민방위 훈련이 있던 날, 굉음의 사이렌이 울리면 마치 무슨 재미있는 놀이라도 하듯 책상 밑으로 들어가 몸을 웅크렸다. 지금도 뇌리 속에 남아있는 그날의 잔상은 실상, 대한민국의 국민을 만들기 위한 교육의 일환이었음을 이제는 안다. 허나 그러한 유년의 경험은 감수성이 가장 예민한 시기에, 내 의식과 감성을 길들여갔던 것이다.

이러한 무자각적인 경험들이 축적되고 공고화되던 어느 날, 우연히 할머니께서 일본에서 태어났다는 사실을 알게 되었다. 일본에서 나서 교육을 받고, 해방이 되어 고국으로 돌아온 뒤 어린 나이에 할아버지와 결혼을 하셨고, 아버지를 낳고서 얼마 지나지 않아 발발한 한국전쟁으로 인해 할아버지는 징병이 되고 영원히 돌아오지 못하셨다는 내 가족사…, 그에 관한 이야기를 들었다. 할머니께 가끔 일본에서의 생활을 물으면 되돌아오는 대답에는 종종 '조센징'이라는 언사가 포함되어 있었음을 나는 기억한다. 철들 무렵에는, 식민지기 피지배자로 태어나 지배자들로부터 차별을 받고, 고국으로 돌아와 가정을 일구었으나 식민지배로부터 촉발된 전쟁으로 남편을 잃고, 평생을 홀로 아주 조용히 몸을 움츠리고 살다 가신 내 할머니의 삶의 무게를 이따금 생각했다. 다른 이들로부터 불합리한 처사를 당하면서도 언쟁 한 번 하지 않았던 작은 할머니의 모습, 손자에게 따스했던 할머니의 모습을 나는 잊지 못한다. 여하튼 역사의 파고에 떠밀리고 상처받은 이들의 삶이 결코 나의 실존과도 무관하지 않음을 차츰 깨닫고 있었다. 내 가족사에 얽힌 이러한 이력으로 인해 대학 시절에는 전공이었던 화학공학에 몰두하기보다 역사와 문학에 관련된 수업과 서적을 더 가까이 했고, 결국 국어국문학과 대학원에 진학해 식민지시기를 살아갔던 문학자들의 삶과 작품을 연구하게 된 셈이다.

대학원에 진학한 이후에는 현재의 삶의 조건이 일제 식민지기로부터 비롯되었을 것이라는 연속적인 사고 하에 지금-여기의 모순을 극복하기 위해서는 식민지기에 대한 냉정한 인식과 더불어 당대를 살아갔던 문학자들이 펼치려 했던 전망을 재발굴해야 한다는 생각으로 연구하고자 했다. 이는 과거의 잔해 속에서 미래의 전망을 추출하는 것이 가능하다는 판단에서였다. 그러던 와중에, 과거가 아닌 현재에도 여전히 식민주의를 살아가는 '자이니치 문학자'들과 조우하게 되었다. 일본과 한반도의 남쪽과 북쪽, 그 어디에도 귀속되지 않은 채, 국가주의의 경계를 넘어서려는 이들의 치열한 분투와 빛나는 열망에 나는 매료될 수밖에 없었다. 특히, 2016년에 비평지 《오늘의문예비평》에 김시종과 쓰루미 순스케의 대담 「전후문학과 재일문학」을 연재 번역하면서 자이니치 문학에 대한 나의 관심은 더욱 증폭되었다. 김시종의 시와 그를 둘러싼 상황과의 관계 속에서 펼쳐진 이 대담의 진폭은 굉장히 깊고 넓었다. 김시종이 살아온 시대를 함께 산 재일조선인들, 그 중에서도 고이삼, 김달수, 강신자, 김태생, 김학영, 양석일 등의 문학자들의 존재를 알게 되면서 자이니치 문학자에 관한 번역과 연구를 지속해나가야겠다는 결심을 했다. 그 다짐은 조금씩 결실을 맺게 되었다. 부산의 전망출판사의 기획위원으로 있던 때에는 김창생의 『제주도의 흙이 된다는 것』(양순주 옮김, 2018)을 기획하고, 출판하기도 했다. 이를 시작으로 본격적으로 자이니치 문학에 관한 번역과 연구에 매진하면서 관련된 일본의 서적을 탐색해가던 와중에 나카무라 일성의 『사상으로서의 조선적』을 만나게 되었다.

나카무라 일성의 전작 『르포 교토조선학교 습격사건』의 말을 빌려 표현하자면, 『사상으로서의 조선적』은 "경계선에서 살아가고 싶어 성은 일본어로, 이름은 한글발음으로 쓰는" 삶을 선택한 그가 고사명, 박종명, 정인, 박정혜, 이실근, 김석범 들과의 대화를 재구조화하여 탄생시킨 르포르타주다. 저자는 '조선적'을 견지하는 자세를 통해 자신의 사상과 신념을 발산하고 있는 여섯 명의 인터뷰이가 어떻게 외부 구조에 질식당하지 않고, 오히려 그 구조를 전복시키려 하는지를 보여준다. 또한 이들이 적극적으로 선택한 '조선적'은 일제 식민지배가 강제한 부당한 처우의 실체 그 자체를 드러내는 기표이며, 오늘날에도 이를 외면하거나 은폐하려는 일본 사회의 구조적 폭력의 민낯이기도 하다. 더욱이 말하기 쉽지 않지만 반드시 필요한 그들의 이야기가 일본과 한국 사회에 시사하는 바는 클 것이다.

나의 할머니로부터도 익히 들었던 바와 같이, 일본 사회에서 조선(인)이라는 기표는 식민지시기부터 오늘날까지도 열등성, 혐오 등을 함의한 부정적인 기의로 쓰인다. 조선(인)은 존재 자체로서 차별로 고통받아왔다. 그렇지만 역설적이게도 이 저서의 인물들은 이 고통을 통해 오히려 타자들이 볼 수 없는 것을 보고, 냄새 맡을 수 없는 것을 맡고, 들을 수 없는 것을 들을 수 있는 존재로 거듭났다. 이는 차별의 표식으로서의 조선(인)이라는 기표에 부여된 부정성으로서의 기의라는 체계 자체를 흔듦으로써 자기 갱신은 물론이거니와 도처에 존재하는 차별이 지닌 부당성을 폭로하고, 차별받는 존재들과의 연대의 가능성을 열어젖힌 행위이다. 이들이 자신의 삶과 정체성을 새로이 고안하기 위해 새롭게 창안한 '조선적'으로서의 삶은 억압에 맞선 자유의 시/공간을 상상할 수 있는 거점으로 작동한다. 즉, 부정을 부정함으로써 긍정의 사상을 온몸으로 관철하고 있는 이들의 삶의 여정은 국가적 차원을 뛰어넘어 새로운 세계를 생성하고 있다.

온갖 차별로 얼룩진 상처 입은 자들이 어떻게 스스로의 존엄성을 유지하면서 그토록 치열한 삶을 살아갈 수 있는 것일까. 이들이 스스로의 존엄성을 지킬 수 있었던 것은 분명 그들 존재를 그 자체로 환대한 자들과의 가슴시리고도 뜨거운 만남이 있었기 때문에 가능했던 것이라 생각한다. 이 책 곳곳에 배어있는 부모의 염려와 사랑, 조선인이라는 존재를 그 자체로 받아들일 수 있게 교육한 일본인 선생, 위험한 상황에 처했을 때 위험을 감수하고 손을 내밀어 준 자들, 필생의 업이 된 교육과 문학의 길로 이끌어준 이들과의 만남은 처참히 무너질 뻔한 그들의 삶을 지탱시켜준 버팀목이었다. 타자의 고통에 민감하게 반응하고 그것을 의지적으로 나누어갖는 능력을 지닌 존재들과의 조우는 이들 여섯 인물이 끝끝내 저버리지 않았던 마지노선인 사상으로서의 '조선적'을 고수할 수 있게 한 원동력이었다.

이들의 삶은 지금, 여기가 어떻게 형성되었는지, 우리는 어떠한 존재가 되어야 할 것인지, 또한 우리는 어떤 세계를 만들어나가야 할 것인지에 대한 진지한 성찰을 요청한다. 이 책은 여전히 불식되지 않은 식민주의의 잔재와 경제적 낙차에 의한 차별, 피부색에서 비롯하는 인종차별, 종교에 의한 차별, 남자와 여자의 성차별, 비장애인과 장애인의 차별 등 갖가지 폭력적 경계선이 인간의 존엄성을 말살시키고 있는 우리 세계의 작동 방식을 근본에서부터 되묻는다. 또한 세계의 부조리를 넘어서기 위해 우리가 무엇을 어떻게 해야 할 것인지를 역설한다. 인식과 행동이 괴리되지 않고 그둘의 삼투를 통해 존재론적 변이가 일어나고, 그 존재들의 마주침을 통해 우정의 연대가 확산될 때, 이 세계는 한 사람 한 사람의 존엄에 기초한 자유의 공간이 될 수 있을 것이다. 시대의 격변을 몸소 겪으면서도 사상이라는 가느다란 끈을 부여잡고 견뎌온 그들의 거대한 내력이 독자들의 존재론적 변이 또한 촉발시킬 수 있기를 기대해본다.

번역은 외국어인 원서를 모국어의 체계로 다시 옮겨 쓰는 지난하고도 고된 작업이다. 일본어라는 동일한 문자로 표기되어 있으나 여러 사람의 목소리로 갈라지고 그 뉘앙스가 각기 다른 일본어를 한국어로 번역하기가 녹록지만은 않았다. 각 인물들의 문체나 어법의 질감은 최대한 살리면서도 한국 독자들이 읽기에 불편함이 없을 정도로 의역을 가하기도 했다. 조선적으로 살아온 이들이 혹독하게 겪어낸 슬픔과 고통, 괴로움과 절망의 삶의 궤적을 통해 희미하게나마 감지할 수 있었던 희망이 독자들에게도 전달되길 바란다.

끝으로 책 출간에 힘써주신 분들께 감사의 인사를 전하고 싶다. 『사상으로서의 조선적』의 번역을 처음 의뢰했을 때, 이 책이 지닌 의미를 알아채고 기꺼이 출판될 수 있도록 지원해준 보고사의 박현정 편집장, 매끄러운 번역이 될 수 있도록 교정과 편집을 맡아준 이소희 편집자, 척박한 출판 현실에서도 번역 출판을 결단해준 김흥국 대표께 감사의 말을 전한다. 그리고 일면식도 없는 나의 전화를 환대해주고 내가 저자와 연락할 수 있게 해준 정미영 씨와 바쁜 일정 중에도 한국 독자들을 위해 기꺼이 한국어판 서문을 써준 저자 나카무라 일성 선생에게도 감사한 마음을 전한다. 마지막으로 우리가 세계의 객체나 구경꾼이 아닌, 세계를 만들어가는 역동적인 존재일 수 있음을 깨닫게 해준 고사명, 박종명, 정인, 박정혜, 이실근, 김석범, 이 여섯 분의 삶에 경의를 표하는 바다.

2020년 3월 8일
정기문

오카 유리코, 『하얀 길을 걷는 여행 나의 전후사』, 人文書院, 1993.

박수남 편, 『이진우 전 서간집』, 新人物往来社, 1979.

김희로공판대책위원회, 『김희로 문제 자료집Ⅴ 증언집1』, 『김희로 문제 자료집 Ⅵ 증언집2』, 『김희로 문제 자료집Ⅶ 증언집3』, 同委, 1972.

__________________, 『김희로공판대책위원회 뉴스 제40호』, 同委, 1976.

와키타 켄이치, 『조선전쟁과 스이타·히라카타 사건』, 明石書店, 2004.

오규상, 『도큐먼트 재일본조선인연맹 1945~1949』, 岩波書店, 2009.

박경식, 『재일조선인운동사 8·15 해방 전』, 三一書房, 1979.

_____, 『해방 후 재일조선인 운동사』, 三一書房, 1989.

미즈노 나오키, 문경수, 『재일조선인 역사와 현재』, 岩波書店, 2015.

구루스 요시오, 『조선인학교——르포르타주 이국 속의 민족교육』(시리즈 일본 과 조선〈5〉), 太平出版社, 1968.

이은직, 『이야기 '재일' 민족교육의 새벽 1945년 10월~48년 10월』, 高文研, 2002.

김덕룡, 『조선학교의 전후사——1945-1972』(증보개정판), 社会評論社, 2004.

진달래연구회 편, 『'재일'과 50년대 문화운동——환의 시 잡지 『진달래』 『가리 온』을 읽다』, 人文書院, 2010.

김시종, 『내 삶과 시』, 岩波書店, 2004.

_____, 『조선과 일본에 살다——제주도에서 이카이노로』, 岩波書店, 2015.

이나토미 스스무, 『시마추島人(아마미奄美·도쿠노시마徳之島) 2세 교사와 재 일조선인 교육』, 新幹社, 2013.

기시노 준코, 『자립과 공존의 교육——조선인이 되는 일·일본인이 되는 일』, 柏樹社, 1985.

히라오카 다카시,『무원의 해협——히로시마의 목소리, 피폭조선인의 목소리』,
影書房, 1983.

문경수,『신·한국 현대사』, 岩波書店, 2015.

제주 4·3평화재단,『제주 4·3사건 진상조사보고서(일본어판)』, 済州4·3事件
真相究明及び犠牲者名誉回復委員会, 2014.

김달수,『나의 문학과 생활』, 靑丘文化社, 1998.

이소가이 지로,『〈재일〉문학론』, 新幹社, 2004.

* 참고문헌은 주요 문헌에 한정했음을 밝힌다. 여섯 사람의 저서와 본문에서 언급한
책은 제외했다.

저자 소개

나카무라 일성中村一成

저널리스트. 1969년 출생. 마이니치신문기자를 거쳐 현재 프리 저널리스트로 활동하고 있다. 재일조선인과 이주노동자, 난민을 결부시킨 문제와 사형 등이 그의 주요 테마다. 영화평도 쓰고 있다. 저서로『목소리를 새기다: 재일 무연금 소송을 둘러싼 사람들声を刻む: 在日無年金訴訟をめぐる人々』(インパクト出版会, 2005),『르포 교토조선학교 습격사건—〈증오범죄(hate crime)〉에 저항하며ルポ 京都朝鮮学校襲撃事件—〈ヘイトクライム〉に抗して』(岩波書店, 2014) 등이 있다.

옮긴이 소개

정기문丁基文

문학평론가, 번역가. 1981년 출생. 동아대학교 국어국문학과 박사를 수료하고, 대학 강사를 거쳤으며, 지금은 동인고등학교에서 국어를 가르치고 있다. 일제 식민지기 문학가들의 전향, 재일조선인 문학, 노동자 문학 등의 테마에 관심을 가지고 글을 쓰거나 번역을 해왔다. 함께 낸 책으로『공존과 충돌』,『유토피아 라는 물음』,『1980년대를 읽다』,『과잉과 축소』등이 있으며, 우에노 나리토시 의『폭력』, 카스가 나오키의「유토피아의 중대함, 포스트유토피아의 경쾌함」, 김시종·쓰루미 순스케의 대담「전후문학과 재일문학」등을 번역했다.

사상으로서의 조선적

2020년 5월 30일 초판 1쇄 펴냄

지은이 나카무라 일성
옮긴이 정기문
펴낸이 김흥국
펴낸곳 보고사

책임편집 이소희
표지디자인 손정자

등록 1990년 12월 13일 제6-0429호
주소 경기도 파주시 회동길 337-15 보고사
전화 031-955-9797(대표), 02-922-5120~1(편집), 02-922-2246(영업)
팩스 02-922-6990
메일 kanapub3@naver.com / bogosabooks@naver.com
http://www.bogosabooks.co.kr

ISBN 979-11-6587-000-3 03910
ⓒ정기문, 2020

정가 18,000원
사전 동의 없는 무단 전재 및 복제를 금합니다.
잘못 만들어진 책은 바꾸어 드립니다.